AUTOAYUDA

John Gray

Los niños vienen del cielo

Traducción de
Beatriz Magrí Ruiz

⌂ DeBOLS!LLO

Título original: *Children Are from Heaven*
Diseño de la portada: Departamento de diseño de Random
   House Mondadori
Directora de arte: Marta Borrell
Fotografía de la portada: © CORBIS

Primera edición en U.S.A.: junio, 2005

© 1999, Mars Produccins, Inc.
   Editado originalmente por HarperCollins, Nueva York
   Publicado por acuerdo con Linda Michaels Limited, Inter-
   national Literary Agents
© de la traducción: Beatriz Magri
© 2002, Random House Mondadori, S. A.
   Travessera de Gràcia, 47-49. 08021 Barcelona

Printed in Spain – Impreso en España

ISBN: 0-30734-331-6

Distributed by Random House, Inc.

Dedico este libro con mucho amor y afecto a mi mujer, Bonnie Gray.
No podría haberlo escrito sin su sabiduría y su perspicacia.
Su amor, alegría y lucidez no solo han honrado mi vida,
sino también la de nuestras hijas.

Índice

Agradecimientos

Doy las gracias a mi mujer, Bonnie, y nuestras tres hijas, Shannon, Juliet y Lauren, por su continuo amor y apoyo. Sin sus contribuciones directas no habría podido escribir este libro.

También doy las gracias a:

Diane Reverand, de HarperCollins, por sus brillantes comentarios y consejos. A Laura Leonard, mi publicista ideal, y a Carl Raymond, Craig Herman, Matthew Guma, Mark Landau, Frank Fronchetta, Andrea Cerini, Kate Stark, Lucy Hood, Anne Gaudinier y los demás empleados extraordinarios de HarperCollins.

A mi agente, Patti Breitman, por haber creído en mi mensaje y haber reconocido el valor de *Los hombres son de Marte, las mujeres son de Venus* hace nueve años. A mi agente internacional, Linda Michaels, por haber conseguido que mis libros se publiquen en más de cincuenta lenguas.

A mis empleados: Helen Drake, Bart y Merril Berens, Pollyanna Jacobs, Ian y Ellen Coren, Sandra Weinstein, Donna Doiron, Martin y Josie Brown, Bob Beaudry, Michael Najarian, Jim Puzan y Ronda Coallier por su apoyo continuo y su trabajo serio. También doy las gracias a Matt Jacobs, Sherri Rifkin y Kevin Kraynick por su empeño en convertir marsvenus.com en uno de los mejores sitios de Internet.

A mis numerosos amigos y familiares por su apoyo y sus útiles sugerencias: mi hermano Robert Gray, mi hermana Virginia

Gray, Clifford McGuire, Jim Kennedy, Alan Garber, Renee Swisco, Robert y Karen Josephson, y Rami el Batrawi.

A los cientos de personas que imparten talleres de Marte-Venus en todo el mundo y los miles de individuos y parejas que han participado en estos talleres durante los últimos quince años. También doy las gracias a los consejeros de Marte-Venus que siguen utilizando estos principios en sus consultas de orientación psicopedagógica.

A mi apreciado amigo, Kaleshwar, por su continuo apoyo y ayuda.

A mi madre y mi padre, Virginia y David Gray, por todo su amor y su apoyo al orientarme con discreción para llegar a ser el mejor padre posible. Y gracias a Lucile Brixey, que me guió y me quiso como una segunda madre.

Y finalmente doy gracias a Dios por la energía, la claridad y el apoyo increíbles que he recibido en la elaboración de este libro.

JOHN GRAY
9 de junio de 1999

Introducción

Después de mi primer año de matrimonio, era padre de un bebé y tenía dos hijastras encantadoras. Lauren era el bebé, Juliet tenía 8 años y Shannon 12. Aunque mi nueva mujer, Bonnie, era una madre experimentada, esta era mi primera experiencia. Tener un bebé, una hija pequeña y una hija preadolescente a la vez era todo un desafío. Había impartido muchos talleres para adolescentes y niños de todas las edades. Era muy consciente de cómo se sentían los hijos respecto a sus padres. También había orientado a miles de adultos para ayudarlos a resolver los problemas de su infancia. En los ámbitos en que el cuidado de sus padres era insuficiente, enseñaba a los adultos a cerrar sus heridas reeducándose a sí mismos. Desde esta perspectiva excepcional me estrené como padre.

En todo momento me daba cuenta de que hacía automáticamente cosas que mis padres habían hecho. Unas estaban bien, otras eran menos eficaces y otras era evidente que no estaban nada bien. Basándome en mi experiencia de lo que no había funcionado conmigo y con las miles de personas con que he trabajado, pude encontrar gradualmente maneras más eficaces de educar a los hijos.

Hasta el día de hoy no he olvidado uno de mis primeros cambios. Shannon y su madre, Bonnie, estaban discutiendo. Bajé a apoyar a Bonnie. En cierto momento tomé el control y grité. A los pocos minutos empecé a controlar la discusión. Shannon se calló y contuvo su dolor y resentimiento. De repente, me di cuenta de que estaba hiriendo a mi nueva hijastra.

En ese momento comprendí que había cometido un error. Mi conducta no era enriquecedora. Me había comportado como mi padre cuando ya no sabía qué hacer. Había gritado e intimidado a mi hija para recobrar el control. Aunque no sabía qué otra cosa hacer, estaba seguro de que los gritos y la intimidación no eran la respuesta. A partir de ese día nunca volví a gritar a mis hijas. Con el tiempo, mi mujer y yo pudimos desarrollar maneras más enriquecedoras de recuperar el control cuando nuestras hijas se portaban mal.

El amor no es suficiente

Les estoy muy agradecido a mis padres por su amor y su apoyo, que me ayudaron mucho, pero aun así algunos de sus errores me hirieron. La cicatrización de estas heridas me ha convertido en mejor padre. Sé que hicieron todo lo posible con los pocos conocimientos que poseían sobre las necesidades de los hijos. Cuando los padres se equivocan al educar a sus hijos, no es porque no los quieran sino porque no saben hacerlo mejor.

El aspecto más importante de la educación de los hijos es darles amor y dedicar tiempo y energía a prestarles apoyo. Aunque el amor es el requisito más importante, no es suficiente. A menos que los padres comprendan las necesidades específicas de sus hijos, no podrán proporcionarles lo que los niños de hoy necesitan. Puede que los padres proporcionen amor, pero no de la manera más útil para el desarrollo de sus hijos.

> **Si los padres no comprenden las necesidades de sus hijos, no pueden prestarles apoyo de manera eficaz.**

Por otro lado, algunos padres están «dispuestos» a pasar más tiempo con sus hijos, pero no saben qué hacer o sus hijos rechazan sus esfuerzos. Así pues, muchos padres tratan de hablar con sus hijos, pero estos se cierran y no dicen nada. Estos padres muestran disposición, pero no saben cómo conseguir que sus hijos hablen.

Otros padres no quieren gritar, pegar o castigar a sus hijos, pero no saben hacer otra cosa. Puesto que hablar con los hijos no surte efecto, lo único que les queda es castigar o amenazar con el castigo.

> **Para superar los métodos anticuados de educación hay que utilizar nuevos métodos.**

Hablar surtirá efecto, pero primero debe descubrir qué necesitan sus hijos. Tiene que aprender a escuchar para que ellos quieran hablar con usted. Tiene que aprender a preguntar para que sus hijos quieran cooperar. Tiene que aprender a dar una libertad cada vez mayor y aun así mantener el control. Cuando los padres aprenden estas técnicas, pueden abandonar los métodos anticuados de educación.

Encontrar un método mejor

Como consejero de miles de personas y profesor de cientos de miles de personas, sabía qué pautas de educación no funcionaban, pero aún no había encontrado soluciones más eficaces. Para ser mejor padre, no bastaba con que dejara de castigar o gritar para controlar a mis hijas. Para dejar de manipular a mis hijas con la amenaza del castigo a fin de mantener el control, tenía que encontrar métodos más eficaces. Al desarrollar la filosofía de *Los niños vienen del cielo* y las cinco técnicas de la educación positiva, descubrí gradualmente una alternativa eficaz a las técnicas tradicionales.

> **Para ser mejor padre, no basta con dejar de hacer cosas que no funcionan.**

Tardé más de treinta años en desarrollar las técnicas de la educación positiva que aparecen en este libro. En mis dieciséis años de consejero de adultos con problemas personales y de pareja, tuve la oportunidad de estudiar lo que no había funcionado en la infancia de mis pacientes. Luego, como padre, durante los siguientes catorce años desarrollé y utilicé técnicas nuevas y diferentes para educar a los hijos. Y no solo han surtido efecto en la educación de mis hijas, sino también en miles de familias.

Marge, una madre soltera, empezó a utilizar estas técnicas con su hija mayor, Sarah, una adolescente que ni siquiera hablaba con ella y estaba a punto de irse de casa. Cuando Marge cambió la manera de comunicarse pudieron resolver sus problemas. Sarah cambió literalmente de la noche a la mañana. Antes de que Marge participara en un taller de *Los niños vienen del cielo,* Sarah ponía mala cara cuando su madre le hablaba. Unos meses después de terminar el taller, Sarah hablaba de su vida, escuchaba y cooperaba con su madre.

Tim y Carol tenían problemas con su hijo menor, Kevin, de 3 años. Siempre exteriorizaba sus sentimientos, tenía pataletas y controlaba las situaciones. Al sustituir los bofetones por mandarle a la habitación, Kevin tuvo cada vez menos pataletas. Tim y Carol aprendieron a recobrar el control en su familia al comprender cómo podían satisfacer las necesidades específicas de Kevin.

Philip era un próspero hombre de negocios. Después de participar en un taller de *Los niños vienen del cielo,* se dio cuenta de cuánto lo necesitaban sus hijos y cómo podía ayudarlos en el proceso de crecimiento. Lo había criado principalmente su madre y realmente no sabía lo necesario que era un padre. En cuanto descubrió lo que necesitaban sus hijos y qué podía hacer él, se sintió motivado a pasar más tiempo con ellos. Philip agradece este nuevo conocimiento no solo porque ahora sus hijos son más felices, sino porque él también es más feliz. Se estaba perdiendo las alegrías de la paternidad y ni siquiera lo sabía.

> **Muchos hombres que no participan en la educación de sus hijos no se dan cuenta de las alegrías que se pierden.**

Tom y Karen siempre se peleaban por la educación de sus hijos. Puesto que ellos se criaron de manera diferente, discutían sobre cómo disciplinarlos o educarlos. Después de participar en un taller de *Los niños vienen del cielo,* adoptaron un enfoque común. Sus hijos no solo se beneficiaron de un apoyo más eficaz, sino también porque sus padres dejaron de pelearse continuamente.

Existen innumerables anécdotas de familias que se han beneficiado con los nuevos conocimientos y técnicas ofrecidos en este libro. Si tiene dudas respecto a su validez, pruébelos y observe los resultados. La eficacia de estas técnicas es fácil de demostrar. Cuando empiece a utilizarlas surtirán efecto de inmediato.

> **La eficacia de estas técnicas es fácil de demostrar. Utilícelas; surten efecto de inmediato.**

Todas las sugerencias que aparecen en estas páginas tienen sentido. En muchos casos la lectura de *Los niños vienen del cielo* le aclarará lo que ya consideraba válido o adecuado para usted. En otros casos los nuevos conocimientos le indicarán en qué se ha equivocado y responderán a muchas de sus preguntas. Aunque la obra no aborda todos los problemas con que se encontrará, proporciona un método completamente nuevo para la solución de problemas. Usted solucionará los problemas, pero con un método distinto y más eficaz. Esta nueva manera de entender a los hijos le ayudará a idear sus propias soluciones cotidianas.

Los niños vienen del cielo contiene una filosofía amplia y práctica sobre la educación de los hijos que funciona a todas las edades. Los nuevos conocimientos y técnicas funcionan para los recién nacidos, los lactantes, los niños pequeños, los preadolescentes y los adolescentes (aunque estos últimos no se hayan criado con estas técnicas, enseguida empezarán a responder a ellas).

> *Los niños vienen del cielo* contiene una filosofía amplia
> y práctica de la educación de los hijos que funciona
> a todas las edades.

En mi caso, observé que mis dos hijastras respondían inmediatamente a este nuevo método que no fomentaba el castigo. Aunque se habían criado con algunos de los métodos anticuados, como el castigo o los gritos, el nuevo método resultó eficaz. Los niños de cualquier edad, independientemente de su pasado, empiezan a cooperar más a raíz del uso de estas nuevas técnicas.

Estas técnicas funcionan incluso cuando los niños se han criado con falta de atención, malos tratos o castigos crueles. Sin duda los niños abandonados o maltratados pueden presentar problemas conductuales especiales, pero se corregirán o solucionarán de manera más eficaz gracias a este nuevo método. Los niños desarrollan una fuerza y una capacidad de adaptación increíbles cuando reciben un adecuado apoyo afectuoso.

LA NUEVA CRISIS DE LA EDUCACIÓN DE LOS HIJOS

En el mundo occidental la educación de los hijos está en crisis. Cada día aparecen más informaciones sobre la violencia infantil y adolescente, la baja autoestima, el trastorno por déficit de atención, el consumo de drogas, los embarazos de las adolescentes y los suicidios. Hoy en día, casi todos los padres se cuestionan los métodos para educar sus hijos. Parece que nada funciona, y los problemas de nuestros hijos siguen creciendo.

Algunos padres creen que estos problemas son el resultado de un exceso de permisividad y generosidad, mientras que otros responsabilizan a las costumbres anticuadas, como los castigos y los gritos. Otros creen que la causa de estos nuevos problemas son los cambios negativos operados en la sociedad.

Muchas personas señalan como culpables el exceso de televisión, la publicidad o el exceso de sexo y violencia en las películas.

Sin duda la sociedad y su influencia en nuestros hijos forman parte del problema, y el gobierno puede proporcionar algunas soluciones útiles mediante la legislación, pero buena parte del problema empieza en casa. Los problemas de nuestros hijos empiezan en casa y pueden solucionarse en casa. Además de querer cambiar la sociedad, los padres también deben darse cuenta de que tienen la posibilidad de criar a unos hijos fuertes, seguros de sí mismos, dispuestos a cooperar y compasivos.

> **Los problemas de nuestros hijos empiezan en casa y pueden solucionarse en casa.**

Para enfrentarse a los cambios operados en la sociedad, los padres tienen que cambiar su modo de enfocar la educación de los hijos. Durante los últimos doscientos años, la sociedad ha experimentado un espectacular cambio hacia una mayor libertad y más derechos de las personas. Pese a que nuestra moderna sociedad occidental se rige actualmente por los principios de la libertad y los derechos humanos, los padres todavía utilizan técnicas de la edad de las tinieblas para educar a sus hijos.

Los padres tienen que actualizar sus técnicas para criar a unos niños y unos adolescentes sanos y dispuestos a cooperar. Las empresas saben que para ser competitivas en el mercado tienen que cambiar y actualizarse continuamente. Asimismo, si los padres quieren que sus hijos puedan competir en el mundo, deben prepararlos con los métodos de educación más eficaces y modernos.

EDUCACIÓN BASADA EN EL AMOR FRENTE
A EDUCACIÓN BASADA EN EL MIEDO

Antiguamente se controlaba a los niños mediante el dominio, el miedo y la culpabilidad. Para motivar el buen comportamiento, se les hacía creer que eran malos y no merecían un buen trato si no eran obedientes. El miedo de perder el amor y los privilegios era una fuerte medida disuasoria. Cuando esto no surtía efecto, se aplicaba un castigo más duro para infundir incluso más miedo y doblegar al niño. Irónicamente, desde la perspectiva de la educación positiva, alimentar una sólida fuerza de voluntad es la base para generar confianza, cooperación y compasión en los niños.

> **Alimentar la voluntad de un niño y no doblegarlo es la base para generar su confianza, cooperación y compasión.**

Los antiguos métodos de educación trataban de formar niños obedientes. El objetivo de la educación positiva consiste en formar niños tenaces pero dispuestos a cooperar. No hay que doblegar a un niño para generar cooperación. Los niños vienen del cielo. Cuando se abren sus corazones y se alimenta su voluntad, están dispuestos a cooperar.

> **El objetivo de la educación positiva consiste en crear niños tenaces pero dispuestos a cooperar.**

El objetivo de los antiguos métodos de educación era formar niños buenos. La educación positiva crea niños compasivos que no necesitan amenazas para respetar las normas, sino que actúan espontáneamente y toman decisiones con el corazón. No mienten ni hacen trampas porque eso vaya contra las normas, sino porque son imparciales y justos. A estos niños la moral no se les impone desde fuera, sino que surge de su interior y la aprenden cooperando con sus padres.

> **En lugar de tratar de formar niños buenos, la educación positiva trata de formar niños compasivos.**

Los antiguos métodos de educación se centraban en generar sumisión; el objetivo de la educación positiva es desarrollar personas seguras de sí mismas, que sean capaces de crear su propio destino y que no se limiten a seguir pasivamente las huellas de sus predecesores. Estos niños seguros de sí mismos son conscientes de quiénes son y qué quieren conseguir.

> **Los niños seguros de sí mismos no se dejan influir fácilmente por la presión de sus compañeros y tampoco sienten la necesidad de rebelarse.**

Estos niños fuertes no se dejan influir fácilmente por la presión de sus compañeros y tampoco sienten la necesidad de rebelarse para ser ellos mismos. Piensan por sí mismos pero están abiertos a la ayuda de sus padres. Cuando son adultos, la cortedad de miras de los demás no les impide avanzar. Siguen su brújula interna y toman decisiones por sí mismos.

LOS NIÑOS DE HOY SON DISTINTOS

Así como el mundo de hoy es distinto, nuestros hijos también lo son. Ya no responden a la educación basada en el miedo, la cual en realidad debilita el control de los padres. Con la amenaza del castigo, lo único que consiguen los padres es poner a los hijos en contra suya y hacer que se rebelen. La intimidación de los gritos y los bofetones ya no genera control, sino que anula la buena disposición del niño para escuchar y cooperar. Los padres tratan de comunicarse mejor con sus hijos a fin de prepararlos para las presiones de la vida moderna, pero desafortunadamente todavía utilizan métodos anticuados.

> **Con la amenaza del castigo, lo único que consiguen los padres es poner a los hijos en contra suya y hacer que se rebelen.**

Recuerdo que mi padre cometió este error. Intentaba controlar a sus seis hijos y su hija amenazándolos con el castigo. Había sido sargento en el ejército y era el único método que conocía. En ciertos sentidos nos trataba como soldados rasos. Siempre que nos resistíamos a su control, lo recobraba amenazándonos con el castigo. Aunque su estilo funcionó hasta cierto punto en su generación, en la mía no funcionó y es evidente que con los hijos de hoy no funciona.

Cuando su amenaza no obtenía como resultado la obediencia, mi padre intensificaba la amenaza. Decía: «Si sigues hablándome así, te quedarás castigado sin salir durante una semana.» Si seguía resistiéndome, decía: «Si no lo dejas, serán dos semanas.» Si aún persistía, decía: «De acuerdo, estás castigado sin salir durante un mes. Ahora ve a tu habitación.»

La intensificación del castigo no tiene ningún efecto positivo real y lo único que consigue es generar mayor resentimiento. Me pasaba todo el mes reflexionando sobre lo injusto que era mi padre. En lugar de lograr que estuviera dispuesto a cooperar, las medidas de mi padre me alejaban de él. Habría ejercido una influencia más positiva si hubiera dicho sencillamente: «Como no me estás haciendo caso, quiero que te quedes diez minutos a solas.»

Antiguamente el castigo se utilizaba para doblegar a un niño obstinado. Aunque puede que funcionara para generar obediencia, hoy en día no funciona. Actualmente los niños tienen más mundo y son más espabilados. Reconocen qué es injusto y abusivo y no lo toleran. Se molestan y se rebelan. Y, aún más importante, el castigo y la amenaza destruyen los canales de comunicación. En lugar de aportar la solución, los padres se convierten en parte del problema.

> **El castigo convierte al padre o la madre en un enemigo del que hay que ocultarse en lugar de alguien a quien recurrir en busca de apoyo.**

Cuando los padres gritan a los hijos, lo único que consiguen es bloquear su capacidad de escuchar. Para triunfar en la escuela y, aún más importante, para competir en el mercado laboral o tener éxito en una relación duradera, los adultos de hoy necesitan mejores técnicas de comunicación. La manera más eficaz de aprenderlas es que los hijos escuchen a sus padres y los padres a sus hijos.

> **Los hijos escuchan a sus padres**
> **cuando los padres aprenden a escuchar a sus hijos.**

¿Qué sucede cuando escuchamos música a un volumen alto? Perdemos oído. Lo mismo sucede cuando los padres gritan o exigen continuamente. Cuando los padres de hoy gritan o se comunican como lo hacían sus progenitores, el efecto es distinto. Los niños de hoy simplemente desconectan y los padres pierden el control.

RENUNCIAR AL CASTIGO

En las generaciones anteriores muchas sociedades estaban reprimidas, controladas y manipuladas por dictadores o gobernantes que se valían del castigo para perpetuarse, pero esto ya no es así. La gente no tolera la injusticia ni la violación de los derechos humanos; se rebela. La gente ha sacrificado su vida por los principios de la democracia.

De manera similar, los niños de hoy no aceptan la amenaza del castigo. Se rebelan y sienten con mayor intensidad la injusticia del castigo. Cuando se aplica un castigo, este apareja mayor resistencia, resentimiento, rechazo y rebelión. Los niños de hoy rechazan los valores de sus padres y se rebelan contra su control a edades cada vez más tempranas.

Antes de estar psicológicamente desarrollados o preparados para desprenderse del apoyo de sus padres, los niños y los adolescentes se alejan y rechazan un apoyo crucial para su desarrollo. Están deseando librarse del control de sus padres en un momento en que lo necesitan para desarrollarse de manera saludable.

> **Antes de estar psicológicamente preparados, los niños y los adolescentes rechazan el apoyo necesario de los padres.**

Muchos padres admiten que los antiguos métodos de castigo no funcionan, pero no conocen otros. Se contienen y no castigan a los hijos, pero esto tampoco funciona. La educación permisiva no proporciona a los hijos el control que necesitan de los padres. Les das la mano y estos niños te cogen el brazo. Enseguida aprenden a utilizar su libertad para manipular y controlar a los padres.

Cuando los niños utilizan estados de ánimo, sentimientos y pataletas intensos y negativos para salirse con la suya, tienen el control. Y cuando tienen el control, están fuera del control de sus padres. En muchos aspectos, desarrollarán algunos de los mismos problemas que los niños educados con técnicas basadas en el miedo.

> **Cuando los niños tienen el control, están fuera del control de sus padres.**

Independientemente de si un niño se educa con técnicas basadas en el miedo o técnicas permisivas, si no percibe que sus padres tienen el control, se rebelará o rechazará cualquier intento de los padres por recobrarlo o mantenerlo. Sin el apoyo de sus padres, su desarrollo será limitado. Utilizando las técnicas de la educación positiva contenidas en este libro, los padres pueden proporcionarles la libertad y la dirección que requieren para desarrollar una identidad propia arraigada y saludable.

Los resultados de la educación basada en el miedo

Las antiguas prácticas basadas en el miedo para controlar a los hijos a través de la intimidación, la crítica, la desaprobación y el castigo no solo han perdido su poder, sino que son contraproducentes. Los niños son más sensibles que en las generaciones anteriores. Son capaces de mucho más, pero también se ven influidos de manera más negativa por los gritos, los castigos, la desaprobación, la humillación y la vergüenza. Cuando los niños eran más insensibles, estos métodos resultaban útiles, pero hoy en día resultan obsoletos y contraproducentes.

Antiguamente castigar a los niños con unos azotes les hacía temer la autoridad y respetar las normas. Hoy en día tiene el efecto opuesto. Violencia que entra, violencia que sale. Esto es un síntoma de que los niños son más sensibles. Pueden ser más creativos e inteligentes que en las generaciones anteriores, pero también se dejan influir más por las condiciones externas.

> **Cuando los niños son más sensibles, violencia que entra, violencia que sale.**

Los niños de hoy aprenden a respetar a los demás no mediante tácticas basadas en el miedo, sino a través de la imitación. Los hijos están programados para imitar a sus padres. Sus mentes fotografían y graban continuamente para imitar y seguir lo que los padres dicen o hacen. Prácticamente aprenden todo a través de la imitación y la cooperación.

Cuando los padres muestran una conducta respetuosa, los niños aprenden gradualmente a respetar a los demás. Cuando los padres aprenden a mantener la tranquilidad, la calma y el cariño al tratar con un niño que tiene una pataleta, ese niño aprende gradualmente a mantener la tranquilidad, la calma y el cariño cuando surgen conflictos. Y los padres pueden mantener la calma, la tranquilidad, el cariño y el respeto si aprenden qué hay que hacer cuando los niños se descontrolan.

> **Los padres pueden mantener la calma y la tranquilidad cuando aprenden qué hay que hacer cuando los niños se descontrolan.**

Si les pegamos para recobrar el control, los niños aprenden que la agresión es la respuesta cuando están fuera de control. He visto muchas veces a una madre pegar a un hijo y decir: «Deja de pegar a tu hermano.» Quiere que el niño comprenda qué se siente, pero pegarle no es la respuesta. Al pegarle reafirma la tendencia del niño a pegar o utilizar la agresión.

Más tarde, cuando el niño no consiga lo que quiere, exteriorizará automáticamente su ira mediante la agresión directa o pasiva. Aunque antiguamente los azotes o las bofetadas surtían efecto, hoy en día ya no es así. Los métodos de educación basados en el miedo limitan el desarrollo natural de nuestros hijos y hacen que nuestro deber de padres nos satisfaga menos y lleve más tiempo.

No hay tiempo suficiente para la educación de los hijos

Los padres de hoy tienen menos tiempo para la educación de los hijos. Por este motivo, es esencial que descubran qué es lo más importante para sus hijos. Saber esto no solo los ayudará a utilizar de manera más eficaz su tiempo, sino que también los motivará para encontrar más tiempo. Una mayor conciencia de las necesidades de los hijos moverá a los padres a pasar más tiempo con ellos.

Al enfrentarse al estrés y la presión, a menudo muchos adultos dedican su tiempo a lo que creen que deben y saben hacer. Las mujeres generalmente se sienten abrumadas por todas sus tareas. Los hombres se concentran principalmente en lo que saben hacer. Cuando los padres no saben cómo ayudar a sus hijos, con frecuencia no hacen nada. Cuando las madres no son conscientes de las necesidades de sus hijos, con frecuencia dan mayor importancia a otras cosas.

Pero si los padres descubren qué necesitan realmente sus hijos, se sienten menos motivados a acumular dinero para comprar cosas y más motivados a encontrar tiempo para disfrutar de la familia. La mayor riqueza para un padre de hoy es el tiempo. Los padres empiezan a encontrar más tiempo para estar con sus hijos cuando saben qué tienen que hacer.

ACTUALIZAR LAS TÉCNICAS DE EDUCACIÓN

En este libro aprenderá métodos prácticos para actualizar sus técnicas de educación de los hijos. No solo descubrirá lo que no funciona, sino también qué puede hacer en su lugar. Aprenderá nuevas maneras de motivar a sus hijos para que cooperen y sobresalgan sin tener que recurrir al miedo.

Hoy en día no es necesario motivar a los niños con el miedo al castigo. Ellos tienen la capacidad innata de saber qué está bien y mal cuando se les da la oportunidad de desarrollarla. En lugar de con el castigo o la intimidación, se les puede motivar fácilmente con un premio y el deseo innato y saludable de complacer a sus padres.

En los primeros ocho capítulos aprenderemos a utilizar las distintas técnicas de la educación positiva para mejorar la comunicación, aumentar la cooperación y motivar a los hijos para que se realicen plenamente. En los últimos seis capítulos aprenderemos a transmitir los cinco mensajes positivos que los hijos deben oír una y otra vez:

1. Es aceptable ser diferente.

2. Es aceptable equivocarse.

3. Es aceptable expresar emociones negativas.

4. Es aceptable querer más.

5. Es aceptable decir no, pero no olvides que papá y mamá mandan.

Estos mensajes darán libertad a sus hijos para desarrollar las capacidades que Dios les ha otorgado. Cuando se practiquen correctamente con las diferentes técnicas de la educación positiva, su hijo desarrollará una vida satisfactoria. Algunas de estas técnicas le enseñarán a: perdonar a los demás y perdonarse a sí mismo, comunicarse, la gratificación aplazada, la autoestima, la paciencia, la persistencia, el respeto por los demás y por sí mismo, la cooperación, la compasión, la seguridad en sí mismo y la capacidad de ser feliz. Con este nuevo método, junto con el amor y el apoyo de los padres, los hijos tendrán la oportunidad de desarrollarse plenamente durante cada etapa de su crecimiento.

Con estos nuevos conocimientos usted tendrá la confianza necesaria para criar bien a sus hijos y dormir tranquilo por la noche. Cuando surjan preguntas y confusión, dispondrá de un eficaz recurso didáctico que podrá consultar una y otra vez para obtener apoyo y recordarle qué necesitan sus hijos y qué puede hacer por ellos.

No olvide sobre todo que los niños *vienen* del cielo. Ya llevan dentro lo que necesitan para crecer. Su deber de padre consiste únicamente en apoyar el proceso de crecimiento. Con la aplicación de los cinco mensajes y las técnicas de la educación positiva no solo tendrá la seguridad de que hace exactamente lo necesario sino que sabrá que, con su ayuda, sus hijos podrán vivir la vida plenamente.

1

Los niños vienen del cielo

Todos los niños nacen inocentes y buenos. En este sentido nuestros hijos vienen del cielo. Todos los niños son únicos y especiales. Llegan a este mundo con un destino particular. Una semilla de manzana se convierte por naturaleza en un manzano, no puede dar peras ni naranjas. Como padres, nuestro papel más importante es reconocer, honrar y luego alimentar el proceso de crecimiento natural y específico de nuestros hijos. No se nos exige que los convirtamos en las personas que pensamos que deberían ser, pero somos responsables de prestarles apoyo sabiamente de manera que desarrollen sus dones y sus capacidades personales.

Nuestros hijos no necesitan que los arreglemos o mejoremos, pero dependen de nuestro apoyo para crecer. Nosotros abonamos el terreno para que broten sus semillas de grandeza. Ellos son capaces de hacer el resto. Dentro de una semilla de manzana se halla el proyecto perfecto para su crecimiento y su desarrollo. Asimismo, dentro de la mente, el corazón y el cuerpo en desarrollo de cada niño se halla el proyecto perfecto para su desarrollo. En lugar de pensar que debemos hacer algo para que nuestros hijos sean buenos, hemos de reconocer que nuestros hijos *ya* son buenos.

Dentro de la mente, el corazón y el cuerpo de cada niño se halla el proyecto perfecto para su desarrollo.

La madre naturaleza siempre es responsable del crecimiento y el desarrollo de nuestros hijos. Una vez pregunté a mi madre cuál era el secreto de su método para educar a los hijos, y ella me respondió: «Al criar a seis chicos y una chica, con el tiempo descubrí que podía hacer pocas cosas para cambiarlos. Comprendí que todo estaba en manos de Dios. Yo hice todo lo posible y Dios hizo el resto.» Comprender esto le permitió confiar en el proceso de crecimiento natural. No solo le facilitó el proceso, sino que también la ayudó a no estorbar. Comprender esto es importante para todos los padres. Si uno no cree en Dios, puede sustituir Dios por «los genes»: todo está en los genes.

Con la aplicación de las técnicas de la educación positiva, los padres pueden aprender a apoyar el proceso de crecimiento natural de sus hijos sin desvirtuarlo. Si no comprenden cómo se desarrollan los niños por naturaleza, los padres suelen experimentar sentimientos de frustración, decepción, preocupación y culpabilidad, y bloquean o inhiben sin darse cuenta aspectos del desarrollo de sus hijos. Por ejemplo, cuando un padre no entiende la sensibilidad excepcional de un hijo, no solo se siente frustrado, sino que el hijo recibe el mensaje de que algo le pasa. Esta idea equivocada, «algo me pasa», queda grabada en la mente del niño y los dones que surgen de su mayor sensibilidad se verán limitados.

CADA NIÑO TIENE SUS PROBLEMAS ESPECÍFICOS

Además de nacer inocentes y buenos, todos los niños llegan a este mundo con sus problemas específicos. Como padres, nuestro papel consiste en ayudarlos a enfrentarse a sus desafíos específicos. Yo me crié en una familia de siete hijos y, aunque todos tuvimos los mismos padres y las mismas oportunidades, los siete acabamos siendo muy diferentes. Ahora tengo tres hijas de 25, 22 y 13 años. Todas son, y siempre han sido, muy diferentes, y sus virtudes y defectos son distintos.

Podemos ayudar a nuestros hijos, pero no podemos hacer desaparecer sus problemas y sus desafíos específicos. Si comprendemos esto, podemos dejar de obstinarnos en cambiarlos o solucionar sus problemas. Confiar más ayuda tanto a los padres como a los hijos. Podemos dejar que nuestros hijos sean ellos mismos y centrarnos en ayudarlos a crecer en respuesta a los desafíos de la vida. Cuando los padres responden desde una posición más relajada y confiada, los hijos tienen más oportunidades de confiar en sí mismos, sus padres y el futuro.

Cada niño tiene su propio destino personal. Aceptar esta realidad tranquiliza a los padres y los ayuda a no sentirse responsables de todos los problemas de un hijo. Desperdiciamos tiempo y energía intentando averiguar en qué nos equivocamos o qué deberían haber hecho nuestros hijos, en lugar de aceptar que todos los niños tienen conflictos, problemas y desafíos. Nuestro deber de padres consiste en ayudarlos a enfrentarse a ellos de manera satisfactoria. Nunca ha de olvidarse que los hijos tienen sus propios desafíos y dones y que no podemos hacer nada para cambiar su personalidad. Aun así, podemos asegurarnos de darles la oportunidad de desarrollar sus mejores cualidades.

> **Los niños tienen sus propios desafíos y dones,
> y no podemos hacer nada para cambiar su personalidad.**

En los momentos difíciles, cuando tememos que algo les pasa a nuestros hijos, debemos recordar que vienen del cielo. Son perfectos tal como son y tienen unos desafíos específicos en la vida. No solo necesitan nuestra compasión y ayuda, sino también sus desafíos. Los obstáculos específicos que tienen que superar de hecho son necesarios para desarrollar plenamente su personalidad. Los problemas a que se enfrentarán los ayudarán a encontrar el apoyo que necesitan y desarrollar su propio carácter.

> **Los niños necesitan compasión y ayuda,
> pero también necesitan sus desafíos específicos para crecer.**

El proceso saludable de crecimiento implica que habrá momentos que constituirán desafíos. Al aprender a aceptar las limitaciones impuestas por sus padres y la vida, los niños aprenderán valores tan positivos como el perdón, la gratificación aplazada, la aceptación, la cooperación, la creatividad, la compasión, el valor, la persistencia, la autocorrección, la autoestima, la autosuficiencia y la autodirección. Así pues, ha de tenerse en cuenta que los niños:

- No pueden aprender a perdonar a menos que haya alguien a quien perdonar.

- No pueden desarrollar la paciencia o aprender a aplazar la gratificación si les damos todo lo que quieren cuando quieren.

- No pueden aprender a aceptar sus propias imperfecciones si toda la gente de su entorno es supuestamente perfecta.

- No pueden aprender a cooperar si siempre les sale todo bien.

- No pueden aprender a ser creativos si todo se les da hecho.

- No pueden aprender a ser compasivos y respetuosos a menos que también sientan el dolor y la pérdida.

- No pueden aprender a ser valientes y optimistas a menos que se enfrenten a la adversidad.

- No pueden desarrollar la tenacidad y la fuerza de voluntad si todo es fácil.

- No pueden aprender a corregirse a menos que se encuentren con dificultades, experimenten el fracaso o cometan errores.

- No pueden sentir autoestima o un orgullo sano a menos que superen obstáculos para conseguir algo.

- No pueden desarrollar la autosuficiencia a menos que experimenten la exclusión o el rechazo.

- No pueden autodirigirse a menos que tengan la oportunidad de resistirse a la autoridad y/o no conseguir lo que quieren.

El desafío y los dolores del crecimiento no solo son inevitables, sino también necesarios. Nuestro deber de padres no es proteger a nuestros hijos de los desafíos de la vida, sino ayudarlos a superarlos satisfactoriamente y crecer. En este libro encontrará las técnicas de la educación positiva para ayudar a sus hijos a responder a los desafíos y contratiempos de la vida. Si siempre soluciona sus problemas, no encontrarán sus propias capacidades y habilidades innatas.

Los obstáculos de la vida pueden presentarse para fortalecer a nuestros hijos y hacer surgir sus mejores cualidades. Una mariposa sale del capullo mediante una auténtica lucha. Si abriéramos el capullo para ahorrarle la lucha, la nueva mariposa moriría enseguida. Esta lucha es necesaria para desarrollar la fortaleza de las alas. Sin ella la mariposa nunca volaría, sino que moriría. De manera similar, para que nuestros hijos crezcan fuertes y vuelen libremente, necesitan ciertas clases de lucha y apoyo.

Para superar sus desafíos específicos, todos los niños necesitan amor y apoyo. Sin este apoyo sus problemas se distorsionan tanto que a veces los niños llegan a desarrollar trastornos mentales y comportamientos patológicos. Nuestro deber de padres consiste en prestarles apoyo para que crezcan más fuertes y sanos. Si interferimos y les ponemos las cosas demasiado fáciles, los debilitaremos, pero si les ponemos las cosas demasiado difíciles y no los ayudamos lo suficiente, les privaremos de lo que necesitan para crecer. Los niños no pueden conseguirlo solos. Un niño no puede crecer y desarrollar todas las técnicas necesarias para tener una vida satisfactoria sin la ayuda de sus padres.

Existen cinco mensajes positivos que ayudarán a nuestros hijos a encontrar la capacidad de satisfacer los desafíos de la vida y desarrollar su pleno potencial. Aquí estudiaremos unas técnicas nuevas para educar a los hijos basadas en la transmisión de cada uno de estos cinco mensajes:

1. Es aceptable ser diferente.

2. Es aceptable equivocarse.

3. Es aceptable expresar emociones negativas.

4. Es aceptable querer más.

5. Es aceptable decir no, pero no olvides que papá y mamá mandan.

Analicemos cada uno de estos mensajes.

1. Es aceptable ser diferente. Todos los niños son únicos. Tienen sus propios dones, desafíos y necesidades especiales. Nuestro deber de padres consiste en reconocer esas necesidades especiales y alimentarlas. Los chicos suelen tener ciertas necesidades que no son tan importantes para las chicas. Por su parte, las chicas tienen necesidades que tal vez no sean tan importantes para los chicos. Además, cada niño independientemente de su sexo tiene necesidades especiales asociadas a sus desafíos y dones concretos.

Los niños también son diferentes en cuanto a su manera de aprender. Es esencial que los padres entiendan esta diferencia; de lo contrario, puede que empiecen a comparar a los niños y se sientan frustrados. Cuando se trata de aprender una tarea, existen tres clases de niños: los corredores, los marchadores y los saltadores. Los corredores aprenden muy deprisa. Los marchadores aprenden a un ritmo lento y constante. Finalmente están los saltadores, los más difíciles de educar: parece que no aprenden nada o no hacen ningún progreso, pero un día pegan un salto y ya está. Los saltadores tardan más tiempo en aprender.

Los padres descubren lo importante que es expresar el amor de acuerdo con el sexo. Por ejemplo, las chicas a menudo necesitan más cariño, pero en un chico un exceso de cariño puede hacerle creer que no confiamos en él. Los chicos necesitan más confianza, pero en una chica un exceso de confianza puede interpretarse como falta de cariño. Los padres tienden a dar por error a sus hijas lo que necesitan los chicos, mientras que las madres tienden a dar por error a los chicos el apoyo que necesitarían las chicas. Comprender que los chicos y las chicas tienen necesidades distintas es muy importante para los padres, y les ayuda a discutir menos sobre su estilo de educación de los hijos. Los papás son de Marte, las mamás son de Venus.

2. Es aceptable equivocarse. Todos los niños se equivocan. Es perfectamente normal. Cometer un error no quiere decir que al niño le pase algo a menos que sus padres reaccionen como si no hubiera debido equivocarse. Los errores son naturales, normales y de esperar. Los niños aprenden esto básicamente mediante el ejemplo. Los padres pueden enseñar este principio mediante el reconocimiento de sus propios errores.

Cuando los niños ven disculparse a sus padres con frecuencia, aprenden a sentirse responsables de sus propios errores. En lugar de enseñar a los hijos a pedir perdón, los padres demuestran cómo se hace. (Los niños aprenden a partir de modelos de conducta, no con sermones.) De este modo no solo aprenden a ser más responsables, sino que aprenden gradualmente a perdonar.

Los niños llegan a este mundo con la capacidad de querer a sus padres, pero no pueden quererse o perdonarse a sí mismos. Aprenden a quererse por la manera como los tratan y reaccionan sus padres cuando se equivocan. Cuando los padres no avergüenzan o castigan a sus hijos por sus errores, estos tienen una mayor probabilidad de aprender la técnica más importante: la capacidad de quererse a sí mismos y aceptar sus imperfecciones.

Los niños aprenden esta técnica cuando ven que sus padres cometen errores y aun así son adorables. Avergonzar o castigar a los hijos les impide desarrollar el amor propio o la capacidad de perdonarse a sí mismos. En este libro los padres aprenden alternativas eficaces a los bofetones, la vergüenza y el castigo: nuevas maneras de preguntar en lugar de ordenar, dar premios en lugar de castigos y dejar al niño a solas en lugar de darle unos azotes. Estas técnicas de la educación positiva se describen con más detalle en los capítulos 3 a 8. Si mandarlo a la habitación se impone de manera correcta y persistente, constituye una medida disuasiva tan poderosa como unos bofetones y un castigo.

3. Es aceptable expresar emociones negativas. Las emociones negativas como la ira, la tristeza, el miedo, el pesar, la frustración, la decepción, la preocupación, la vergüenza, los celos, el dolor, la inseguridad y la pena no solo son naturales y normales, sino también un componente importante del proceso de crecimiento. Las emociones negativas siempre son aceptables y deben expresarse.

Los padres deben crear las oportunidades adecuadas para que los niños sientan y expresen sus emociones negativas. Aunque tener emociones negativas nunca es un problema, nuestros hijos no siempre las expresan de la manera, en el momento y el lugar adecuados. Las pataletas son un aspecto importante del desarrollo de un niño, pero los niños deben aprender cuándo y dónde pueden tener una pataleta. Por otro lado, tenemos que asegurarnos de que no apaciguamos a un niño para evitar una pataleta, si no, las pataletas reaparecerán en el momento más inoportuno.

Hay que practicar nuevas técnicas de comunicación para que los niños sean más conscientes de sus sentimientos, de lo contrario se descontrolarán, se resistirán a la autoridad de los padres y exteriorizarán sus sentimientos reprimidos. En este libro los padres aprenderán a ocuparse eficazmente de sus propios sentimientos de disgusto. Los hijos expresan lo que los padres reprimen, además de sus sentimientos de disgusto. Este principio explica por qué los niños pierden el control en los momentos más inoportunos, en particular en momentos tensos y agobiantes en que intentamos contener nuestros sentimientos.

La educación positiva consiste en no responsabilizar a los hijos de los sentimientos de los padres. Cuando los niños reciben el mensaje de que sus sentimientos y las necesidades de comprensión y afecto que se esconden bajo ellos son un inconveniente, empiezan a reprimirlos y perder la conciencia de quiénes son y todos los dones que poseen.

Los padres más abiertos, que reconocen la importancia de los sentimientos, con frecuencia cometen el error de enseñar a sus hijos comunicando demasiado sus propias emociones. La mejor manera de enseñar a tener conciencia de los sentimientos consiste en escuchar y ayudar a identificarlos con empatía. Los padres pueden comunicar sus sentimientos negativos sobre todo contando historias sobre qué sintieron durante su infancia y su adolescencia en respuesta a los desafíos de la vida. El inconveniente de comunicar los sentimientos negativos a los hijos es que estos se vuelven demasiado responsables. Los niños asumen demasiada culpa y pierden la conciencia de sus sentimientos íntimos. Con el tiempo se alejan de los padres y dejan de hablarles.

Por ejemplo, decirle a un niño «Cuando te subes a ese árbol tengo miedo de que te caigas» hace que el niño se sienta manipulado por los sentimientos negativos. En cambio un adulto debería decir: «Subirse a los árboles no es muy seguro. Quiero que te subas a los árboles solo cuando yo esté presente.» Esto no solo es más eficaz, sino que enseña a los niños a no tomar decisiones basándose en las emociones negativas. El niño coopera no para proteger al padre de la inquietud que le supone tener miedo, sino porque el padre le ha pedido que haga algo.

Los padres pueden ayudar a sus hijos a desarrollar una mayor conciencia de los sentimientos sin comunicar sus propios sentimientos, sino mediante la empatía, el reconocimiento y la escucha. A veces incluso preguntar directamente a los niños cómo se sienten o qué quieren puede otorgarles demasiado poder. Hay que utilizar nuevas técnicas de escucha para que los niños pongan de manifiesto sus sentimientos y para comprender las necesidades de un niño pequeño. Los padres «permisivos» aprenderán a evitar ser dominados o manipulados por las necesidades y los sentimientos de sus hijos. Los padres «exigentes» comprenderán las numerosas formas en que sin darse cuenta avergüenzan a sus hijos por tener sentimientos negativos.

Al aprender a sentir y expresar emociones negativas, los niños aprenden a diferenciarse de sus padres como individuos, mediante el desarrollo de una arraigada conciencia de sí mismos, y descubren gradualmente en su interior una abundancia de creatividad, intuición, amor, dirección, seguridad en sí mismos, alegría, compasión y la capacidad de autocorregirse después de equivocarse. Todas estas técnicas, que después hacen que una persona destaque en este mundo y triunfe y se sienta realizada, surgen del hecho de ser conscientes de los sentimientos y ser capaces de liberar los negativos. Las personas que tienen éxito sienten sus pérdidas, pero se recuperan porque tienen la capacidad de liberar las emociones negativas. La mayoría de las personas que no alcanzan el éxito personal son indiferentes a sus sentimientos íntimos, toman decisiones basándose solo en los sentimientos negativos o simplemente mantienen sentimientos y actitudes negativos. En todos los casos impiden que sus sueños se hagan realidad.

4. Es aceptable querer más. Con frecuencia los niños reciben el mensaje de que se equivocan, son egoístas o están mimados porque quieren más o se disgustan cuando no consiguen lo que quieren. Los padres enseñan rápidamente las virtudes de la gratitud en lugar de dar permiso a sus hijos para querer más. Los padres enseguida responden «Da las gracias por lo que tienes» cuando un niño quiere más.

Los niños no saben cuánto pueden pedir y nunca hay que esperar que lo sepan. Incluso los adultos tenemos dificultades para saber cuánto podemos pedir sin ofender o parecer demasiado exigentes o desagradecidos. Si los adultos tienen dificultades, es normal que nuestros hijos también las tengan.

Las técnicas de la educación positiva enseñan a los niños a pedir lo que quieren de manera respetuosa con los demás. Al mismo tiempo, los padres aprenden a decir no sin disgustarse. Los niños podrán pedir lo que quieren sin temor, sabiendo que no los avergonzarán. También reconocerán que el simple hecho de pedir no significa que vayan a conseguir lo que quieren.

A menos que sean libres de pedir, los niños nunca sabrán claramente qué pueden y qué no pueden conseguir. Además, al pedir, desarrollan enseguida unas habilidades negociadoras increíbles. Los adultos suelen ser malos negociadores. No piden a menos que esperen un sí por respuesta. Si la respuesta es un no, suelen desentenderse con una actitud de sumisión, resentimiento no admitido o enfado aparente.

Cuando se les da libertad para pedir, la capacidad de los niños de conseguir lo que quieren tiene la posibilidad de desarrollarse plenamente. De adultos, no aceptarán un no por respuesta. De pequeños, aprenden a negociar y con frecuencia nos motivan para que les demos lo que quieren. Existe una gran diferencia entre ser manipulado por un niño quejica o ser motivado por un negociador brillante. Los padres positivos mantienen el control a lo largo de todas las negociaciones y determinan claramente cuánto pueden durar.

Al dar permiso a su hijo para pedir más, otorgan a ese niño el don de la dirección, la determinación y el poder en la vida. Hoy en día, muchas mujeres se sienten impotentes porque nunca les dieron permiso para pedir más. Les enseñaron a preocuparse más de las necesidades de los otros y se las avergonzaba por disgustarse cuando no conseguían lo que ellas querían.

Una de las técnicas más importantes que un padre o una madre puede enseñar a una hija es a pedir más. La mayoría de las mujeres no aprendieron esta lección de pequeñas. Piden más indirectamente, dando más y confiando en que alguien se lo devolverá sin tener que pedir. Esta incapacidad de pedir directamente les impide conseguir lo que quieren en la vida y en sus relaciones.

Mientras que las chicas necesitan permiso para querer más, los chicos necesitan un apoyo especial cuando no consiguen más. Los chicos se proponen a menudo objetivos difíciles de alcanzar y los padres intentan convencerlos de que los olviden porque quieren protegerlos de la decepción. No se dan cuenta de que poder enfrentarse a la decepción para reponerse y avanzar hacia sus objetivos es más importante que alcanzar los objetivos. Del mismo modo que las chicas necesitan mucho apoyo para pedir lo que quieren, los chicos necesitan apoyo para identificar sus sentimientos y avanzar a través de ellos. En el caso de los chicos, lo mejor es pedirles información sobre lo sucedido procurando *sobre todo* no ofrecer consejos o ayuda. Incluso un exceso de empatía puede hacer que desconecten y no quieran hablar de lo sucedido.

A menudo las madres cometen el error de hacer demasiadas preguntas. Cuando presionamos a los chicos para que hablen, muchos se callan. Cuando les sugerimos cómo hacer frente a una situación, los chicos en especial se echan atrás. En un momento en que el chico ya se siente derrotado, no necesita que nadie le haga sentirse peor al explicarle cómo solucionar el problema o qué hizo para contribuir a causarlo.

Por ejemplo, el chico está decepcionado porque no sacó buena nota en un examen y su madre le dice con afecto: «Si hubieras visto menos la televisión y hubieras dedicado más tiempo a estudiar, habrías sacado mejor nota. Eres muy inteligente, lo que pasa es que no te esfuerzas bastante.» Evidentemente ella cree que su actitud es cariñosa, pero en este contexto está claro por qué el chico no le revelará qué le preocupa. La madre ha ofrecido consejo sin que él se lo haya pedido y el chico siente que lo han criticado y que no confían en que él pueda solucionar el problema.

5. Es aceptable decir no, pero no olvides que papá y mamá mandan. Los niños deben poder decir no, pero es igualmente importante que sepan que sus padres mandan. Además de dar a los niños permiso para querer más y negociar, el permiso para decir no les otorga poder. La mayoría de los padres tiene miedo de dar tanto poder a los niños porque pueden convertirse fácilmente en unos mimados. Hoy en día, uno de los grandes problemas de los niños es que se les ha dado demasiada libertad. Los padres han comprendido que sus hijos necesitan más poder pero no han sabido mantener el mando. A menos que se utilicen las técnicas de la educación positiva, los hijos se volverán demasiado exigentes, egoístas e irritables. Cuando los padres mantienen el control, resulta eficaz otorgar más poder a los hijos.

Dejar que los niños digan no les da la posibilidad de expresar sus sentimientos, descubrir qué quieren y luego negociar. Esto no significa que usted vaya siempre a cumplir los deseos del niño. Aunque los niños pueden decir no, esto no significa que vayan a salirse con la suya. Prestaremos atención a lo que sienten y necesitan, y esto en sí mismo a menudo hará que estén más dispuestos a cooperar. Y, aún más importante, permitirá que estén dispuestos a cooperar sin tener que reprimir su verdadera personalidad.

Existe una gran diferencia entre modificar nuestras necesidades y negarlas. Modificarlas significa cambiar lo que queremos por lo que nuestros padres quieren. Negarlas significa reprimir nuestras necesidades y ceder a las necesidades de los padres. La sumisión acaba por doblegar al niño. Después de domar un caballo, este se vuelve dócil y, por lo tanto, está dispuesto a cooperar, pero también pierde parte de su espíritu libre.

En la Alemania previa al nazismo se avergonzaba y castigaba con dureza a los niños por resistirse a la autoridad. No tenían permiso para resistirse ni decir no. En retrospectiva podemos ver claramente a mayor escala que doblegar a nuestros hijos puede convertirlos en seguidores salvajes y fanáticos de líderes maníacos y autoritarios. Cuando una persona no tiene una arraigada conciencia de sí misma, es presa fácil para la manipulación y el abuso. Sin una arraigada conciencia de sí misma, una persona incluso se verá atraída por las relaciones y las situaciones abusivas, porque se sentirá indigna y tendrá miedo de reafirmar su propia voluntad.

Modificar la voluntad y los deseos de uno se denomina *cooperación*. Someter la voluntad y los deseos de uno es la *obediencia*. Las prácticas de la educación positiva tratan de formar niños dispuestos a cooperar, no niños obedientes. No es bueno que los hijos cumplan la voluntad de sus padres ciegamente. Dar permiso a los niños para sentir y expresar con palabras su resistencia cuando esta surge, no solo los ayuda a desarrollar conciencia de sí mismos, sino que también los vuelve más dispuestos a cooperar. Los niños obedientes se limitan a cumplir órdenes; no piensan, no sienten ni participan en el proceso. Los niños dispuestos a cooperar participan con todo su ser en todas las interacciones y, por lo tanto, pueden desarrollarse.

> **Las prácticas de la educación positiva tratan de formar niños dispuestos a cooperar, no niños obedientes.**

Los niños dispuestos a cooperar quieren antes que nada complacer a sus padres. Dar permiso a los niños para decir no no significa darles más control; en realidad proporciona un mayor control a los padres. Cada vez que un niño se resiste y los padres mantienen el control, los niños pueden ver que papá y mamá mandan. Este es el principal motivo por el cual es tan valioso dejar a los niños un rato a solas.

Cuando los niños se portan mal o no cooperan, están fuera de nuestro control. No cooperan con nuestra voluntad y nuestros deseos. Para restablecer la cooperación, un padre debe cogerlo y llevarlo a la habitación para que se quede a solas y recobrar así el control. Dios hizo pequeños a los niños para que podamos cogerlos y llevarlos a otro sitio.

Cuando aplicamos esta medida, tienen libertad para resistirse y expresar todos sus sentimientos, pero aun así tienen que estar solos durante cierto tiempo. En términos generales, un niño solo necesita un minuto por cada año de vida. Un niño de cuatro años necesita cuatro minutos. Para que los niños vuelvan a sentir que nosotros mandamos, basta con mandarlos a su habitación durante poco rato. Automáticamente los sentimientos negativos desaparecen y el niño vuelve a sentir el deseo saludable de complacer y cooperar.

Los padres demasiado permisivos o que no suelen utilizar el método de mandarlo a su habitación hacen que sus hijos sean más inseguros sin darse cuenta. Los niños empiezan a tener la sensación de que pueden controlar y, como no están preparados para mandar (aunque les guste), se sienten inseguros. Imagínese que ha de contratar a doscientos trabajadores para construir un edificio en seis meses, o que le traen a una persona que acaba de recibir un disparo y le piden que la opere y le extraiga la bala. Si no estuviera preparado para estos trabajos, de repente se sentiría muy inseguro. Cuando los niños empiezan a sentir la emoción de mandar, también empiezan a sentirse muy inseguros y mostrarse exigentes.

Un niño exigente o mimado necesita quedarse a solas. Un adolescente mimado puede necesitar algo más que eso. Por ejemplo, pasar una temporada bajo supervisión en un país en vías de desarrollo, en el bosque con un guía o en casa de la tía, el tío o el abuelo favorito. Eso les ayudará a volver a ser ellos mismos y a sentir la necesidad de que mande otra persona. Cuando un adolescente siente que ha perdido el control y depende de otra persona, recibe una lección de humildad. Puede volver a sentir que necesita a sus padres y desea complacerlos.

> **Para sentirse protegidos, los niños deberían tener la sensación de que alguien los escucha, pero siempre deberían saber que ellos no mandan.**

Los niños básicamente están programados para cumplir una misión: complacer a sus padres. Las técnicas de la educación positiva reafirman esta misión y consiguen que los niños estén más dispuestos a cumplir la voluntad y los deseos de los padres. Para equilibrar esta tendencia a complacer, los niños necesitan permiso para resistirse y decir no. Esta resistencia les permite desarrollar una conciencia saludable de sí mismos.

Los niños que no tienen esta oportunidad pasan por una fase de rebeldía exagerada en torno a la pubertad. Aunque los adolescentes todavía necesitan orientación en la vida, sienten una intensa necesidad de contrariar nuestra voluntad y nuestros deseos si no han desarrollado una conciencia de sí mismos.

Muchos padres dan por sentado que sus hijos tienen que alejarse de ellos en ese momento y que la rebelión es muy normal. La rebelión solo es una reacción normal para los niños que no han tenido el apoyo que necesitaban en una etapa anterior de su vida. Cuando los niños tienen permiso para decir no, pero luego cooperan con sus padres, poseen una conciencia saludable de sí mismos y no necesitan rebelarse en la pubertad. Aun así, se alejan de sus padres, pero no se rebelan y acuden a ellos una y otra vez en busca de amor y apoyo.

La educación positiva también enseña a mejorar la comunicación con los adolescentes que no han crecido con los cinco mensajes de la educación positiva. Nunca es demasiado tarde para ser un buen padre y estimular la cooperación de los hijos. Empiece cuando empiece, al aplicar los cinco mensajes de la educación positiva tendrá la posibilidad de mejorar la comunicación, generar cooperación y lograr que sus hijos den lo mejor de sí.

UNA VISIÓN DE LAS POSIBILIDADES

Incluso con una mayor comprensión de los cinco mensajes de la educación positiva no es fácil ser padres. Se trata de un proceso de aprendizaje continuo. La educación de los hijos le exigirá más de lo que pensaba. Por muy bien que consiga hacerlo, se encontrará una y otra vez en territorio desconocido y se preguntará «¿Qué hago ahora?». Hay que tener una visión clara de las posibilidades. Cuando parezca que algo no funciona o no sepa qué hacer, revise los cinco mensajes de la educación positiva. Descubrirá qué ha pasado por alto y podrá enmendarse.

Como padres, no practicamos mucho el perfeccionamiento de nuestras capacidades de educación de los hijos. De repente nos encontramos ante la inmensa responsabilidad de cuidar de un niño vulnerable y no siempre sabemos qué es lo mejor para él. Aunque recordemos que los niños vienen del cielo y tienen un destino específico, su futuro está literalmente en nuestras manos. La manera de cuidarlos influirá mucho en su capacidad de manifestar su pleno potencial.

Educar a los hijos requiere un compromiso tremendo, pero sin duda los hijos lo merecen. Los padres solo «se rinden» o desatienden la educación de los hijos cuando no saben qué hacer o cuando lo que hacen parece empeorar las cosas. El estudio de los principios de la educación positiva, fáciles de entender pero no siempre fáciles de recordar, le recordará siempre que usted es necesario y que si modifica algunas cosas conseguirá dar a sus hijos lo que necesitan.

Nunca olvide que nadie puede hacerlo mejor que usted. Aunque sus hijos vienen del cielo, también vienen de usted y lo necesitan. Aprender a educar a sus hijos es lo más valioso que puede hacer una persona. Sin comprender la educación positiva, la mayoría de los padres no tendrán idea de lo importantes que son para sus hijos y su futuro. No solo se lo pierden sus hijos, sino ellos también.

La educación de los hijos es una labor difícil, pero también la más gratificante. Ser padres es una gran responsabilidad y un gran honor. Si tenemos conciencia de qué necesitan nuestros hijos, entenderemos lo mucho que requieren nuestra ayuda. Llegar a comprender nuestra responsabilidad nos permite sentirnos verdaderamente dignos de ser padres y tomarnos muy en serio lo que tenemos que hacer para cuidar de nuestra familia.

Al comprometerse plenamente con los nuevos principios de la educación positiva, usted se convertirá en un valiente pionero que explora nuevos territorios, un héroe que ayuda a crear un mundo mejor y, aún más importante, dará a sus hijos la posibilidad de alcanzar la grandeza.

Incluso con esta guía seguirá cometiendo errores, pero podrá utilizarlos para enseñar a sus hijos la importancia del perdón. No siempre podemos dar a nuestros hijos lo que necesitan o quieren, pero podemos ayudarlos a responder a sus decepciones de una manera saludable que los convierta en individuos más fuertes y seguros de sí mismos. Aun así, no podrá estar siempre a su disposición cuando lo necesiten, pero ahora sabrá cómo reaccionar ante sus sentimientos y sus necesidades insatisfechas de una manera que haga cicatrizar sus heridas emocionales y les haga sentirse queridos y apoyados. Utilizar los cinco mensajes de la educación positiva y recordar que los niños vienen del cielo lo ayudará a proporcionar a sus hijos la mejor preparación para hacer realidad sus sueños, que es lo que todos los padres quieren para sus hijos.

2

¿Qué hace funcionar los cinco mensajes?

Para aplicar los cinco mensajes de la educación positiva primero tenemos que entender las condiciones adecuadas para su funcionamiento. Las nuevas técnicas no surtirán efecto si mantenemos el control con la amenaza de los azotes, el castigo o la culpabilidad. La educación basada en el miedo anula la capacidad de nuestros hijos de responder a la educación positiva. Por otro lado, si no sabemos sustituir los bofetones y los castigos por métodos más positivos para generar cooperación, los cinco mensajes tampoco funcionarán. No basta con dejar de castigar a nuestros hijos; debemos aplicar nuevas técnicas que generen cooperación, motivación y control.

Si la educación se basa en el miedo, los niños no responderán. Para que este nuevo enfoque funcione los padres tienen que abandonar la educación basada en el miedo. Pasar de una actitud a la otra tampoco funciona. No podemos tratar a los niños como si fueran buenos e inocentes para poner de manifiesto su grandeza interior y una semana después darles unos azotes porque se han portado mal.

> **Tratar a los niños como si fueran buenos e inocentes y una semana después darles unos bofetones porque se han portado mal no funciona.**

Si queremos que nuestros hijos estén bien consigo mismos, debemos dejar de hacer que se sientan mal. Si queremos que se sientan seguros de sí mismos, debemos dejar de controlarlos con el miedo. Si queremos que respeten a los demás, debemos aprender a mostrarles el respeto que merecen. Los niños aprenden con el ejemplo. Si los controlamos con la violencia, recurrirán a la violencia, o por lo menos a un comportamiento cruel o falto de sensibilidad cuando no sepan qué hacer.

LA PRESIÓN DE LA EDUCACIÓN DE LOS HIJOS

Gracias a la psicología, ahora somos más conscientes de la gran influencia que tiene la infancia en toda nuestra vida. Las circunstancias y condiciones de la primera infancia influyen mucho en nuestra capacidad de alcanzar el éxito social y de ser felices y sentirnos realizados. Aunque ahora aceptamos que todo el mundo lo sabe, hace cincuenta años no lo sabía tanta gente.

Antes, la manera de educar a los hijos no era una prioridad. El éxito en la vida se atribuía principalmente a los genes, las situaciones familiares, el trabajo, la oportunidad, el carácter, la religión o la suerte. En las culturas orientales, que comúnmente creen en la vida pasada y futura, el karma anterior se consideraba el factor más importante. Si una persona había sido buena en una vida anterior, le pasarían cosas buenas en esta vida. Sin duda los padres siempre han querido a sus hijos, pero no se concedía tanta importancia a la manera de demostrar ese amor con técnicas para educar a los hijos.

Después de cincuenta años de orientación psicológica hemos descubierto que la manera como los padres demuestran su amor es muy importante para los hijos. Ahora que se reconoce más la importancia de la infancia, los padres sienten una mayor presión y responsabilidad para encontrar la mejor manera de educar a sus hijos. Pero a menudo esta presión para ser padres perfectos los lleva por el camino equivocado.

Frecuentemente los padres cometen el error de concentrarse demasiado en proporcionar más. Y lo que proporcionan a menudo es contraproducente: más dinero, más juguetes, más cosas, más entretenimiento, más educación, más actividades extraescolares, más formación, más ayuda, más elogios, más tiempo, más responsabilidad, más libertad, más disciplina, más supervisión, más castigos, más permisos, más comunicación, etc. Lo que necesitan los niños de hoy no son necesariamente estas cosas en mayor cantidad. Como sucede en otros ámbitos de la vida, *más* no siempre es mejor. En lugar de más cosas, lo que necesitan los niños son cosas diferentes. Como padres, no tenemos que dar más, sino un enfoque distinto del de nuestros padres.

Reinventar la educación de los hijos

Hoy en día se plantea al desafío de reinventar la educación de los hijos. En lugar de asumir la responsabilidad de convertir a nuestros hijos en adultos responsables y triunfadores, cada vez se hace más patente que nuestro papel de padres solo consiste en alimentar lo que ya existe. En cada niño se encuentran las semillas de la grandeza. Nuestro papel consiste en proporcionar un entorno seguro y enriquecedor para darle la oportunidad de desarrollarse y expresar su potencial.

Las técnicas y los métodos tradicionales de educación de los hijos ya no funcionan para los niños de hoy. Los niños de hoy son diferentes. Son más conscientes de sus sentimientos y, en consecuencia, tienen una mayor conciencia de su propia identidad. Con este cambio, sus necesidades también han cambiado. Todas las generaciones avanzan para solucionar los problemas del pasado, pero al dar este paso surgen nuevos desafíos.

En cualquier campo del empeño humano tenemos que efectuar modificaciones para continuar teniendo éxito. Las necesidades de los niños de hoy son diferentes de las de las generaciones anteriores. Como padres, actualmente nos enfrentamos a un cambio que se ha gestado en los últimos dos mil años. Se trata del cambio que supone pasar de una educación basada en el miedo a una basada en el amor.

> **La educación positiva de los hijos es el cambio que supone pasar de la educación basada en el miedo a la educación basada en el amor.**

La educación positiva se centra en nuevos enfoques y estrategias para motivar a los hijos con amor, no a través del miedo al castigo, la humillación o la pérdida del amor. Aunque esto parece razonable cuando lo comparamos con los métodos tradicionales de educación, se trata de una noción muy innovadora. La educación basada en el amor está reñida con nuestras reacciones instintivas más profundas cuando percibimos que estamos fuera de control o tenemos miedo de perder el control.

Este enfoque basado en el amor se centra en motivar a los niños para que cooperen sin utilizar el miedo al castigo. Todos los padres conocen la reacción automática de «Si no paras, te...». Y a continuación viene la amenaza. O la frase desfasada: «Si no me haces caso, se lo diré a tu padre cuando llegue.» Controlar a nuestros hijos con el miedo, por mucho que no queramos hacerlo, es una reacción automática. Hoy en día, en muchas escuelas los profesores intentan motivar a los niños para que saquen mejores notas mediante el miedo a los exámenes de acceso a la universidad. Con este miedo lo único que se consigue es que nuestros hijos estén más angustiados o deprimidos. Algunos niños ya empiezan a prepararse para la universidad en el colegio.

Renunciar a los azotes, las amenazas y los castigos puede parecer un acto de cariño, pero cuando un niño tiene una pataleta en la cola del supermercado y ya no sabemos qué hacer, parece que la única solución es una amenaza o un bofetón. Cuando nuestro hijo se niega a vestirse por la mañana para ir a la escuela o se resiste a cepillarse los dientes por la noche, recurrimos automáticamente a las amenazas y el castigo. Aunque no queramos utilizar amenazas ni castigos, cuando ya no funciona nada más, es todo cuanto nos queda. Y es todo cuanto nos queda porque todavía no hemos aprendido las técnicas de la educación positiva.

> **Cuando un niño tiene una pataleta en la cola
> de un supermercado, ya no sabemos qué hacer;
> parece que la única solución es una amenaza o un bofetón.**

Solo podremos cambiar nuestro método de educación y criar a nuestros hijos de manera distinta de como nos criaron cuando encontremos un nuevo método que funcione. Podremos renunciar a las técnicas anticuadas basadas en el miedo cuando hayamos aprendido las nuevas técnicas para despertar y poner de manifiesto esa parte de nuestros hijos que quiere cooperar y ya está motivada para comportarse de acuerdo con nuestra voluntad y nuestros deseos.

BREVE HISTORIA DE LA EDUCACIÓN DE LOS HIJOS

Hace miles de años los niños recibían peor trato que el que daríamos hoy a los animales. Si los niños desobedecían a los padres, se les pegaba o castigaba con dureza y a veces incluso se les mataba. En Roma los cementerios de hace dos mil años han puesto al descubierto cadáveres de miles de niños pequeños a los que sus padres pegaron o mataron por haber sido desobedientes. Con los años, hemos abandonado este tratamiento tan abusivo y violento.

Hoy en día, la mayoría de los padres pegan a sus hijos solo como último recurso, cuando parece que ya no funciona nada más o cuando los padres pierden el control. Aun así, se conserva la herencia del pasado. Incluso en los hogares relativamente tranquilos puede oírse decir a los niños: «Si haces esto te matarán» o «Te matarán por esto». Aunque los niños no se refieren a «matar» en sentido literal, esto es un indicio claro de que el miedo influye cuando se trata de generar un comportamiento disciplinado o bueno. Aunque hemos avanzado mucho en los últimos dos mil años, el uso del miedo sigue arraigado.

Algunos padres todavía creen que sus hijos necesitan bofetones. Recuerdo un buen ejemplo. Hace diez años tuve una conversación con un taxista yugoslavo. Me dijo que el problema de América era que los padres eran demasiado blandos. No pegaban a sus hijos. Le pregunté si a él le habían pegado. Me dijo con orgullo que por ese motivo él y sus hijos habían salido buenas personas. Nunca habían pasado una noche en la cárcel. Añadió que no pasó un solo día sin que le pegaran durante su infancia y su adolescencia. Como adulto, agradecía las palizas recibidas. Me aseguró que era una costumbre muy común en su país y que había impedido que él acabara siendo un criminal.

Es una reacción psicológica asombrosa. A menudo, los niños maltratados con severidad establecen un vínculo afectivo incluso más fuerte con el agresor. Con el tiempo, empiezan a justificar los malos tratos y consideran que los merecen. En lugar de considerarse víctimas de malos tratos, defienden la conducta de sus padres. Cuando tienen hijos, naturalmente consideran que estos merecen los mismos malos tratos. Por este motivo puede resultarles muy difícil a algunos padres adaptarse a la educación positiva de los hijos. Se aferran a la educación basada en el miedo, porque los castigaban y consideran que sus hijos también merecen el castigo. Creen que su educación los ayudó a ser mejores ciudadanos y, en consecuencia, también ayudará a sus hijos. No es raro oír a un niño maltratado decir: «Me portaba tan mal que tenían que pegarme.»

> **Algunos niños maltratados establecen un vínculo afectivo incluso más fuerte con el agresor y defienden la conducta abusiva.**

Sin duda ahora hay más padres que sufrieron malos tratos que reconocen que se trata de una costumbre obsoleta, pero no saben qué otra cosa hacer. Aunque no les gusta castigar, no les queda otra alternativa. Otros padres han renunciado a los castigos y a raíz de esto han perdido el control de sus hijos o estos han desarrollado problemas de autoestima. Si queremos renunciar a los castigos tenemos que sustituirlos por algo eficaz para controlar a los niños y generar cooperación.

Cuando los niños son receptivos, sensibles y abiertos, como los niños de hoy, en cuanto reciben violencia la exteriorizan inmediatamente. Cuando se controla a los niños con la amenaza de la violencia, el castigo o la culpabilidad, recurren a la violencia, el castigo o la culpabilidad a fin de recobrar el control. La conducta disfuncional y la violencia doméstica endémicas de nuestra sociedad son consecuencia de no saber abordar de otra manera los intensos sentimientos que experimentan las personas.

Cuando no se tenía tanta conciencia de los sentimientos, la violencia y el castigo surtían efecto. Pero hoy el mundo es distinto. Los padres son más conscientes y más sensibles y sus hijos también. Sin una nueva manera de controlar a los niños, estos se volverán cada vez más violentos y seguirán comportándose de modo disfuncional. O bien se comportarán de manera rebelde y agresiva, o bien guardarán esa violencia en su interior y se castigarán con una pérdida de autoestima. Odian a los demás o se odian a sí mismos, y a menudo sienten ambas cosas.

> **Los niños expuestos a la violencia odian a los demás o se odian a sí mismos.**

No puedo más que reír cuando algunos expertos dicen que no existen estudios científicos que demuestren que los castigos físicos vuelven violentos a los niños. Es lo que dijeron cuando publiqué *Los hombres son de Marte, las mujeres son de Venus* hace más de quince años. Me preguntaban: «¿Dónde están los estudios que demuestran que los hombres y las mujeres son diferentes?» Era puro sentido común.

Los estudios científicos son muy útiles para ampliar nuestra conciencia y nuestra comprensión, pero cuando llegamos a depender tanto de ellos y no tenemos en cuenta el sentido común es que hemos ido demasiado lejos. La investigación científica se convierte entonces en algo tan peligroso como la superstición de la que ayudó a liberarse a la sociedad. Afortunadamente no todos los científicos e investigadores son tan rígidos como para desechar el sentido común.

> **Cuando dependemos de los estudios científicos y no tenemos en cuenta el sentido común es que hemos ido demasiado lejos.**

Aunque el concepto de «violencia que se recibe, violencia que se exterioriza» es de sentido común, los estudios también han demostrado que la exposición a la violencia vuelve a los niños más violentos. Tras los disturbios de Los Ángeles de 1989, se proyectaron vídeos de los sucesos violentos durante tres minutos a diferentes grupos de niños. Posteriormente estos pasaban a jugar a una habitación donde había juguetes violentos y juguetes no violentos.

Cuando se les decía que los sucesos violentos de la televisión estaban interpretados por actores que fingían ser violentos, los niños no jugaban con los juguetes violentos sino con juguetes más neutros o educativos. Cuando se les decía que la violencia de la televisión era real, casi todos los niños elegían los juguetes violentos. La agresividad aumentaba de manera espectacular. El hecho de ver violencia real en la televisión desencadenaba una mayor agresividad en los niños.

Hasta los 14 años los niños o preadolescentes no tienen la capacidad cognitiva necesaria para comprender una situación hipotética. Aunque recordemos a un niño o un preadolescente que los actores de la televisión solo fingen, lo olvidará enseguida. Y si lo recuerda, al cabo de cinco o diez minutos responderá emocionalmente como si fuera real. Lo que un niño cree que es real se convierte en realidad. Cuando los niños ven violencia o mal comportamiento en la televisión, en cierta medida pierden la oportunidad de desarrollar un sentido saludable de la inocencia, la serenidad y la sensibilidad.

> **Cuando los niños no reciben una estimulación excesiva de violencia o maldad a través de la televisión, son más seguros de sí mismos y están más relajados y tranquilos.**

Si un padre decide que su hijo preadolescente puede ver una película determinada pero alberga ciertas dudas al respecto, es mejor que el preadolescente vea la película cuando salga en vídeo. El vídeo, visto en casa con las luces encendidas, tiene un menor impacto que una sala de cine oscura con una pantalla más grande que la propia realidad. La sala de cine potencia la capacidad del adulto de dejar en suspenso la incredulidad y experimentar las vicisitudes de la película. Las salas de cine están concebidas para que los adultos se olviden de la realidad a fin de poder sustituirla temporalmente por la película. En cuanto a los niños, no queremos que olviden que lo que están viendo no es real.

Un exceso de cine o televisión, incluso sin violencia ni maldad, puede ser demasiado estimulante para los niños, y el exceso de estimulación es uno de los motivos más comunes por los cuales los niños exteriorizan sus sentimientos o no pueden controlarse. Los niños aprenden principalmente mediante la imitación. Hacen lo que ven. El exceso de impulsos sensitivos abruma su sistema nervioso y se vuelven irritables, exigentes, malhumorados, hiperactivos, quejicas, hipersensibles y poco dispuestos a cooperar. El exceso de estimulación no es una influencia saludable.

Sin embargo, muchas personas que se quejan de la violencia en la televisión amenazan a sus hijos con la violencia y el castigo. Sin embargo, si bien la violencia en la televisión y el cine influye en los niños y los adolescentes, la influencia de los padres y su filosofía y su método de educación es mayor.

> **Los padres ejercen mayor influencia en sus hijos que la televisión.**

Cuando criamos a los niños de forma que creen que son malos y merecen castigo, la violencia en la televisión y el cine tiene un mayor impacto negativo. Cuando criamos a los niños sin bofetones, castigos o culpabilidad, se ven influidos igualmente por los programas violentos, pero como mínimo se sienten menos atraídos por ellos. Los padres deben proteger a sus hijos del exceso de sexo y violencia en el cine y la televisión.

Los padres tienen a su alcance la posibilidad de criar a unos hijos sanos. No podemos achacar totalmente a Hollywood el problema de la creciente violencia juvenil. Hollywood solo suministra lo que queremos ver. Mientras los niños crezcan con el miedo y la culpabilidad, seguirán queriendo la violencia que Hollywood ofrece.

POR QUÉ LOS NIÑOS SE VUELVEN REVOLTOSOS Y PROBLEMÁTICOS

Existen motivos evidentes por los cuales hoy en día los niños en las escuelas son más irrespetuosos, agresivos y violentos. No es un misterio. Cuando se estimula demasiado a los niños con la agresividad o la amenaza del castigo en casa, los chicos desarrollan hiperactividad (o lo que ahora se denomina trastorno por déficit de la atención). Las chicas en cambio exteriorizan las tendencias agresivas en contra de sí mismas con sentimientos de baja autoestima y trastornos de la alimentación.

Si visitamos una cárcel, comprobaremos que todos los delincuentes violentos de pequeños recibieron castigos severos o malos tratos. Los malos tratos que sufrieron son tan desgarradores como los malos tratos que infligieron a sus víctimas. Pero fuera de las cárceles y las consultas de orientación psicopedagógica, millones de personas padecen depresión, ansiedad, apatía y otros trastornos emocionales como consecuencia de una educación basada en el miedo.

Por otro lado, hoy en día hay muchos niños revoltosos debido a las influencias de una educación «blanda». Los padres tradicionales aciertan cuando se muestran escépticos sobre los métodos modernos de la educación blanda. Aunque están decididos a basarse en el amor, no aplican las técnicas necesarias para ponerlo en práctica. Hay que compensar la libertad y el poder que proporcionan los cinco mensajes con técnicas igualmente eficaces para mantener el control sobre los niños y generar cooperación. Si queremos conducir un coche rápido, tenemos que asegurarnos que los frenos son buenos. No podemos dar más libertad a los niños a menos que dispongamos de técnicas para que se comporten disciplinadamente.

> **No podemos dar más libertad a los niños a menos que dispongamos de técnicas para que se comporten disciplinadamente.**

Muchos padres que fueron maltratados de pequeños se propusieron no pegar, degradar o castigar a sus hijos. Sabían lo que no funcionaba y, queriendo ser mejores padres, dejaron de hacerlo. El problema es que no sabían sustituir las antiguas prácticas basadas en el miedo por técnicas basadas en el amor. En muchos casos el hecho de negarse a disciplinar a sus hijos los convirtió en malcriados. Esta clase de educación blanda resulta tan ineficaz como los métodos basados en el miedo.

Renunciar a las técnicas tradicionales solo funciona cuando las sustituimos por algo más eficaz. Aunque los niños de hoy tienen necesidades nuevas, necesitan un padre o una madre que tenga el control. Si no, por mucho que quiera a su hijo, este se descontrolará.

Una de las prácticas que utiliza la educación positiva para sustituir el bofetón o el castigo son los ratos a solas acordes a la edad. Aun así, se utilizan como último recurso. Antes de mandar a un niño a la habitación, hay diversas técnicas que pueden aplicarse para que ese rato a solas surta efecto. De lo contrario, se convertirá simplemente en otro castigo basado en el miedo y perderá su eficacia.

> **Una de las prácticas que utiliza la educación positiva para sustituir el bofetón o el castigo es mandar al niño a la habitación y dejarlo un rato a solas.**

En vista de que existe una manera diferente de educar a nuestros hijos sin miedo ni culpabilidad, tenemos que pensar por qué una persona ha de ser maltratada o castigada por haber cometido un error. Nadie merece nunca el castigo. Todo el mundo merece amor y apoyo. Incluso antiguamente nadie merecía el castigo, pero era el único modo de recobrar y mantener el control. El castigo y los azotes ayudaban a los padres a tener el poder y controlar a los hijos. Hoy en día, el castigo y los bofetones tienen el efecto contrario.

> **Antiguamente el castigo mantenía el control,**
> **pero hoy en día tiene el efecto contrario.**

Los niños de antaño no tenían la capacidad de saber qué estaba bien y qué mal. El miedo al castigo era necesario para disuadirlos de portarse mal. Cuanto más se resistían, más castigos recibían. El castigo era necesario para doblegarlos. Precisamente esta estrategia permitía a las personas tolerar e incluso apoyar los abusos de los tiranos y los dictadores. Las personas sin fuerza de voluntad permitirán los abusos. Afortunadamente los tiempos han cambiado y la sociedad occidental no tolera ni apoya a los tiranos que cometen abusos. Así como la sociedad ha cambiado, los niños también. Nuestros hijos no se doblegarán, sino que continuarán rebelándose en respuesta a los azotes y castigos.

Si usted todavía está en contra de renunciar a los bofetones y los castigos, hágase esta pregunta: ¿si hubiera otra manera de producir el mismo efecto o incluso un efecto mejor que no comportara miedo, castigo o culpabilidad, me plantearía la posibilidad de utilizarla? Por supuesto que sí. Nos aferramos al miedo, el castigo y la culpabilidad simplemente porque no sabemos hacer otra cosa. A medida que avance en la lectura de este libro y descubra estas nuevas técnicas no basadas en el miedo, verá que no solo tienen sentido sino que también funcionan. De eso se trata. No estamos examinando los pros y los contras filosóficos de los métodos de educación. Hablamos de un método diferente que funcionará enseguida.

Miles de personas que han participado en mis seminarios y mis talleres ya han empezado a utilizar este método con éxito. No solo funciona, sino que parece justo. Deje que su corazón y su sentido común le otorguen la confianza y el valor necesarios para renunciar a la educación de los hijos tradicional y empezar a utilizar las nuevas técnicas de la educación positiva.

Un cambio global en la conciencia

Durante el siglo xx, la psicología occidental se desarrolló en respuesta a las nuevas necesidades de la conciencia colectiva. Antes del siglo pasado, la exploración introspectiva de nuestros sentimientos íntimos, deseos y necesidades no era tan importante. A la gente le interesaba más su supervivencia y su seguridad, y no le preocupaban sus sentimientos. La mayoría de la gente ni siquiera era consciente de sus sentimientos. En gran medida la mayoría de la gente ni siquiera era consciente de sus necesidades psicológicas y emocionales.

De la misma manera que el mundo ha cambiado, nuestros hijos también. Muchas veces mis hijas se expresan mejor y son más conscientes de sus sentimientos íntimos que yo de los míos. Hemos nacido en una época de cambio en la conciencia global. A medida que la conciencia colectiva de la sociedad ha cambiado, nuestro mundo interior ha adquirido más importancia. Los atributos del amor, la compasión, la cooperación y el perdón ya no son solo conceptos teóricos para los filósofos y las autoridades espirituales, sino experiencias cotidianas. Los comportamientos y las prácticas de los gobernantes que ocupan el poder que antiguamente eran aceptables hoy se consideran abusivas.

> **Los atributos del amor, la compasión, la cooperación y el perdón ya no son conceptos teóricos para los filósofos y las autoridades espirituales, sino experiencias cotidianas.**

La historia está llena de atrocidades de la conciencia humana. Durante la Edad Media, diferentes instituciones religiosas y políticas fueron responsables del asesinato y la tortura brutales de millones de hombres, mujeres y niños inocentes simplemente porque tenían opiniones diferentes sobre Dios o curaban sus dolencias con hierbas naturales. Estas atrocidades han continuado incluso en el siglo XX. Hoy, sin embargo, la mayoría de la gente se opone a ellas. Puesto que la conciencia humana ha evolucionado, la justificación de esta clase de atrocidades se ha convertido en algo casi inconcebible.

Ya no tienen que enseñarnos que matar, robar, violar y saquear está mal. Nuestra conciencia nos dice que estas cosas no están bien. Nadie tiene que convencernos de ello. Asimismo, es poco probable que permitamos que un dirigente político haga estallar una guerra, domine un país y robe sus objetos de arte y culturales. Pero hoy en día hay museos en todo el mundo llenos de objetos robados o «trofeos de guerra». Esta clase de conducta era aceptable hace solo cincuenta años.

A medida que cambia la conciencia de la sociedad, la conciencia individual evoluciona, además de la inteligencia. Cuando las personas no son capaces de saber qué está bien o mal, necesitan muchas normas que deben hacerse cumplir mediante el castigo. Si conseguimos desarrollar la conciencia, el castigo ya no será necesario. En lugar de centrarse en enseñar a los niños qué está bien y qué mal, la educación positiva se centra en despertar y desarrollar la capacidad innata del niño de saber qué está bien y qué mal.

> **En lugar de concentrarse en *enseñar* a los niños qué está bien y qué mal, enséñeles a *saber* qué está bien y qué mal.**

Tener conciencia es la capacidad de saber qué está bien y qué mal. Es como tener una brújula interior que señala la dirección correcta. No siempre tenemos todas las respuestas, pero nuestra brújula interior siempre nos indicará la dirección correcta. Antiguamente algunas personas describieron la conciencia como el hecho de escuchar una voz interior. Era la única manera de describir algo que ahora todo el mundo siente. Ahora simplemente decimos: «Tuve una intuición.»

Los sentimientos son la puerta a través de la cual el alma o el espíritu se comunica con nosotros. Cuando la gente utiliza solo la cabeza, lo único que sabe es seguir las normas y castigar a aquellos que no las siguen. Las personas con corazón pueden saber qué es lo mejor para ellas. Cuando este conocimiento interior se aplica a la interpretación del mundo, se denomina intuición. Cuando se aplica a la solución de problemas, se denomina creatividad. Cuando se aplica a las relaciones, es la capacidad de querer (o reconocer la bondad de una persona) sin condiciones y perdonar. El desarrollo de la mente es sin duda importante, pero el desarrollo de la conciencia es el don más valioso que los padres pueden conceder a sus hijos.

Todos los padres quieren que sus hijos sepan qué está bien y a partir de ahí actúen sabiamente. Hasta que se produjo el cambio global en la conciencia esto era imposible. Los padres utilizaban el castigo y otras estrategias basadas en el miedo y la culpabilidad para disuadir a sus hijos de portarse mal y motivarlos para que fueran buenos. Hoy en día, los niños nacen con un nuevo potencial para desarrollar este conocimiento interior. Su sensibilidad les proporciona esta capacidad, pero puede llevarlos a la autodestrucción si se utilizan estrategias anticuadas basadas en el miedo. Reciban el trato que reciban, los niños o bien lo exteriorizarán o bien se lo aplicarán.

> **Los niños de hoy tienden a la autodestrucción en respuesta a la educación basada en el miedo.**

Todos los niños hoy en día tienen la capacidad de saber qué está bien y mal, tienen la posibilidad de desarrollar la conciencia, pero esta capacidad debe alimentarse para que florezca.

Las prácticas de la educación positiva despiertan este potencial interior en nuestros hijos. El resultado de tener una conciencia interior es que se portan bien pero no muestran una obediencia ciega. Respetan a los demás no por miedo sino porque se sienten bien. Están dispuestos a negociar y son capaces de hacerlo. Pueden pensar por sí mismos. Están dispuestos a desafiar a la autoridad. Son creativos, competentes, compasivos, seguros de sí mismos, cariñosos y están dispuestos a cooperar. Al aprender y aplicar las técnicas de la educación positiva, la educación de los hijos no solo es cada vez más fácil para los padres, sino que la recompensa para los hijos es mayor. No hay mayor satisfacción que ver a nuestros hijos hacer realidad sus sueños y sentirse bien consigo mismos.

3

Nuevas técnicas para generar cooperación

Cuanto antes se experimenta el poder de la educación positiva, más fácil es abandonar las técnicas basadas en el miedo. Dese una semana para practicar las ideas que figuran en este capítulo y nunca querrá dar marcha atrás. Recuerde que para que la educación positiva surta efecto no puede volver a castigar o amenazar a sus hijos. Comprobará que sus hijos empiezan a responder como por arte de magia. Esto es válido para los niños de todas las edades. Incluso los adolescentes responderán. Cuanto antes empiece, más rápido responderán sus hijos. Cuando los niños o los adolescentes están acostumbrados a que los controlen con el miedo, puede que lleve más tiempo, pero aun así funciona. Nunca es demasiado tarde para aplicar las técnicas de la educación positiva. En muchos casos estas técnicas también lo ayudarán a comunicarse mejor con su pareja.

PIDA, PERO NO ORDENE NI EXIJA

Generar cooperación es inculcar a los niños una buena disposición para prestar atención y responder a nuestras peticiones. El primer paso consiste en aprender a dirigir a nuestros hijos de la manera más eficaz. Dar órdenes sistemáticamente no funciona. Piense en su propia experiencia en el trabajo. ¿Le gustaría que alguien le dijera siempre qué tiene que hacer? El día de un niño está repleto de órdenes. No es sorprendente que las madres se quejen de que sus hijos no escuchan. ¿Acaso usted no desconectaría si alguien le diera la lata continuamente?

La vida de un niño está llena de órdenes, por ejemplo: guarda esto, no dejes esto aquí, no hables así a tu hermano, deja de pegar a tu hermana, átate los cordones de los zapatos, abróchate la camisa, ve a cepillarte los dientes, apaga la televisión, ven a cenar, métete la camisa dentro de los pantalones, cómete la verdura, utiliza el tenedor, no juegues con la comida, cállate, arregla tu habitación, arregla este desorden, silencio, prepárate para acostarte, vete a dormir, ve a buscar a tu hermana, camina (no corras), no dejes cosas tiradas por la casa, cuidado, que no se te caiga esto, deja de gritar, etcétera, una y otra vez. Del mismo modo que los padres se sienten frustrados cuando están continuamente encima de su hijo, este simplemente desconecta. Las órdenes repetitivas debilitan los canales de comunicación.

La técnica de la educación positiva que puede utilizarse en lugar de las órdenes, las exigencias y las quejas es pedir o solicitar. ¿Acaso no preferiría usted que su jefe (o su pareja) le pidiera las cosas en lugar de ordenárselas? No solo usted responderá mejor, sino sus hijos también. Es un cambio muy sencillo pero requiere mucha práctica. Por ejemplo, en lugar de decir: «Ve a cepillarte los dientes», diga: «¿Querrías ir a cepillarte los dientes?» En lugar de decir: «No pegues a tu hermano», diga: «¿Querrías dejar de pegarle?»

Utilice «querrías» en lugar de «podrías»

Al formular una petición asegúrese de que utiliza las palabras «quieres» o «querrías» en lugar de «puedes» o «podrías». «Quieres» hace milagros, mientras que «podrías» o «puedes» crea resistencia y confusión. Cuando usted dice: «¿Querrías arreglar este desorden?», está pidiendo algo. Cuando dice: «¿Podrías arreglar este desorden?» está planteando una pregunta sobre la capacidad del niño; está preguntando: «¿Eres capaz de arreglar este desorden?» Para generar cooperación tiene que ser muy directo y muy claro respecto a qué quiere. Primero tiene que expresar la petición de manera que suscite cooperación.

Está muy bien decir: «¿Podrías arreglar este desorden?» si realmente quiere saber si el niño es capaz de hacerlo o no. Si pide a un niño que haga algo, sea directo. La mayoría de las veces los padres utilizan «podrías» para dar una orden a sus hijos y atribuirles de paso un poco de culpa. Los padres hacen esto a menudo porque sus padres se comportaban así y es algo automático. Aunque puede parecer una tontería, la manera de preguntar tiene mucha importancia en la buena disposición del niño para cooperar.

> **«¿Podrías arreglar este desorden?» no es una petición, sino una orden que contiene muchos mensajes indirectos confusos.**

Sea cual sea la intención, cuando un padre habla con tono irritado, frustrado, decepcionado o disgustado y utiliza «podrías» o «puedes», el niño puede recibir mensajes indirectos. Si el padre dice: «¿Podrías arreglar este desorden?», de hecho el niño puede recibir cualquiera de los siguientes mensajes:

«Deberías arreglar este desorden.»

«Ya deberías haber arreglado este desorden.»

«No debería pedírtelo.»

«Ya te he pedido otras veces que arregles lo que desordenes.»

«No estás haciendo lo que te he pedido.»

«No te estás comportando como un niño de tu edad.»

«Eres una verdadera pesadilla.»

«Algo te pasa.»

«Tengo mucha prisa y no puedo hacerlo todo.»

Aunque la intención no sea transmitir ninguno de estos mensajes directamente, esto es lo que los niños perciben. La falta de claridad y la culpabilidad sabotean los posibles resultados de la educación positiva. Después de practicar estas técnicas se dará cuenta de que la claridad sin culpabilidad ni miedo resulta más eficaz.

Para comprenderlo mejor, imaginemos que pudiera trazar un mapa de la actividad cerebral de los niños. Al formular una pregunta con «podrías», probablemente se activaría el hemisferio izquierdo y el niño se preguntaría qué quiere decir exactamente. Si utilizara «quieres» o «querrías», la actividad aparecería en el hemisferio derecho y se activaría el centro de motivación.

> **El uso de «quieres» o «querrías» evita buena parte de la resistencia de los niños y los invita a participar.**

Imagínese que es un niño y que escucha una de estas dos preguntas: «¿Podrías irte a dormir y callarte?» o «¿Querrías irte a dormir y callarte?». Al principio parece que la frase con «podrías» sea más correcta. «¿Querrías irte a dormir y callarte?» parece más autoritaria y puede implicar demasiado control. Si ahonda en las diferencias, verá que «podrías» suena bien pero también oculta una orden: «Te lo estoy pidiendo con amabilidad, pero más vale que lo hagas porque si no...» Si examina más detenidamente la frase «¿Querrías irte a dormir y callarte?», parece que esté invitando al niño a cooperar. Si el niño quiere poner alguna objeción, es libre de hacerlo. Evidentemente este es el mensaje que queremos transmitir a nuestros hijos. Cuando nos limitamos a dar órdenes a nuestros hijos, impedimos que aprendan a estar dispuestos a cooperar.

Estos pequeños cambios de palabras tienen una gran importancia, en particular con los chicos pequeños. «Querrías» y «quieres» no solo surten más efecto con los chicos pequeños, sino también con los hombres adultos. Las mujeres tienden a resistirse a preguntar y, cuando lo hacen, a menudo es de manera indirecta. No solo los hombres necesitan esta claridad, sino que los niños la necesitan incluso más.

El uso de «podrías» y «puedes» transmite mensajes confusos y gradualmente anula la buena disposición del niño para cooperar. Usted es el padre o la madre, y no pediría algo a un niño si no creyera de antemano que puede hacer exactamente lo que le pide. Cuando usted pregunta «¿Podrías apagar el televisor?» en realidad no está preguntando si el niño es capaz de apagar el televisor. Quiere que apague el televisor y le está dando a entender que no tiene motivos para no apagarlo.

> **Aunque parece correcto utilizar «podrías» y «puedes» para generar cooperación, no resulta eficaz.**
> **El uso reiterado de «podrías» y «puedes» transmite mensajes confusos y anula gradualmente la buena disposición innata de los niños para cooperar.**

Empecé a utilizar esta técnica cuando mi hija Lauren era un bebé, al principio porque quería preparar a mis tres hijas para que tuvieran relaciones satisfactorias en la vida. Como ya afirmé en *Los hombres son de Marte, las mujeres son de Venus,* una de las técnicas más importantes que tienen que aprender las mujeres en sus relaciones con los hombres es a pedir apoyo de una manera que motive al hombre y no le repela. En la infancia a las mujeres no se les enseña a pedir lo que quieren.

Sabía que la mejor manera de enseñar a mis hijas era con el ejemplo, de modo que empecé a pedirles que hicieran cosas utilizando «querrías» o «quieres». Me alegré de que lo aprendieran con tanta facilidad. Otros padres se quedaban pasmados cuando en la guardería Lauren decía «¿Querría ayudarme?», «¿Querría no hablarme así?» o «He tenido un día muy duro, ¿querría leerme un cuento?».

Aunque mi intención era enseñarles a pedir lo que querían de la manera más eficaz, algo que aprendieron, el efecto secundario que descubrí más adelante es que el uso de «querrías» o «quieres» hacía que estuvieran más dispuestas a cooperar. Ahora, cuando los padres empiezan a generar mayor cooperación utilizando «querrías» y «quieres» de manera clara y directa, también están preparando a sus hijos para dominar el arte de pedir lo que quieren y conseguirlo.

RENUNCIE A LAS PREGUNTAS RETÓRICAS

El uso de las preguntas retóricas es incluso peor que el uso de «podrías» y «puedes». Las preguntas retóricas pueden utilizarse perfectamente cuando intentamos plantear algo en un discurso persuasivo, pero son contraproducentes para pedir cooperación. Todas las preguntas retóricas llevan un mensaje implícito. En la educación de los hijos, suele ser un mensaje negativo de culpabilidad que una madre o un padre cariñoso preferiría no decir de manera directa. En cambio, el mensaje está implícito en una pregunta retórica. Muchas madres ni siquiera se dan cuenta de que transmiten un mensaje negativo, pero después de un pequeño examen de conciencia es fácil reconocerlo.

Las mujeres en particular utilizan las preguntas retóricas a fin de motivar a los niños para que sean obedientes. Cuando una madre quiere que su hijo arregle la habitación, en lugar de decir «¿Querrías arreglar tu habitación, por favor?», añade un poco de vergüenza y culpabilidad al utilizar primero una pregunta retórica como: «¿Por qué sigue desordenada esta habitación?» Examinemos unos ejemplos.

Pregunta retórica	Posibles mensajes implícitos
¿Por qué sigue desordenada esta habitación?	Deberías haber arreglado la habitación. Eres malo. Eres un vago. No me haces caso, etc.
¿Cuándo crecerás?	Te estás comportando de manera inmadura. Tu comportamiento me avergüenza. Eres un crío. Tendrías que comportarte de otro modo.
¿Por qué pegas a tu hermano?	Eres malo porque has pegado a tu hermano. Eres muy tonto. No tienes motivos para pegar a tu hermano y sin embargo le pegas.
¿Estás bien?	Algo te pasa. Te estás comportando de manera extraña. A menos que tengas motivos, tu comportamiento no tiene excusa... es malo.
¿Cómo has podido olvidar esto?	O bien eres muy tonto, o bien eres muy malo e insensible. Eres una pesadilla. No puedo depender de ti para todo.
¿Por qué seguís hablando?	Deberíais estar durmiendo. Sois unos niños muy malos. Os lo he repetido mil veces y aun así no me hacéis caso.

Al renunciar a las preguntas retóricas antes de pedir algo, los padres aumentan sus posibilidades de generar cooperación; de lo contrario, los niños simplemente dejan de escuchar. Evitar las preguntas retóricas no solo ayuda a generar cooperación, sino que también impide que los niños estén expuestos a malas técnicas de comunicación. Las preguntas retóricas no solo no funcionan para el niño, sino que evitan que los padres asuman claramente la responsabilidad de los mensajes negativos que transmiten. Si no reconocemos claramente nuestros mensajes negativos, es difícil entender por qué nuestros hijos no están dispuestos a cooperar con nosotros.

Una de las técnicas más importantes para las madres es ser directas, en particular con los niños pequeños. Las madres a menudo les dicen qué les molesta, pero a continuación no hacen ninguna petición. Es como pescar en el desierto. Tienen pocas posibilidades de conseguir la respuesta que quieren. He aquí unos ejemplos de mensajes indirectos:

Mensaje negativo	*Orden implícita*
Niños, hacéis demasiado ruido.	Callaos.
Tu habitación vuelve a estar desordenada.	Ordena la habitación.
No me gusta cómo tratas a tu hermana.	Sé bueno, no la trates así.
No deberías pegar a tu hermano.	No pegues a tu hermano.
Me estás interrumpiendo otra vez.	No me interrumpas.
No puedes hablarme así.	No me hables así.
Tienes los cordones de los zapatos desatados.	Átate los cordones de los zapatos.
La última vez llegaste tarde.	Sé puntual.

En cada uno de estos ejemplos, el padre o la madre se concentra en el problema a fin de intentar motivar al niño para que haga algo, pero no le pide que haga nada. A menudo el niño ni siquiera percibe la petición implícita y simplemente se queda con la mirada perdida. Para obtener una respuesta directa, la petición tiene que ser directa y no debe centrarse en la expresión negativa. Concentrarse en lo que un niño ha hecho mal o en por qué un niño debería sentirse mal no ayuda a generar cooperación. Veamos cómo podríamos reformular los mensajes negativos para convertirlos en peticiones eficaces:

Mensaje negativo	*Petición positiva*
Niños, hacéis demasiado ruido.	¿Querríais callaros, por favor?
Tu habitación vuelve a estar desordenada.	¿Querrías ordenar la habitación?
No me gusta cómo tratas a tu hermana.	Sé bueno y no la trates así, por favor.
No deberías pegar a tu hermano.	No pegues a tu hermano, por favor.
Me estás interrumpiendo otra vez.	¿Querrías no interrumpirme, por favor?
No puedes hablarme así.	No me hables así, por favor.
Tienes los cordones de los zapatos desatados.	¿Querrías atarte los cordones de los zapatos?
La última vez llegaste tarde.	No llegues tarde, te lo pido por favor.

RENUNCIE A LAS EXPLICACIONES

Además de asegurarnos de que pedimos en lugar de ordenar o exigir, para motivar a los niños a fin de que hagan algo no debemos darles ninguna razón. Muchos expertos bienintencionados sugieren que nos concentremos en darles razones para realizar la acción. Esto no funciona. Como padres, cuando explicamos nuestra postura para justificar la petición, renunciamos a nuestro poder y confundimos a los niños. Muchos padres bienintencionados intentan convencer a sus hijos de que sigan las instrucciones en lugar de recordarles que no está mal resistirse, pero papá y mamá mandan.

No es necesario decir: «Es hora de acostarse; mañana es un día importante. ¿Querrías ir a cepillarte los dientes?» Simplemente diga: «¿Querrías ir a cepillarte los dientes?» Omita la explicación. Cuando los niños se resisten a sus padres, principalmente se resisten a las razones. Cuando omitimos las razones, tienen menos a qué resistirse.

La mayoría de los hombres pasa por esto al responder a la petición de una mujer. A menudo las mujeres dan una explicación detallada de por qué el hombre debería hacer algo, cuando él preferiría brevedad. Cuanto más hable ella de las razones por las cuales él debería hacer algo, más resistencia opondrá él. De modo similar, cuanto más breve sea la petición, más dispuesto estará su hijo a cooperar.

Si quiere que una chica pequeña comprenda por qué es bueno que se vaya a dormir, dígaselo luego, cuando ya esté satisfecho con ella por haber cooperado. Una vez acostada, podría decirle: «Estoy muy contento contigo. Te has cepillado los dientes muy bien. Ahora puedes dormir mucho para estar preparada para mañana. Es un día importante y si duermes mucho mañana te sentirás bien.» Cuando los niños han hecho algo bien, están más abiertos a estas explicaciones.

La mayoría de los padres da explicaciones para motivar a los niños cuando estos se resisten o han hecho algo malo o mal. Esto simplemente reafirma los sentimientos de incompetencia y culpabilidad y, con el tiempo, hace que el niño pierda su disposición innata para cooperar. Puede parecer que funciona cuando los niños son muy pequeños, pero en la pubertad, en la medida en que el niño se portó bien y fue obediente para someterse a la voluntad de los padres, necesitará rebelarse. Para fomentar la cooperación es muy importante renunciar a las explicaciones.

He aquí unos ejemplos de errores comunes que cometen los padres y otras maneras de preguntar:

Hoy has visto demasiado la televisión; es hora de apagar el televisor. Quiero que aproveches el tiempo de otra forma.	¿Querrías apagar el televisor y aprovechar el tiempo de otra forma?
Cada vez que estamos listos para ir a la escuela, olvidas dónde están tus zapatos. Quiero que los dejes siempre en el mismo sitio para recordar dónde están.	¿Querrías dejar tus zapatos siempre en el mismo sitio para que recuerdes dónde están?
Me he pasado toda la semana recogiendo tus cosas. Quiero que recojas esto ahora mismo.	¿Querrías recoger esto ahora mismo, por favor?
Hoy estoy muy cansada. No puedo ocuparme de la limpieza. Quiero que esta noche friegues tus platos.	¿Querrías fregar tus platos esta noche? Me haría muy feliz.

RENUNCIE A LOS SERMONES

Los sermones sobre lo correcto y lo incorrecto, lo que está bien y lo que está mal, son incluso peores que las explicaciones antes de pedir algo. Es contraproducente decir: «No está bien pegar a tu hermano. Pegar está mal. ¿Querrías dejar de pegar a tu hermano ahora mismo, por favor?» Además de parecer artificioso y poco natural, sencillamente no funciona. Sin duda afirmar una norma o una política no está mal, pero no para motivar a un niño. Cuando se dan sermones sobre el bien o el mal para motivar un comportamiento, los niños pierden su buena disposición para cooperar y en cambio intentan distinguir lo que está bien de lo que está mal, lo bueno de lo malo. Los niños menores de 9 años no están preparados para tanta estimulación y, a partir de esa edad, simplemente dejarán de escuchar.

El único momento en que podemos dar un sermón a los niños

o los adolescentes, independientemente de su edad, es cuando lo piden. Muchos padres se quejan de que sus hijos no hablan con ellos. Esto se debe principalmente a que los padres ofrecen demasiados consejos y sermones. Los niños desconectarán especialmente cuando un padre utilice los sermones a fin de motivarlos para que hagan algo o explicarles por qué están equivocados. En ambos casos el sermón no es solo inútil, sino también contraproducente. He aquí un ejemplo de sermón:

«Tu hermano no quería hacerte daño. Estaba jugando y ha chocado contigo sin querer. La mejor manera de que os llevéis bien es hablando y sin pegar. Pegar simplemente empeora las cosas. Si un niño más grande que tú te pegara en la escuela, no te gustaría. Del mismo modo, a tu hermano no le gusta que le pegues. Es mejor hablar que pegar. En lugar de pegar a tu hermano, podrías haber dicho: "No me gusta que me peguen, ¡para ya, por favor!" Si sigue, repites lo que has dicho. Recuerda que no tienes que pegar. Siempre hay otra opción. A veces simplemente puedes desentenderte de todo, como si el comportamiento te aburriera. Por otro lado, si quieres luchar, me encantaría supervisar un combate de lucha o podríamos ponernos los guantes de boxeo. Es bueno aprender a defenderse si no puedes hacer nada más para protegerte, pero no es bueno pelearte con tu hermano. Los dos sabéis hablar y siempre podéis pedirme ayuda... De manera que no pegues a tu hermano.»

Si un niño no pide realmente esta información, aunque puede ser buena y útil, simplemente generará más resistencia.

No utilice los sentimientos para manipular

Los sentimientos deben comunicarse entre iguales. Para ayudar a los niños a aprender la importante técnica de identificar y comunicar los sentimientos, los padres cometen el error de utilizar frases que expresan sus sentimientos. En muchos libros se sugiere que hay que comunicar siempre los sentimientos a los hijos. Aunque es un consejo bienintencionado, a menudo es contraproducente para generar cooperación.

A los padres se les enseña a utilizar esta sencilla fórmula para generar cooperación.

Si a b c (expresión de los sentimientos del padre o la madre), es porque quiero x y z.

Por ejemplo: «Cuando te subes al árbol, tengo miedo de que te caigas. Quiero que bajes.» O: «Cuando pegas a tu hermano, me enfado porque quiero que os llevéis bien.»

Esta fórmula y otras similares son eficaces para ayudar a los niños a transmitir sus sentimientos a otros niños o ayudar a los adultos a comunicarse entre sí. Utilizar los sentimientos para cruzar la línea generacional no funciona. Cuando los padres, que mandan, comunican sus sentimientos negativos a los hijos para motivar un comportamiento, hacen que los niños se sientan demasiado responsables de los padres. El resultado es que se sienten culpables por haber disgustado a los padres y modifican su comportamiento, o se sienten manipulados y se resisten a cooperar. No habría que comunicar los sentimientos negativos a los niños. No es apropiado que el «jefe» esté en igualdad de condiciones que los niños. En cuanto expresamos nuestros sentimientos negativos, perdemos buena parte de nuestro control y la capacidad de generar cooperación.

Los padres que comunican sus sentimientos a los hijos se preguntan: «¿Por qué mis hijos se resisten tanto a mi autoridad?» Con el tiempo, cuando estos niños llegan a la pubertad dejan de comunicarse totalmente con sus padres. A muchos hombres hechos y derechos les cuesta prestar atención a los sentimientos de su mujer porque de pequeños se sintieron manipulados por los sentimientos de su madre. Un ejemplo para aclarar este punto es la madre o el padre que dice: «Cuando haces esto me siento muy decepcionado. (Trabajo mucho para que vivas bien y tú no haces ningún esfuerzo.) Quiero que hagas lo que te digo.» Este niño solo tiene dos opciones: sentirse mal o mostrar indiferencia. Ninguna de las dos es saludable.

Cuando los padres están disgustados y necesitan hablar de sus sentimientos, deberían buscar consuelo y apoyo en otro adulto. No es adecuado acudir a los hijos en busca de apoyo emocional. Sin duda es fantástico comunicar los sentimientos positivos a los hijos, pero estos rechazarán los sentimientos negativos como una forma de manipulación.

Algunos padres suponen que si dicen «Estoy muy enfadado», esta intimidación motivará a su hijo. Sin duda hará que el niño desista de su propósito, pero como es una intimidación basada en el miedo con el tiempo anulará la buena disposición innata del niño para ceder a nuestros deseos. Utilizar los sentimientos para manipular tenderá a volver obedientes a unos niños, pero no conseguirá que estén dispuestos a cooperar. Muchos niños, en especial los chicos, simplemente desconectarán. Dejarán de escuchar e incluso dejarán de mirarnos a los ojos.

Muchos padres utilizan frases que expresan sus sentimientos para enseñar a los hijos a ser más conscientes de los sentimientos. Es mejor hacer esto cuando no estamos intentando motivar a nuestros hijos para que hagan algo. Lo mejor es hacerlo cuando los hijos preguntan cómo estamos o si alguna vez nos hemos sentido como ellos.

LA FÓRMULA MÁGICA PARA GENERAR COOPERACIÓN

Además de ser breves, positivos, directos y utilizar «querrías» al pedir algo, todavía queda otra técnica. Es la más importante. Consiste en acordarse de utilizar la fórmula más poderosa para generar cooperación. Se trata de la primera persona del plural del presente de subjuntivo («hagamos»).

En buena medida hasta los 9 años los niños no desarrollan la conciencia de sí mismos. Darles órdenes equivale a reafirmar la separación entre padres e hijos en lugar de trabajar con la conexión natural que tienen los niños con sus padres.

Siempre que sea posible, invite a los niños a participar con usted en alguna actividad. Aunque haya preguntado algo específico como «¿Querrías arreglar tu habitación, por favor?», antes o después de formular la pregunta podría añadir: «Preparémonos para la fiesta.» Al incluir su petición en el contexto de una invitación a que se unan a usted, el resultado es una mayor cooperación.

Hasta ahora hemos estudiado las técnicas fundamentales para generar cooperación:

Pida pero no ordene.

Asegúrese de que sus hijos tienen la sensación de que cooperan y no de que solo tienen que ser obedientes; deles permiso para resistirse (si lo hacen y cuando lo hagan). Si no tienen derecho a resistirse, cuestionar o negociar, su petición será una orden o una exigencia.

Asegúrese de que utiliza «querrías» y «quieres» y muchos «por favor».

Renuncie a las preguntas retóricas, las explicaciones, los sermones y las frases que expresan sus sentimientos.

Sea directo y, siempre que sea posible, sea positivo.

Siempre que sea posible, utilice una frase que incluya a sus hijos con la primera persona del plural del presente de subjuntivo («hagamos»).

Generar buena disposición para cooperar no es tan difícil, pero se requiere mucha práctica. Resulta más fácil si utilizamos peticiones cortas en lugar de órdenes. Utilice la siguiente lista para practicar:

Ordenar	*Pedir*
Guarda esto.	Ordenemos esta habitación. ¿Querrías guardar esto?
No dejes esto aquí.	Ahora guardemos nuestras cosas. ¿Querrías guardar esto, por favor?
No hables así a tu hermano.	No olvidemos que tenemos que ser respetuosos. Utiliza un tono más amable cuando hables con tu hermano, por favor.
Deja de pegar a tu hermana.	Por favor, deja de pegar a tu hermana ahora mismo. Intentemos llevarnos bien.
Átate los cordones de los zapatos.	Preparémonos para salir. Átate los cordones de los zapatos, por favor.
Abróchate la camisa.	Pongámonos guapos. ¿Querrías abrocharte la camisa, por favor?
Ve a cepillarte los dientes.	Preparémonos para ir a la cama. Ve a cepillarte los dientes, por favor.
Apaga el televisor.	No veamos demasiado la televisión. Cuando este programa se acabe dentro de diez minutos, apaga el televisor, por favor.
Ven a cenar.	Vayamos a cenar. Ven a cenar, por favor.
Dejad de hablar.	Callémonos y escuchemos a mamá. Callaos, por favor.
Cómete la verdura.	No olvidemos lo importante que es la verdura. ¿Querrías comerte la verdura, por favor?
Utiliza el tenedor; no juegues con la comida.	No olvidemos los modales en la mesa. Por favor, utiliza el tenedor, no las manos.

Cuando utilice este método por primera vez, dará mucho poder a sus hijos. Puede que se rían de usted y le contesten que no. No se preocupe, es lo que tiene que pasar. O estarán contentos de cooperar o contentos de resistirse. Después de todo, ¿usted hace siempre lo que le piden? Espero que no.

Utilizar la primera persona del plural del presente de subjuntivo («hagamos») suele estar muy bien en la mayoría de las situaciones hasta que el niño cumple 9 años. En este momento, resulta un poco sensiblero decir «Arreglemos esta habitación», a menos que nosotros también participemos. No olvide que el uso de la fórmula mágica requiere práctica, pero con el tiempo se convertirá en un acto reflejo.

Cuando los niños se resisten a nuestra petición inicial es el momento de pasar a la segunda fase. Las técnicas de la primera fase son necesarias para crear los fundamentos de la cooperación. Las técnicas de la segunda son necesarias para motivar a los hijos cuando se resisten a nuestra petición inicial. Después de practicar mucho, a medida que nuestros hijos se acostumbren a las distintas técnicas de la educación positiva, las técnicas de la primera fase resultarán más eficaces. Al principio, si los niños están acostumbrados a que los controlen con el miedo, la primera fase será necesaria para sentar las bases de la segunda, la tercera y la cuarta. Más adelante, se dará cuenta de que la mayoría de las veces solo tendrá que preguntar y sus hijos pequeños o adolescentes cooperarán. En el siguiente capítulo estudiaremos la segunda fase y aprenderemos nuevas técnicas para minimizar la resistencia a través de la comprensión de nuestros hijos. Cuando los niños se resisten a cooperar, el siguiente paso consiste en minimizar su resistencia.

4

Nuevas técnicas para minimizar la resistencia

Dar permiso a un hijo para resistirse garantiza la cooperación, no la obediencia ciega. Aunque a veces puede tener la sensación de que preferiría un poco de obediencia ciega a su resistencia, en la educación positiva existen nuevas técnicas para minimizar la resistencia. Es bueno que nuestros hijos opongan cierta resistencia. Para alimentar el espíritu de la cooperación, los niños tienen que percibir una y otra vez que los escuchamos, de la misma manera que ellos nos escuchan a nosotros. Los niños desarrollan una conciencia de sí mismos clara y positiva principalmente a través de la resistencia ocasional a nuestras peticiones.

> **Los niños tienen que percibir una y otra vez que los escuchamos, de la misma manera que ellos nos escuchan a nosotros.**

La resistencia de los hijos, cuando reciben el apoyo adecuado de los padres, los ayuda a desarrollar gradualmente la conciencia de su mundo íntimo de sentimientos, deseos y necesidades. A la larga garantiza que los niños mantendrán y desarrollarán un arraigado sentido de la voluntad. Esta fuerza de voluntad puede marcar la diferencia entre el éxito y el fracaso en la vida. Los que tienen una gran fuerza de voluntad pueden triunfar y los que no, abandonarán. Los adultos con poca voluntad de pequeños no recibieron preparación para aceptar y superar los desafíos de la vida. Se conforman con la mediocridad en lugar de sentirse motivados a hacer realidad sus sueños.

Cuatro técnicas para minimizar la resistencia

En lugar de exigir obediencia, las técnicas de la educación positiva utilizan la resistencia de los hijos para reafirmar su voluntad de cooperar. Intentar doblegar a un niño reiteradamente mediante la amenaza del castigo o la desaprobación a la larga hará que el niño pierda su buena disposición innata para cooperar. Siempre que se alimente su voluntad y no se le doblegue, aumentará su disposición para cooperar y se minimizará la resistencia.

Intentar doblegar a un niño mediante la amenaza del castigo o la desaprobación a la larga hará que el niño pierda su disposición innata para cooperar.

Al alimentar las necesidades de nuestros hijos en momentos de resistencia, podemos minimizar muy eficazmente la resistencia al mismo tiempo que mantenemos intacta su voluntad. He aquí las cuatro maneras de alimentar sus necesidades:

1. Escucha y comprensión.

2. Preparación y estructura.

3. Distracción y dirección.

4. Ritual y ritmo.

Para desprenderse de su resistencia y sentir la necesidad interior de cooperar, los niños necesitan comprensión, estructura, ritmo y dirección. A menos que se satisfagan estas necesidades, los niños pierden fácilmente su disposición interior para cooperar. Por ejemplo, mediante las nuevas técnicas de escucha, los padres pueden demostrar que ven, escuchan y comprenden los sentimientos, los deseos y las necesidades de los niños. Cuando se satisface la necesidad de comprensión, los niños automáticamente oponen menos resistencia y están más dispuestos a cooperar.

Aunque estas necesidades son universales, todos los niños son únicos y pueden estar más necesitados en un área u otra. Si un niño necesita más comprensión, no significa que no tenga también otras necesidades. Todas son importantes para todos los niños, pero puede que una o dos sean más importantes para un niño determinado.

Puede que uno de sus hijos responda bien a la escucha y la comprensión, mientras que otro requiera preparación y estructura. A medida que se familiarice con cada una de estas técnicas descubrirá lo poderosas que son. La satisfacción de ciertas necesidades creará una respuesta positiva inmediata en sus hijos en función de su temperamento específico.

Los cuatro temperamentos

Existen cuatro temperamentos distintos en los niños, lo que explica que a veces respondan mejor a un enfoque que a otro. Estos cuatro temperamentos lo ayudarán a clasificar a su hijo en una categoría general y luego le indicarán cuál de las cuatro técnicas para minimizar la resistencia debe utilizar. Aunque en el niño puede predominar un temperamento, esto no quiere decir que no tenga un poco de cada uno. Unos niños tienen la misma proporción de los cuatro temperamentos, mientras que otros tienen más de uno y menos de otro. Ningún temperamento es mejor o peor; simplemente son diferentes. Puesto que las combinaciones posibles son infinitas, todos los niños son únicos y especiales. Analicemos los cuatro temperamentos generales.

El primer temperamento es sensible. Los niños sensibles son más vulnerables, dramáticos y emotivos. Son muy conscientes de cómo reaccionan ante la vida en relación con sus necesidades y sus deseos. Para adaptarse a la vida, tienen una mayor necesidad de identificar qué sienten y por tanto están más dispuestos a efectuar modificaciones. Responden sobre todo a la escucha y la comprensión.

Aunque todos los niños necesitan comprensión, estos la necesitan más para liberar su resistencia. Los niños sensibles aprenden a conocerse a sí mismos identificando sus necesidades y comunicando sus respuestas emotivas ante la vida. Quejarse forma parte de su carácter. Cuando tienen la oportunidad de revelar sus cargas, se alegran.

Por ejemplo, un niño podría decir: «Nadie me ha dicho hola. He tenido un día horrible.» El padre dice: «Eso está mal.» El niño dice: «Sarah ha sido muy amable conmigo. Le ha gustado mi dibujo.»

Con un poco de validación estos niños empiezan a ver otra vez el lado positivo. Necesitan más empatía, validación y reconocimiento de su dolor y sus luchas interiores. En general suelen necesitar más tiempo. Si intentamos dar prisa a los niños sensibles, generaremos más resistencia. Su reloj interior es distinto.

El padre cometería un gran error si dijera: «Si Sarah ha sido tan amable contigo, quizá no haya sido un día tan horrible.» El niño diría entonces: «Sí que lo ha sido. Nadie me quiere.»

Cuando un niño sensible cambia de actitud y se muestra más positivo, hay que dejarlo tranquilo. No hay que utilizar este cambio para pasar por alto los sentimientos expresados en primer lugar.

> **Los niños sensibles necesitan empatía y la validación de su dolor y sus luchas.**

Si no transmitimos mensajes de empatía con regularidad, los niños sensibles empiezan a exagerar sus problemas para conseguir la empatía que necesitan. Si dicen «Me duele el estómago» y no obtienen una respuesta considerada, la frase se convierte en «Me duele mucho la cabeza y el estómago y nadie es amable conmigo». Sin comprensión, exageran todos los dolores. La ausencia de empatía creará más dolor físico y emocional. Cuando los padres no hacen caso a un niño sensible, los sentimientos y los problemas sencillamente aumentan.

El error más grave que puede cometer un padre es intentar animar a este hijo. Cuando estos niños están disgustados o parecen deprimidos, explicarles por qué no deberían estar disgustados no funciona. Centrar nuestra atención en las cosas positivas puede hacer que se concentren aún más en el lado negativo de las cosas para tratar de encontrar comprensión y validación. Los padres deben procurar escuchar más y no tratar de solucionar los problemas de estos niños para hacer que se sientan mejor.

> **El error más grave que puede cometer un padre es intentar animar a este hijo.**

Los niños sensibles tienen que saber que no están solos y que sus padres también sufren. Es un asunto muy delicado. No es bueno que los padres acudan a sus hijos en busca de apoyo emocional, pero los padres pueden comunicar algunas de sus luchas a los niños sensibles.

Por ejemplo, después de que un niño se haya quejado de lo duro, difícil o desagradable que es algo, el padre o la madre podría decir: «Lo sé, precisamente hoy también me he sentido fatal. Me he quedado atrapado en un atasco.» Sin buscar consuelo en el niño, este enfoque satisface una necesidad concreta del niño sensible.

> **Los niños sensibles tienen que sentir que no son los únicos que sufren.**

Cuando los niños sensibles oponen resistencia, tienen que oír frases empáticas como: «Comprendo que estés decepcionado; querías hacer esto y yo quiero que vayas allí.» Sin la clase adecuada de apoyo, los niños sensibles no pueden desprenderse de su resistencia. Sin empatía, tienden a sentirse víctimas y pueden sumirse en la autocompasión. Suelen reflexionar más sobre su sufrimiento y, si no se sienten comprendidos, asumen fácilmente la culpa.

Hay que dejar bien claro a estos niños que es aceptable tener sentimientos negativos. Estos niños tardan un poco más en superar las penas y los disgustos. Sin embargo, el hecho de revelar sus cargas y su sufrimiento interiores a una persona comprensiva constituye un alivio. Los padres menos sensibles con frecuencia suponen equivocadamente que a su hijo le pasa algo y empeoran las cosas.

Después de prestar atención a los sentimientos de un niño sensible, dele tiempo y un poco de espacio para que se sienta mejor. Cuando se sienta mejor no preste mucha atención a este cambio. Acepte su temperamento como algo normal y natural. No le dé a entender que le pasaba algo y ahora ya está bien. Siempre ha estado bien.

Estos niños a menudo se resisten a que los presionen para relacionarse con gente nueva. Generalmente entablar relaciones y hacer amistades les lleva más tiempo que a otros niños. Necesitan más ayuda a fin de crear oportunidades para conocer gente y hacer amistades. Cuando traban amistad con alguien son muy leales y cuando los traicionan se sienten muy dolidos. Es muy importante que aprendan a perdonar y olvidar. Cuando los padres prestan atención a su resistencia y proporcionan comprensión, los ayudan a adaptarse a las decepciones de la vida y potencian su capacidad de perdonar.

Cuando estos niños consiguen lo que necesitan, pueden florecer sus dones especiales. Son considerados, muy perspicaces, creativos, buenos comunicadores y originales. Son cariñosos, compasivos, dulces y amables. Servir a los demás y al mundo les llena de satisfacción.

El segundo temperamento es activo. A los niños activos no les preocupan tanto sus reacciones íntimas ante la vida y están más interesados en tener influencia. Les interesa hacer, la acción y los resultados. Se sienten automotivados y sobre todo están dispuestos a cooperar cuando saben qué deben hacer o tienen un plan. Siempre están dispuestos a avanzar, dirigir o hacer las cosas a su manera.

Estos niños necesitan una estructura muy clara, de otro modo se descontrolarán y se resistirán a su autoridad. Siempre tienen que saber de antemano cuál es el plan, cuáles las normas y quién manda. Necesitan un plan de juego. Con esta clase de preparación prestan mucho apoyo y están muy dispuestos a cooperar. Para minimizar su resistencia, hay que ser previsores y prepararlos con unos límites, unas normas y unas instrucciones.

Un padre o una madre podría decir: «Vamos a hacer lo siguiente. Primero jugaremos en los columpios y luego pasaremos al tobogán. Haréis turnos de dos minutos y luego cambiaremos.» Al preparar a este niño activo con una estructura clara, se mostrará muy dispuesto a cooperar.

> **Los niños activos siempre tienen que saber de antemano cuál es el plan, cuáles las normas y quién manda.**

A los niños activos les gusta ser el centro de atención y estar donde se desarrolla la acción. Siempre quieren tener razón. Sin la estructura de los padres, tienden a ser dominantes. Estos niños necesitan oportunidades para convertirse en líderes triunfadores. Respetan y siguen a un líder seguro de sí mismo y competente. Los padres deben procurar no mostrar debilidad, indecisión o vulnerabilidad.

Por ejemplo, no les pregunte directamente qué creen que es lo mejor. Si se resisten y dicen qué quieren después de que usted haya dado instrucciones, agradezca su sugerencia y luego decida otra vez qué se hará.

Si usted dice: «Primero iremos a los columpios y luego al tobogán», el niño podría decir: «Pero si el tobogán es más divertido, empecemos por el tobogán.» Un padre sensato podría decir: «Buena idea. Hagamos esto.» A estos niños les encanta tener razón y se sienten estupendamente cuando se tiene en cuenta su opinión.

Para minimizar la resistencia de los niños activos lo mejor es hacer que sean los primeros y/o hacerles responsables de algo cuando sea posible. Tienen mucha energía y necesitan la estructura de los padres para expresar esta energía de manera armoniosa. Si se les da un puesto de responsabilidad se sienten muy motivados a complacer.

> **Para minimizar la resistencia, haga que el niño activo sea el primero o hágale responsable de algo.**

Los niños activos tienen que sentir que los necesitamos y confiamos en ellos. En este caso el padre podría decir: «Primero iremos al tobogán y todo el mundo tendrá la oportunidad de subir y bajar. Billy, tú serás el encargado de asegurarte de que todo el mundo sube y baja al menos una vez. Puedes empezar tú y enseñarles a los demás cómo se hace.»

Asignar a los niños activos un papel de liderazgo con directrices claras pone de manifiesto sus mejores cualidades. Se muestran más dispuestos a cooperar. Tienen mucha energía y se sienten frustrados cuando tienen que quedarse quietos mucho rato; en este caso actuarán sin pensar y se meterán en líos. Así pues, necesitan estructura. Cuando alguien planifica las actividades de estos niños, su abundante energía puede fluir libremente sin que se metan en líos.

Una manera de minimizar su resistencia consiste en agotarles. Por ejemplo, si tiene que esperar en algún lugar, el niño puede sentirse frustrado. Dele algo que hacer o invéntese un juego para que consuma energía. Puede hacer que recorra una distancia determinada y cronometre cuánto tarda. A los niños activos les encanta batir sus propios récords. Reconozca sus logros y su resistencia desaparecerá.

Los niños activos aprenden a conocerse a sí mismos haciendo cosas y cometiendo errores. Necesitan que reconozcamos sus logros y les perdonemos sus errores. Estos niños tienen una mayor tendencia a meterse en líos. Si tienen miedo al castigo o la desaprobación, se esconderán o defenderán sus errores y, por lo tanto, dejarán de madurar y aprender de sus errores.

> **Los niños activos necesitan que reconozcamos sus logros y les perdonemos sus errores.**

A los niños activos les cuesta mucho quedarse quietos y escuchar. Tienen que moverse y aprenden sobre todo haciendo cosas y participando. Cuando se resisten a nuestras peticiones, lo mejor es iniciar la actividad e invitarles a participar. Las conversaciones largas son contraproducentes y a menudo las consideran un castigo.

Por ejemplo, si su hijo se resiste a arreglar la habitación, haga una breve referencia a lo que está haciendo en ese momento y empiece a arreglar la habitación. Diga algo como: «Veo que estás jugando y no quieres arreglar la habitación. Hagámoslo juntos. Se hace así...» Esperar a que hagan algo no resulta muy eficaz.

Los niños activos abandonan su resistencia si participan. Aunque solo ayuden un poco, agradézcales su ayuda y reconozca lo bien que ha quedado la habitación. Podría decir: «¡Hemos hecho un buen trabajo!» A los niños activos siempre les gusta formar parte del equipo ganador. No hay mejor factor de motivación que el propio éxito.

> **A los niños activos siempre les gusta formar parte del equipo ganador.**

Los niños activos se conocen a sí mismos por lo que han hecho y por sus resultados. Les gusta el poder. Cuando se resisten a nuestras peticiones, a menudo hay que decirles con firmeza, pero con calma, que es aceptable resistirse, pero papá y mamá mandan. Haga referencia a lo que estén haciendo en ese momento y luego plantee la pregunta de manera más directa.

Por ejemplo, usted podría decir: «Veo que estás descansando en la cama *y* quiero que empieces a arreglar la habitación.» Si el niño no reacciona, empiece a arreglar la habitación y diga: «Empecemos por aquí.» Esto en ventas se denomina «dar por sentado el cierre de la venta». Damos por sentado que el cliente está de acuerdo y empezamos a estudiar los detalles de la compra.

A los niños activos hay que decirles de manera clara y directa qué queremos. Las frases con «quiero» minimizan la resistencia al recordarles que mandamos nosotros. Sin el apoyo adecuado, los niños activos tienden a descontrolarse, portarse mal y empezar a soltar groserías. Además de proporcionarles estructura y supervisión, hay que decirles claramente que no está mal equivocarse y que sabemos que siempre hacen todo lo posible.

> **Las frases con «quiero» minimizan la resistencia al recordarle al niño activo que mandamos nosotros.**

Cuando están fuera de control, a menos que todo vaya como ellos quieren, tenderán a amenazar a los demás o sufrir grandes pataletas. Muchos padres y adultos temen enfrentarse a esta clase de niños. Los padres posponen los enfrentamientos porque requieren mucha energía. Esto no hace más que agravar el problema. Además de una estructura clara, estos niños necesitan ser mandados a su habitación con frecuencia. Tienen que saber dónde están los límites más que otros niños. Al mandarlos a su habitación recordarán quién manda y conseguirán la estructura que necesitan. Estudiaremos cómo hay que utilizar este método con más detalle en el capítulo 6.

Los niños activos sienten una mayor necesidad de tener razón y odian que les digan que se equivocan. Les resulta difícil recibir comentarios correctivos delante de los demás. Si los comentarios se hacen en privado, se resisten menos y no se ponen a la defensiva. En lugar de corregirlos en público, podemos idear señales secretas para hacerles comentarios. Valoran mucho a los padres que los ayudan a no quedar mal.

Por ejemplo, podríamos llevarnos la mano a la oreja para decirle al niño que sea más delicado. Cuando el niño empieza a gritar demasiado, podríamos tocarnos el mentón para comunicarle que baje el tono. Los niños activos agradecen estas señales. Esta estrategia no solo los ayuda a tener más éxito, sino que también reconoce indirectamente que es normal equivocarse y descontrolarse de vez en cuando.

A menos que se les asigne un papel de responsabilidad, estos niños tenderán a resistirse a otros niños o personas más lentos. Quieren las cosas deprisa y tienen energía para conseguirlas deprisa. Pueden aceptar mejor el ritmo más lento de los demás cuando están ocupados realizando una tarea que implica ayudar de algún modo. Incluso está muy bien crear actividades y hacer que se sientan importantes.

Cuando estos niños consiguen la estructura que necesitan, se vuelven más sensibles, compasivos y generosos. Con momentos a solas frecuentes, aprenden gradualmente a ser más pacientes y desarrollar la capacidad de aplazar la gratificación. Se vuelven responsables y competentes, y son grandes líderes. Hacen que las cosas ocurran. Con el tiempo, a medida que tienen éxito y se sienten más seguros de sí mismos, adquieren más sensibilidad para comprender los sentimientos de los demás.

Los niños despiertos necesitan distracción y dirección

El tercer temperamento es despierto. Los niños despiertos son sociables y extravertidos. Desarrollan una conciencia de sí mismos a partir de sus reacciones ante la vida y sus relaciones. Se sienten automotivados a ver, oír, probar y experimentar todo cuanto la vida puede ofrecer. Tienen muchos intereses porque tienen una mayor necesidad de ser estimulados.

Cada experiencia nueva pone de manifiesto un nuevo aspecto de sí mismos. Cobran vida ante los nuevos estímulos. Aunque a estos niños les gusta el cambio, se resisten a tener que concentrarse. A menudo tienen pataletas cuando les pedimos que se pongan el abrigo o hagan algo de un modo determinado. Tienen mayor necesidad de ser libres, de hacer las cosas ellos mismos.

Con frecuencia no acaban las actividades y se limitan a pasar de una experiencia a otra. Es importante que los padres comprendan esto y no se preocupen. Estos niños necesitan moverse. El caos forma parte de su proceso de aprendizaje. Más adelante, si tienen libertad para explorar, cambiar y ser ellos mismos, se concentrarán más y aprenderán a profundizar en las cosas y acabar las tareas.

Los niños despiertos pasan por naturaleza de una actividad a otra como una mariposa. Necesitan tiempo para explorar, experimentar y descubrir la vida. Se distraen con tanta facilidad que necesitan muchas instrucciones sobre qué hay que hacer. Cuando olvidan nuestras instrucciones, no es que traten de oponer resistencia o fastidiarnos; realmente las han olvidado. Nunca habría que avergonzarlos por esto. Gradualmente aprenderán a mantener la concentración. Las nuevas oportunidades los distraen con facilidad. Esta tendencia a distraerse puede utilizarse para minimizar su resistencia.

> **Los niños despiertos se conocen a sí mismos
> por sus reacciones ante las distintas vivencias.**

Cuando los niños despiertos se resisten a nuestras peticiones, simplemente hay que reorientarlos hacia otra posibilidad, una nueva actividad o una oportunidad distinta para experimentar. En lugar de comprensión o estructura, este niño necesita distracción y luego reorientación. Con la distracción, surge otra parte de su persona que está dispuesta a cooperar. Analicemos unos ejemplos.

Cuando los niños tienen una pataleta, hasta los 3 años podemos distraerlos con facilidad y luego reorientarlos mostrándoles objetos brillantes y bonitos, llaves, un cepillo de dientes, pequeñas conchas, un cristal o cualquier cosa interesante para ver, oír, probar, tocar o jugar. Mi mujer, Bonnie, siempre solía llevar consigo una selección de «cositas» para distraer a un niño y evitar que se disgustara o tuviera una pataleta. Aunque esto funciona con todos los niños, funciona especialmente bien con el niño despierto.

El don de cantar

Cantar distraerá a muchos niños de sus preocupaciones y hará que vuelvan a sentirse queridos y apoyados. A los niños les encanta que les cantemos y cantemos con ellos. Bonnie compuso una canción especial para cada una de nuestras hijas. Cuando lloraban, simplemente cantábamos la canción y se tranquilizaban.

Para ilustrar cómo puede hacerse, he aquí una de esas canciones:

Lauren Beth, Lauren Beth, cuánto quiero a Lauren Beth.
Lauren Beth, Lauren Beth, cuánto quiero a Lauren Beth.
Lauren, Lauren, Lauren Beth...

Cuando los niños están afligidos, una canción sencilla repetida una y otra vez hará que vuelvan a sentirse queridos y consolados. Cantar una canción es mejor que escuchar música, porque cantar conecta más al niño con sus padres, aunque tener música de fondo para crear un entorno más relajante o alegre puede ser muy útil.

Cantar implica menos gravedad o pesadumbre que hablar. Ayuda a que el niño deje de concentrarse en algo que no es agradable y se concentre en algo que sí lo es. Es ideal para distraer a un niño y conseguir que haga lo que nosotros queremos. Una persona no puede sentirse frustrada y cantar al mismo tiempo. Cantar y escuchar música alegra la vida y hace que sea más divertida. Estimula una mayor actividad creativa en el hemisferio cerebral derecho. La creatividad hace que un niño se adapte más a las situaciones y esté más dispuesto a cooperar.

Cuando mis hijas eran más pequeñas, solíamos cantar mientras fregábamos los platos todos juntos. Lo llamaba el lavado en cinco minutos. Yo cantaba una canción determinada mientras íbamos a toda prisa para ver cuántos platos podíamos fregar en cinco minutos. Después les agradecía su ayuda y acababa de fregar los platos que quedaban yo mismo. Les encantaba y todavía hoy lo recuerdan como una experiencia divertida y feliz.

Hacer que las tareas cotidianas sean divertidas

Al cantar con mis hijas, las distraía de la monotonía de fregar los platos. Asimismo, al limitar su participación a cinco minutos, no lo consideraban una carga. Al asegurarme de que no tenían que trabajar demasiado, no se resistían a ayudar. Ahora que son adultas están contentas de trabajar mucho y también saben cómo divertirse.

Aún puedo recordar qué sentía de pequeño, en una familia de siete hijos, la noche que me tocaba fregar los platos. No importaba que solo los fregara una vez por semana. La noche que me tocaba a mí, tenía la sensación de que siempre fregaba yo los platos. Nunca era divertido. Todos los demás se estaban divirtiendo y yo me lo perdía.

Los niños viven en un eterno presente. Cuando una tarea les lleva demasiado tiempo, creen que lo único que hacen es trabajar. Si les facilitamos las tareas cotidianas y los ayudamos más, nuestros hijos primero aprenderán a divertirse y, más adelante, en la adolescencia, el trabajo escolar les resultará más ameno.

Lo ideal sería que los niños tuvieran la sensación de que cuidamos de ellos hasta los 7 años y luego, entre los 7 y los 14 años, que se concentraran en divertirse con actividades como cantar, hacer manualidades, pintar, aprender a tocar un instrumento musical, los deportes, el teatro y el trabajo escolar, y con menos tareas cotidianas. Ayudar a fregar los platos, limpiar y cuidar de las mascotas está muy bien y no entra en la categoría de «demasiado trabajo». La mejor manera de determinar cuánto trabajo debe asignar a su hijo es prestando atención a su resistencia y recapacitando. Ser padres requiere efectuar modificaciones en todo momento.

Cuando los niños aprenden a ser felices, en la adolescencia están dispuestos a ponerse a trabajar en serio. Cuando a los niños se les exige trabajar de pequeños y no se divierten, nunca aprenden a divertirse. En la adolescencia, a menudo se rebelan contra el trabajo o trabajan mucho pero no se divierten.

Hace solo cien años los niños trabajaban en las fábricas, pero gradualmente la sociedad comprendió que esto constituía un abuso. Hoy en día, debemos darnos cuenta de que también es un error hacer trabajar a nuestros hijos en casa. El deber de los padres es dar y el de los hijos simplemente recibir. Luego, en torno a los 7 años, los niños tienen una nueva necesidad: divertirse y jugar con la familia y los amigos. Es el momento en que se supone que los niños desarrollan una de las capacidades más importantes de la vida: la de ser felices.

> **El deber de los padres es dar y el de los hijos simplemente recibir.**

La mayoría de los adultos nunca aprenden a divertirse y disfrutar de la vida, porque no recibieron el apoyo necesario para aprenderlo. La felicidad es una técnica que se desarrolla entre los 7 y los 14 años. Un exceso de actividad académica o de responsabilidad y trabajo antes de la pubertad limitará la capacidad de ser feliz más adelante. Estos niños o bien rechazan el trabajo y tratan de divertirse y ser irresponsables cuando llegan a la adolescencia, o trabajan mucho pero, como son demasiado serios, nunca se sienten felices ni satisfechos.

La mayoría de los padres cree equivocadamente que tiene que enseñar a sus hijos a trabajar mucho y ser responsables. Los niños aprenden a ser responsables si tienen padres responsables. Los niños aprenden a trabajar mucho si ven trabajar mucho a sus padres. Los niños lo aprenden todo básicamente a través de la imitación. A la larga harán lo que vean hacer a sus padres. Si los padres comprenden esto, pueden tener la confianza necesaria para hacer lo que les dicta el corazón y crear una infancia feliz y divertida para sus hijos. Trabajar mucho no es necesario hasta la pubertad.

El don de la lectura

Cuando un niño se muestra inquieto y quisquilloso antes de acostarse, además de cantar, leerle cuentos es un modo excelente de prepararlo para que se relaje y duerma profundamente. Aunque leerle algo antes de dormirse es probablemente uno de los dones más importantes que un padre puede conceder a un hijo, es especialmente importante para el niño de temperamento despierto. Estos niños tienen ansias de oír cuentos, mitos y leyendas. Necesitan la estimulación de cosas, personas y lugares lejanos.

Los niños viven en un mundo mágico hasta los 9 años. La sociedad ya les da prisa para que espabilen y experimenten el mundo real. Los padres no deberían preocuparse. Deje que su hijo se tome tiempo para desarrollarse y cuando esté preparado se adaptará fácilmente al mundo real. Hasta aproximadamente los 7 años los niños ni siquiera tienen capacidad para la lógica, y no pueden comprender un pensamiento abstracto hasta los 13 años.

> **Deje que su hijo se tome tiempo para desarrollarse
> y cuando esté preparado se adaptará fácilmente
> al mundo real.**

Cuando los niños oyen en las noticias que un asesino anda suelto, suponen que están en peligro como todos los demás. Utilizar la lógica para minimizar estos temores no funciona. Decir «Mira, este barrio es muy seguro y por tanto estás a salvo» no funciona. El razonamiento mágico exige soluciones mágicas. Rezar una oración por la seguridad de su hijo funcionará. Si usted no reza, utilice una varita mágica para tranquilizar a su hijo asegurándole que está protegido. Para minimizar la resistencia lo mejor es no permitir que los niños oigan o vean las noticias hasta los 7 años.

Al oír cuentos los niños se distraen con facilidad y se olvidan de las cargas de la vida. Los niños utilizan las imágenes que crean al oír cuentos para desarrollar su imaginación, su creatividad y una conciencia más arraigada de sí mismos. Las personas que triunfan personal o profesionalmente tienen la sensación de que ellas crean sus propias vidas, mientras que las demás se sienten discriminadas o perjudicadas por los desafíos y los reveses de la vida. Si fortalecen la imaginación y la creatividad, los niños estarán mejor preparados para solucionar los problemas más adelante.

Los niños despiertos y sensibles ya suelen tener esta capacidad. Al crear sus propias imágenes interiores en respuesta a los cuentos, desarrollan una conciencia más arraigada de sí mismos y la capacidad de crear, y se sienten más dueños de sus vidas. Un exceso de televisión o cine puede debilitar este proceso de creación de imágenes interiores.

Utilizar la distracción para reorientar

Todos los niños pueden beneficiarse de la distracción. Hasta los 8 años, es fácil distraer a los niños de su resistencia con un cuento que contenga muchas imágenes, color y forma. Da igual que la historia no esté relacionada con aquello a lo que se resisten. Simplemente cambie de tema y empiece a contar una historia con frases descriptivas.

Por ejemplo, cuando su hijo se resista a ponerse el abrigo, haga una pausa para acabar con la lucha por el poder y empiece a hablarle como si estuviera contándole un cuento. Diga algo así: «¡Vaya! Mira qué hojas tan verdes tiene ese árbol. Recuerdo que una vez di un paseo por un bosque precioso y había árboles gigantes por todas partes. El cielo estaba azul. Había una gran nube blanca justo encima de mí. Caminé todo el día hasta que me cansé. Fue un paseo muy largo, pero me sentó bien. Ahora pongámonos el abrigo.»

Esto se denomina establecer una relación de comunicación e invitar luego a la participación. Cuando explicamos un cuento con mucho color y objetos que hay que imaginar, el niño abandona su resistencia y establece una relación de comunicación o armonía con nosotros. En consecuencia, está más dispuesto a cooperar.

> **Para minimizar la resistencia, establezca una relación de comunicación y luego invite a la participación.**

A cualquier edad, cuando los niños están disgustados y oponen resistencia, responden bien a la reorientación con frases como: «Ahora hagamos esto...» o «Y ahora vamos a hacer...». En lugar de preguntarle qué quiere hacer o incluso qué le gustaría hacer, los padres tienen que guiarlo. A medida que el niño se forme sus propios deseos y necesidades, se resistirá y nos hará saber qué quiere. En ese momento el padre o la madre puede decir: «Es una buena idea. Hazlo.» En lugar de preguntarle al niño directamente qué quiere o qué le gustaría hacer, haga sugerencias y deje que esté de acuerdo o discrepe de manera indirecta a través de su aceptación o su resistencia.

Analicemos un ejemplo:

MADRE: Jimmy, vayamos a jugar al parque.
JIMMY *(8 años)*: No quiero ir al parque.
M.: ¿Por qué no?
J.: Quiero jugar en mi habitación.
M.: De acuerdo, me parece bien que quieras quedarte en casa. Saca los lápices y haz un dibujo.
J.: No quiero dibujar. Preferiría jugar con mi aeromodelo.
M.: Es una idea genial: tú juegas con tu nuevo aeromodelo y yo vendré a ver qué tal te va dentro de un rato.

De este modo, sin preguntarle directamente, la madre hace sugerencias a las que el niño puede resistirse y gradualmente la madre podrá identificar qué quiere. Generalmente, no conviene preguntarles qué quieren, qué les gusta, qué necesitan, qué piensan o incluso cómo se sienten. Sugiera y ellos aceptarán o se resistirán. Al resistirse, se forman una idea clara de qué quieren, qué sienten y qué piensan.

> **No conviene preguntar a los niños qué quieren,
> qué les gusta, qué necesitan, qué piensan o incluso
> cómo se sienten.**

Los niños despiertos tienden a ser más felices, desenfadados y entusiastas. Se alimentan literalmente de las imágenes y los cambios de la vida. Para ellos la vida es una aventura. Tienden a ser más sociales y hablan mucho. A menudo son irresistibles, encantadores y complacientes. No guardan rencor.

No sienten un cariño profundo y no es fácil hacerles sufrir. Tienen pataletas y se resisten, pero esto suele suceder cuando se les exige que se concentren o hagan algo que no les apetece. Tanto el caos como los altibajos forman parte de su vida.

Tienden a ser desorganizados, olvidadizos e informales. Les cuesta ordenar lo que desordenan. Hay que pedírselo una y otra vez. Si los padres comprenden esto, pueden estar más tranquilos. No espere que estos niños creen orden en su entorno. Es deber de los padres. Por ejemplo, los niños despiertos no tendrán la habitación ordenada a menos que reciban ayuda. En lugar de luchar contra ellos, colabore con ellos.

Cuando se les da la oportunidad de divertirse y explorar varias cosas brevemente, mantienen la atención por más tiempo y aprenden a concentrarse y profundizar. Con el tiempo aprenderán a terminar las tareas. A partir de los 7 años hay que animarlos con firmeza a mantener la concentración. La manera más fácil de conseguirlo es dedicando tiempo a ayudarlos.

Sin la clase adecuada de apoyo, los niños despiertos, abrumados por las responsabilidades de la vida, tienden a volverse irresponsables o demasiado desorganizados y a menudo rechazan las responsabilidades que supone ser adulto. Cuando reciben el apoyo que necesitan, se vuelven serios, responsables, centrados, seguros de sí mismos y hábiles.

El cuarto temperamento es receptivo. Los niños receptivos están más interesados en el flujo de la vida. Quieren saber qué pasará a continuación y necesitan saber qué pueden esperar. Cuando entienden el flujo, están dispuestos a cooperar.

Las situaciones desconocidas en que no saben qué pueden esperar desencadenarán resistencia. Se conocen a sí mismos, por lo que esperan lo que suceda. Cuando estos niños esperan sentirse queridos, se sienten queridos. Necesitan mucha rutina, repetición y ritmo.

Hay que fijar una hora para comer, dormir, jugar, pasar un rato especial con papá y mamá, escoger la ropa para el día siguiente, etc. Responden bien cuando se les tranquiliza y se les anima con frases como: «Es hora de hacer esto...» o «Ahora vamos a...».

Son los niños más buenos y considerados. Necesitan más tiempo para hacer cosas metódicamente y se resisten al cambio. No pueden tomar decisiones rápidas y no habría que preguntarles qué quieren, qué piensan o qué sienten. Hay que decirles qué tienen que hacer.

> **Los niños receptivos son los más buenos y considerados.**

Siempre que ello no implique un cambio importante, están muy dispuestos a cooperar. Un cambio en el tiempo señala la necesidad de cambiar de actividad. Utilizar la frase «Es hora de...» tranquiliza al niño asegurándole que todo transcurre como de costumbre. Las cosas que suceden en su entorno tienen que ser previsibles.

Aunque les gusta oír qué tienen que hacer, se resistirán a la presión o las prisas. Al igual que los niños sensibles, necesitan más tiempo para hacer cosas o efectuar cambios. Hay que tranquilizarlos con frecuencia asegurándoles que todo está previsto por adelantado y planeado cuidadosamente. Están acostumbrados a esto. La repetición los reconforta. No son tan inquietos como otros niños. A menudo disfrutan simplemente siendo, descansando, comiendo, mirando, escuchando y durmiendo.

Pueden disfrutar simplemente del paso del tiempo. No tienen iniciativa y no son creativos o innovadores. Hay que decirles «Es hora de...», si no puede que simplemente se queden sentados y sueñen despiertos. Les encanta el consuelo físico y, antes que arriesgarse a experimentar inquietud, se quedarán sentados mirando.

A diferencia de los niños activos, no sienten necesidad de dirigir y ni siquiera de participar. Cuando son pequeños, con frecuencia les basta con mirar y observar. Puede que miren cómo otros niños realizan una actividad cincuenta veces y luego, de repente, imiten esa conducta. Observar constituye suficiente participación para desarrollar su interés.

> **Los niños receptivos participan mediante la observación.**

Un niño de 4 años que mira atentamente cómo juegan otros niños no se siente marginado. Se conforma con mirar. Es como si estuviera realizando la actividad a través de los otros. Esto no es un problema. Con el tiempo el niño participará. En torno a los 7 años está muy bien fomentar la participación, pero si el niño se resiste, hay que dejarlo tranquilo.

Preguntar «¿Te gustaría participar?» no es una manera de animarlo. Habría que decirle «Es hora de que participes». Si el niño se resiste, podemos decir: «De acuerdo, veo que prefieres mirar. Avísame cuando quieras participar.»

Con frecuencia desatendemos a los niños receptivos porque son muy tranquilos, no se complican la vida y no son exigentes. Ocasionalmente también necesitan luchar y resistirse. Hay que motivarlos para que hagan cosas y desafiarlos, aunque prefieran dormir o quedarse en casa.

A estos niños hay que darles una tarea. A menos que tengan esta clase de ayuda, puede que no desarrollen ningún interés. La seguridad de las rutinas frecuentes, los rituales y el ritmo les da apoyo para asumir gradualmente los riesgos necesarios para hacer algo nuevo.

> **Si se produce un cambio, no suelen quererlo.**

El hecho de que un niño receptivo no quiera hacer algo no es motivo suficiente para que no lo haga. Estos niños nunca querrán hacer nada nuevo. Cuando se resisten a hacer cosas nuevas, hay que mostrar dulzura y nunca obligarles a participar. No olvide que con el mero hecho de mirar participan a un nivel que los satisface. Insista en darles la oportunidad de ampliar sus intereses ocasionalmente, pero no los presione para que participen. Mirar y observar siempre está bien.

A estos niños no les gusta que los interrumpan. Quieren llegar hasta el final. La repetición les da seguridad. Se resistirán cuando intente detenerlos, pero su resistencia a menudo es silenciosa. Reprimen las pataletas porque no quieren causar problemas o ser una molestia. Tienen mucho miedo de decepcionar a sus padres o ser rechazados.

Rituales cariñosos

Los niños receptivos se sienten queridos cuando esperan que se les quiera. Hay que crear rituales cariñosos para que estos niños sientan su valía y su especial relación con los padres. Los rituales no tienen por qué llevar mucho tiempo; solo hay que reconocer que son algo especial y repetirlos una y otra vez.

Mi hija Lauren y yo teníamos un ritual especial que consistía en ir al pueblo cruzando el bosque y luego descansar y tomar un helado en la tienda del pueblo. Cuando era pequeña la llevaba en el cochecito y cuando se hizo mayor íbamos andando o en bicicleta. El ritual completo duraba una media hora. Diez minutos para ir, diez para volver y diez minutos para tomarnos los helados y acariciar a los perros del pueblo.

Ahora que es una adolescente recuerda vívidamente esas experiencias de la primera infancia y el vínculo afectuoso que compartíamos. A muchos adultos les cuesta recordar el amor y la alegría de su infancia y esto constituye una gran pérdida. Poder recordar el hecho de sentirse querido y apoyado nos proporciona un gran nivel de seguridad para el resto de nuestra vida.

Tomar las actividades normales de la educación de los hijos y realizarlas a una hora determinada puede convertirlas en un ritual y en consecuencia las recordaremos con mayor facilidad. Un ritual también se crea hablando de una actividad varias veces. Diga, por ejemplo «Hoy es sábado y podemos ir al pueblo a comprar un helado». Para sentirse especiales, los niños necesitan actividades especiales en momentos especiales. He aquí varios ejemplos:

- El sábado por la mañana papá preparará chocolate con nata a su manera para desayunar.

- El domingo por la mañana todos nos levantaremos tarde y mamá preparará sus deliciosas gofres.

- Cuando papá se retrasa a la hora de recogernos, para compensarlo siempre nos lleva a tomar un helado.

- Cuando papá está de viaje, siempre llama para ayudarnos con los deberes o darnos las buenas noches.

- Mamá siempre nos lee un cuento antes de acostarnos.

- Papá o mamá siempre nos canta una canción antes de acostarnos.

- Cuando a un niño le duele la barriga, mamá siempre prepara la bolsa de agua caliente y le pone un poco de aceite de ricino.

- Cuando papá está contento, siempre canta su canción favorita.

- Todos los jueves a las ocho nos reunimos para ver un programa para familias muy divertido.

- Todas las noches antes de acostarse, el niño y el padre o la madre hablan y repasan el día.

- En primavera toda la familia va a dar un paseo antes de cenar todas las noches.

- Todos sacan al perro a pasear antes de cenar.

- Todos los veranos vamos de vacaciones al mismo lugar y el mismo hotel. Son unas vacaciones especiales y nos encantan. (Es cierto que podría ir de vacaciones a otros sitios. Pero al ir de vacaciones al mismo sitio se convierte en un ritual.)

- Los domingos hacemos una excursión familiar, vamos de paseo o de picnic.

- En verano los domingos vamos a la playa.

- Todos los meses de julio vamos a la feria del pueblo.

- Una vez al mes cada hijo pasa el día solo con papá o mamá.

- Rezamos una oración todas las noches antes de acostarnos y papá o mamá canta una canción de cuna.

Estos rituales divertidos y cariñosos generan recuerdos y expectativas que proporcionan mucha seguridad durante la infancia y el resto de la vida. Existen otros rituales menos divertidos o especiales, pero que proporcionan un arraigado sentido de la seguridad y, aún más importante, ritmo. Todo en la naturaleza tiene un ritmo. La primavera viene después del invierno, el verano después de la primavera.

Todo en la vida tiene su momento. Hay un momento para ser

activo y un momento para descansar; un momento para comer y un momento para jugar; un momento para empezar y un momento para terminar. Las mareas del océano suben y luego bajan. El sol sale y luego se pone. Incluso en nuestro cuerpo, inspiramos y luego espiramos. Nos despertamos y luego nos dormimos.

Todos los comportamientos repetitivos, las rutinas y los rituales proporcionan ritmo a la vida. Nos consuela saber qué viene a continuación. Estamos familiarizados con lo que sabemos que ha de pasar. Todos los niños necesitan ritmo y ritual, pero los receptivos son los que más dependen de estos elementos si quieren salir de su cascarón y expresar sus dones y talentos.

Rituales prácticos

He aquí más ejemplos de rituales importantes para proporcionar ritmo a la vida de un niño. Obviamente no todos serán posibles ni apropiados en todas las casas. Es una lista para estimular ideas.

Levantarse a la misma hora todas las mañanas para ir a la escuela.

Tener un sitio o una silla especial para comer.

Ir a la escuela todos los días a la misma hora.

Hacer que la misma persona recoja al niño todos los días después de clase.

Recoger al niño todos los días a la misma hora después de clase.

Ir al parque todos los martes y los jueves.

Lavar el coche el sábado.

Cenar a la misma hora; tener una manera especial de avisar a los hijos de que es hora de cenar todas las noches (utilizar el timbre o el interfono y un mensaje sencillo: «La cena está lista. Es hora de cenar.»).

Escoger la ropa para el día siguiente la noche anterior. (Esta sugerencia es muy útil cuando un niño se resiste a vestirse por la mañana.)

Crear una rutina antes de acostarse para que se laven la cara, se cepillen los dientes y se pongan el pijama, e iniciarla todas las noches a la misma hora. (Esta clase de ritmo es esencial. Todos los niños necesitan dormir y la rutina de prepararse para acostarse a una hora determinada hace que duerman mejor, lo que a su vez hace que todo vaya mejor.)

Cuando los niños receptivos consiguen el ritmo que necesitan, desarrollan una gran fuerza y capacidades organizativas. Pueden crear orden y mantenerlo. Son tranquilos y prácticos y pueden superar grandes obstáculos para alcanzar sus objetivos. Tienen mucha habilidad para reconfortar y consolar con apoyo cariñoso. Avanzan lentamente pero son sensatos y serios.

DARLES A NUESTROS HIJOS LO QUE NECESITAN

En este momento quizá esté pensando que es una suerte que los padres de hoy decidan tener menos hijos. Aunque esta nueva manera de alimentar las necesidades de sus hijos le parezca más de lo que usted puede ofrecer, no es así. Puede parecerle abrumadora porque es nueva. A medida que se familiarice con estas ideas y empiece a ponerlas en práctica, la educación de sus hijos se convertirá en una tarea más fácil.

Estos distintos métodos de apoyo reducen la resistencia, pero requieren tiempo y preparación y a veces no disponemos de ninguno de los dos. Las técnicas que analizaremos funcionan incluso cuando no disponemos de mucho tiempo. En el siguiente capítulo descubrirá que escuchar y expresar sus necesidades puede minimizar la resistencia y motivar a sus hijos para que cooperen.

5

Nuevas técnicas para mejorar la comunicación

Las técnicas más importantes para minimizar la resistencia y generar cooperación son escuchar y comprender. Cuando los niños se resisten a cooperar, en el fondo desean o necesitan otra cosa. Hay que identificar y abordar esta necesidad o este deseo insatisfecho. La identificación de una necesidad o un deseo a menudo minimizará la resistencia de los niños. En este caso el acto de comprender el origen de la resistencia es suficiente para conseguir que esta desaparezca. Al aprender nuevas técnicas para mejorar la comunicación, podrá reducir inmediatamente la resistencia de los niños y fortalecer su buena disposición para cooperar.

> **Comprender el origen de la resistencia de un niño es suficiente para conseguir que esta desaparezca.**

La misión principal (o el deseo y la necesidad más intensos) de los niños es la voluntad de cooperar, complacer y seguir a sus padres. Los niños nacen con la necesidad de seguir el ejemplo de sus padres; tienen muchas ganas de hacerles felices y muchos deseos de cooperar. Sin embargo, hay que despertar y cultivar esta misión principal como cualquier otro don o capacidad. En lugar de centrarse en cómo manipular a los niños con el miedo y la culpabilidad, la educación positiva se centra en la manera de despertar la buena disposición de los hijos para cooperar. Utilizar el miedo y la culpabilidad puede controlarlos de manera eficaz a corto plazo, pero con el tiempo hará que estén menos dispuestos a cooperar.

POR QUÉ SE RESISTEN LOS NIÑOS

Cuando los niños se resisten a los padres, con frecuencia es porque quieren otra cosa y dan por sentado que si los padres lo entendieran querrían satisfacer esa necesidad o deseo. La mayoría de las veces pensamos: «¿Qué quiere, qué desea o qué necesita mi hijo?» Y a continuación tomamos medidas para prestarle apoyo. Cuando los niños se sienten queridos y apoyados, suponen con toda naturalidad que modificaremos nuestra posición si averiguamos qué necesitan, desean o quieren. Dan por sentado que modificaremos nuestra posición si comprendemos la importancia de sus deseos y necesidades inmediatos. A veces su resistencia no es más que un intento de decirnos que preferirían otra cosa.

Comprender la resistencia de los hijos inmediatamente minimiza la resistencia. Cuando los niños reciben el mensaje de que comprendemos qué quieren y lo importante que es para ellos, su nivel de resistencia decrece. Pero no basta solo con comprenderlos; tenemos que comunicarles satisfactoriamente que comprendemos qué quieren. Cuando los niños se resisten, lo hacen porque creen que los padres no comprenden sus necesidades.

Por ejemplo, un niño de 5 años quiere una galleta, pero su madre quiere que espere hasta después de cenar.

> BOBBIE: Mamá, quiero una galleta.
> MADRE: Es casi la hora de cenar. Quiero que esperes hasta después de cenar y entonces te daré una galleta.
> BOBBIE: Pero la quiero ahora...

El niño se enfada y tiene una pataleta. La madre primero escucha para comprender la resistencia de Bobbie. Después dice con calma: «Sé que quieres una galleta *ahora*. Estás muy enfadado porque quieres esa galleta y yo me niego a dártela.»

En este momento Bobbie se sosiega, porque cree que ahora que mamá sabe qué quiere le dará la galleta. A continuación la madre dice: «Aun así, tendrás que esperar hasta después de cenar.»

A veces este grado de comprensión bastará, pero otras veces el niño necesitará algo más para cooperar. La mayoría de las veces los niños se resisten a sus padres simplemente porque creen que no los oyen ni los ven.

> **Los niños se resisten a sus padres simplemente porque creen que no los oyen ni los ven.**

Veamos qué sucede cuando Bobbie necesita más tiempo y comprensión. Después de liberar la ira que surgió durante su berrinche, ahora está decepcionado y triste, pero su resistencia es distinta. Ha pasado de manera natural de la ira a la decepción o la tristeza. Rompe a llorar y dice: «Nunca consigo lo que quiero. No quiero esperar.»

De nuevo la madre proporciona comprensión e identifica la necesidad o el deseo no satisfecho. Dice: «Comprendo que estés triste. Quieres una galleta y no puedes esperar. Sé que para ti es mucho tiempo.»

Es cierto que la resistencia se ha reducido al mínimo, pero, aún más importante, surge un nivel más profundo de sentimientos. Después de llorar un poco, los temores del niño empezarán a aflorar. Ahora el niño se resiste y dice: «Nunca conseguiré mi galleta. Nunca consigo lo que quiero. Solo quiero una. ¿Por qué no puedes darme una galleta?»

En este momento la madre evita dar explicaciones y sigue comprendiendo e identificando los sentimientos y necesidades del niño. Dice: «Sé que tienes miedo de no conseguir la galleta. Pero tendrás tu galleta, te lo prometo. Ven aquí, cielo, deja que te abrace. Te quiero mucho.»

En este momento Bobbie se derrite en los brazos de su madre y recibe el amor, la tranquilidad y el apoyo que necesitaba desde el primer momento. Normalmente cuando los niños se resisten a cooperar, es porque necesitan algo más profundo. Necesitan comprensión y amor y luego simplemente un abrazo.

DEDICAR TIEMPO A ESCUCHAR

Después de leer este ejemplo acerca de cómo hay que explorar los sentimientos profundos que se esconden bajo la resistencia, puede que esté pensando: «No puedo hacer esto cada vez que mi hijo oponga resistencia. Usted no entiende a mi hijo. Agotará mi tiempo resistiéndose.» Esto sería cierto si no fuera porque esta técnica funciona. Minimiza la resistencia y genera cooperación. Si dedica tiempo a escuchar y lo hace correctamente, sus hijos se resistirán menos la próxima vez y estarán más dispuestos a cooperar.

A veces le llevará cinco minutos más, pero es lo que su hijo necesita. Cada semana dedicamos *horas* a ir de un sitio a otro con el coche, comprar, y hacer y conseguir cosas para nuestros hijos. Aunque esto es importante, no lo es tanto como prestarles apoyo desde dentro. Dedicar unos minutos más a escuchar e identificar los sentimientos, las necesidades y los deseos de nuestros hijos no solo les proporcionará lo que realmente necesitan, sino que también proporcionará a los padres más tiempo para satisfacer sus propias necesidades.

> **Dedicar tiempo a escuchar es más importante que llegar puntualmente al entrenamiento de fútbol.**

Aunque el uso de las amenazas o la desaprobación puede reprimir la resistencia del niño y ahorrar un tiempo precioso, a la larga generará mayor resistencia a otras cosas. A menudo las madres se quejan: «Mi hijo escoge los peores momentos para oponer resistencia. Parece que cuando realmente no tengo tiempo, es cuando más se resiste.»

Si a los niños no se les da permiso para resistirse, su frustración aumenta y se manifiesta en los momentos más inoportunos. Puede evitar este problema prestando atención a la resistencia de sus hijos. Hágales saber una y otra vez que los ve y los escucha.

Si nunca tiene tiempo para escuchar, no dará a sus hijos lo que necesitan. Más vale prevenir que curar. No espere a que la resistencia del niño aumente y estalle. Dedique tiempo a prestar atención a su resistencia siempre que sea posible, y así esta no aumentará ni se manifestará cuando usted necesite que cooperen y no tenga tiempo ni oportunidad de escucharlos y darles apoyo.

Intente recordar que solo son unos minutos y que merece la pena de verdad. Escuchar a los hijos siempre es más importante que llegar puntualmente a un sitio. Cuando dedica tiempo a sus hijos, ellos se sienten más motivados a ayudarlo a tener más tiempo para usted. La cooperación significa que usted da y ellos dan. Concédales el don de la comprensión y sus hijos escucharán mejor y cooperarán más.

LAS DOS CONDICIONES

Para comunicar que escuchamos o comprendemos las necesidades y los deseos de un niño, deben cumplirse dos condiciones. El padre debe transmitir un mensaje de validación, pero el niño también debe ser consciente de la necesidad de que se le escuche y no solo de su deseo de conseguir una galleta en ese momento. Al imponer un límite (esto es, «No voy a darte la galleta ahora.»), los niños sienten su resistencia; no son conscientes de la necesidad subyacente de que se les escuche.

El siguiente paso consiste en que el padre o la madre identifique con calma y cariño la ira o frustración de su hijo. Cuando los padres lo reconocen, los niños toman conciencia de sus sentimientos. Aunque los niños pueden estar enfadados, todavía no son conscientes de estarlo.

Cuando son conscientes de sus sentimientos, se abre otra puerta para los niños. En este momento ellos también pueden identificar y sentir la necesidad de que se les escuche. Cuando un niño necesita ser comprendido y esa necesidad se satisface, la parte más dura de la lucha ha terminado. El niño reconoce que lo escuchan, lo que se confirma cuando el padre o la madre repite qué quiere el niño.

Todo esto sucede en un instante cuando la madre dice: «Sé que quieres una galleta *ahora*. Y estás muy enfadado porque yo no quiero dártela.» La respuesta del niño es un sí rotundo. Es difícil que una persona siga resistiéndose cuando sabe que la escuchan y comprenden.

El ejemplo de la galleta funcionó porque se cumplieron ambas condiciones. La madre transmitió su comprensión y el niño sintió que se satisfacía su necesidad de comprensión. Aunque esta técnica es eficaz sobre todo con los niños sensibles, funciona con los cuatro temperamentos. Tal vez lleve un poco más de tiempo con los niños sensibles, porque necesitan mucha comprensión.

Cuanto más sensible sea un niño, más necesidad tendrá de ahondar en sus sentimientos. Los padres pueden guiarlo a niveles más profundos si le hacen comprender que bajo la resistencia primero se esconde la ira, luego la tristeza y finalmente el miedo. Al darles a los niños la oportunidad de profundizar y percibir estos sentimientos, se abre una puerta en sus corazones y pueden sentir que sus necesidades reales se satisfacen. A menos que los niños profundicen, se quedan en la superficie y solo se resisten y quieren la galleta.

> **Bajo la resistencia de los niños primero se esconde la ira, luego la tristeza y finalmente el miedo.**

Con los niños sensibles, los padres tienen que concentrarse en lograr que el niño ponga de manifiesto la ira, la tristeza y el miedo, e indicar al mismo tiempo que comprenden claramente qué quiere el niño.

Con los niños activos, los padres tienen que concentrarse en sus sentimientos principales, pero han de hacer referencia a lo que el niño hace o quiere hacer. Por ejemplo, podríamos decir: «Sé que lo has dejado todo para venir por una galleta. Y estás muy enfadado porque yo quiero que esperes hasta después de cenar.» Podrá proporcionarle una mejor comprensión simplemente con más detalles sobre lo que está pasando o no está pasando y diciéndole qué quiere que haga.

Con los niños despiertos, que necesitan reorientación, podría añadir: «Sé que quieres una galleta *ahora*. Y estás muy enfadado porque yo no quiero dártela. Mira, cojamos esta galleta y podrás comértela después de cenar. Hoy cenaremos salmón rosa con patatas. Mira qué patatas...»

Con los niños receptivos, que necesitan más ritmo, añada el elemento tiempo y funcionará mejor: «Sé que quieres una galleta *ahora*. Y estás muy enfadado porque no quieres esperar. Es hora de prepararse para cenar y después de cenar será hora de tomar el postre. Primero cenamos y luego tomamos el postre, ¿de acuerdo?» Los niños receptivos necesitan un poco de ritmo para relajarse.

Estas cuatro estrategias funcionan mejor cuando se aplican al niño adecuado, pero el ejemplo original también funcionaría. No olvide que todos los niños tienen un poco de cada temperamento. Cualquiera de estas estrategias funcionará.

LA EDUCACIÓN BASADA EN EL AMOR DURO

Cuando se trata de hacer frente a la resistencia de nuestros hijos, generalmente existen dos métodos: el amor blando y el amor duro. Los padres que utilizan el amor duro creen, equivocadamente, que tolerando la resistencia de sus hijos los malcriarán, y que los hijos siempre tienen que recordar quién manda. Aunque este razonamiento limitado está anticuado, en parte sigue siendo cierto. Para tener un sentido saludable de la seguridad en la vida, los niños nunca deben olvidar que los padres mandan.

Aunque a los niños puede gustarles mandar, va contra su bienestar. Ellos tienen que jugar en el mundo mágico de la infancia sin el peso de la responsabilidad. Demasiadas alternativas generan una inseguridad que da lugar a diversos problemas. El niño perderá su buena disposición innata para cooperar y se volverá exigente, egoísta, necesitado o simplemente opondrá más resistencia. Una actualización del antiguo refrán «La letra con sangre entra» es: «Cuando un niño olvida quién manda, la letra no entra.» El nuevo mensaje que debemos transmitir a nuestros hijos es que es aceptable resistirse, pero no hay que olvidar que papá y mamá mandan.

> **Es hora de actualizar y adaptar el antiguo refrán «La letra con sangre entra».**

La sabiduría del pasado siempre debe actualizarse. Para crear orden en la sociedad ya no hay que lapidar a las adúlteras fuera de los muros de la ciudad. Del mismo modo, no tenemos que castigar a nuestros hijos o ser intransigentes con su resistencia. Hay que replantearse y adaptar los métodos basados en el amor duro para satisfacer las necesidades de todos.

El método del amor duro enseña a los niños quién manda, pero no tolera su resistencia innata. Aunque los métodos basados en el miedo y la culpabilidad antes surtían efecto, ahora causan problemas. Como ya se ha comentado antes, no hay que maltratar y castigar a los niños para conseguir que cooperen. Los niños ya nacen dispuestos a cooperar, pero si no se les permite oponer resistencia, o bien serán débiles y obedientes, o bien tratarán de encontrar su identidad a través de la rebelión.

El castigo puede volverlos obedientes a corto plazo, pero más tarde se rebelarán. Los niños actuales se rebelan cada vez más temprano. Esta rebeldía no solo hace que su educación lleve más tiempo y sea más difícil y dolorosa, sino que dificulta el desarrollo natural del niño.

Algunos expertos señalan que es bueno que los hijos se rebelen en la pubertad, que es normal que en esa etapa un niño deje de hablar con sus padres o de buscar en ellos amor y apoyo. Aunque las cosas cambian en la pubertad, esto no significa que un niño tenga que rebelarse contra sus padres o dejar de acudir a ellos en busca de apoyo. El hondo distanciamiento entre padres e hijos adolescentes no es normal ni saludable, simplemente es algo común.

> **El hondo distanciamiento que se produce hoy en día entre padres e hijos adolescentes no es saludable, simplemente es algo común.**

Aunque los adolescentes por naturaleza necesitan más el apoyo de sus compañeros, esto no quiere decir que ya no necesiten la orientación y el amor de sus padres. No hay que dar por sentado que un adolescente desobedecerá a sus padres o se rebelará contra ellos. Evidentemente es un período en que exploran su individualidad, pero esto no significa que vayan a rebelarse o perder su buena disposición para cooperar, complacer y seguir la dirección de sus padres.

Hoy en día, para tener una vida plena, no basta con doblegarse ante las normas y vivir obedientemente bajo el dominio de los que mandan. Doblegar a nuestros hijos y enseñarles a seguir las normas ciegamente no les sirve de nada. Los niños tienen aptitudes para crear las vidas que desean.

Nuestros hijos poseen la capacidad para hacer realidad sus sueños, pero esta debe alimentarse. Se trata de una capacidad creativa. Cuando surge un problema o un obstáculo, el niño o el adulto creativo no se limita a aceptarlo y ceder. Las personas creativas tratan de encontrar otra manera de conseguir lo que quieren y satisfacer también las necesidades de los demás. Al despertar el espíritu de cooperación en nuestros hijos, se despierta esta clase de inteligencia creativa. Al criar a nuestros hijos para que se limiten a ser obedientes, no les proporcionamos el espíritu ganador que necesitan para competir y triunfar en el mundo de hoy.

> **Al criar a unos hijos simplemente obedientes, no les proporcionamos un espíritu ganador.**

El éxito en la vida no surge de seguir las normas, sino de pensar por sí mismo y seguir el corazón y la voluntad propia. Esta capacidad natural se alimenta primero fortaleciendo la buena disposición del niño para cooperar. Exigir obediencia ciega a nuestros hijos anula su voluntad. Cierra su mente y su corazón y hace que pierdan su potencial interior para crear la vida para la que han venido a este mundo. Cuando los niños reciben el mensaje de que no está mal resistirse pero papá y mamá mandan, tienen la oportunidad de mantener la mente y el corazón abiertos y alimentar la capacidad de saber qué quieren y desean en la vida.

> **El éxito en la vida no surge de seguir las normas,
> sino de pensar por sí mismo y seguir el corazón
> y la voluntad propia.**

Cuando los padres pueden responder con calma a la resistencia de un hijo, sin amenazarlo con el castigo o la desaprobación, el niño aprende gradualmente a hacer frente a la resistencia que experimenta en la vida. Cuando se enfrenta a alguien no dispuesto a cooperar, sabe cómo afrontar la situación sin ceder ciegamente ni exigirle a la otra persona que ceda.

La educación positiva enseña a los niños a sortear los obstáculos de la vida con comprensión y habilidad negociadora. Conocen el poder de escuchar para minimizar la resistencia y consiguen que las personas estén más dispuestas a cooperar. Hacen a los demás lo que les han hecho a ellos. Cuando los padres escuchan a sus hijos, sus hijos aprenden a escuchar.

LA EDUCACIÓN BASADA EN EL AMOR BLANDO

Muchos padres han renunciado a la educación de los hijos basada en el amor duro. Reconocen la importancia que tiene escuchar, pero no comprenden la importancia que tiene mandar. Tratan de evitar la resistencia de sus hijos escuchándolos y apaciguándolos.

Escuchan, pero luego ceden ante la resistencia del niño para hacerle feliz. No soportan ver a sus hijos disgustados y, por lo tanto, hacen todos los sacrificios posibles para complacerlos. Esta clase de educación basada en el amor blando no funciona y ha provocado que muchos padres desconfíen de las nuevas técnicas de la educación positiva. Afortunadamente estas funcionan enseguida. Funcionan tanto a corto como a largo plazo.

> **El fracaso de la educación de los hijos basada en el amor blando ha provocado que muchos padres desconfíen de las técnicas de la educación positiva.**

Los padres que utilizan el amor blando a veces ceden a las necesidades y los deseos de sus hijos porque no saben cómo poner fin a una pataleta. Se niegan a hacer lo que les hicieron a ellos en su infancia y adolescencia, pero no saben hacer otra cosa que funcione. Saben que dar un bofetón y avergonzar a sus hijos no funciona, pero no saben qué funciona. Al consentir a sus hijos, les transmiten por error el mensaje de que tener una pataleta o ser exigente es una buena manera de conseguir lo que uno quiere.

La educación basada en el amor blando trata de complacer y apaciguar al niño. Los padres que utilizan esta clase de amor buscan evitar un enfrentamiento con su hijo. No saben qué hacer cuando sus hijos se resisten, y desarrollan nuevas maneras de evitar el enfrentamiento y estimular la cooperación. Transmiten el mensaje de que no está mal resistirse, pero no dejan sentado que ellos mandan.

Expertos bienintencionados incluso enseñan a muchos padres que para evitar la resistencia de un niño hay que darle siempre la posibilidad de elegir. Dar la posibilidad de elegir disminuye su resistencia pero no crea cooperación. Es otro modo de dar a un niño demasiado poder y debilitar el nuestro.

> **Dar la posibilidad de elegir disminuye la resistencia, pero no crea cooperación.**

Hasta los 9 años el niño no necesita elegir. Tener demasiadas alternativas lo fuerza a madurar demasiado pronto. Una de las mayores fuentes de estrés para los adultos de hoy es el exceso de alternativas. Preguntar directamente a un niño pequeño qué quiere le somete a demasiada presión. Preguntar siempre a los niños qué quieren o cómo se sienten debilita la capacidad de los padres de mantener el control.

Un mayor grado de libertad y responsabilidad crea más ansiedad a menos que estemos preparados. Los niños menores de 9 años no están preparados. Necesitan unos padres fuertes que sepan qué es lo mejor para ellos, pero que también estén dispuestos a prestar atención a su resistencia y descubrir sus necesidades y deseos. Después de descubrir los deseos y las necesidades de un niño, los padres pueden decidir si modifican su dirección o se mantienen firmes. De un modo u otro, los padres siguen siendo los responsables.

Este concepto es similar a nuestro sistema judicial. Desde que se dicta sentencia en un caso, este no puede reabrirse a menos que existan nuevas pruebas. Así, aunque un niño puede resistirse, no quiere decir que el padre vaya a cambiar de opinión. Si el padre obtiene nueva información después de escuchar al hijo, está muy bien reconsiderar su actitud. Los padres pueden cambiar de opinión, no porque temen la resistencia, sino porque han tenido en cuenta nueva información. Al igual que el sistema judicial, los padres no modifican su parecer a menos que dispongan de nueva información.

> **Los niños necesitan padres fuertes que sepan qué es lo mejor; no necesitan más alternativas.**

Los padres que utilizan el amor blando no saben que la resistencia es una necesidad importante de los niños. Los niños tienen que poner a prueba los límites y asegurarse de que nuestras exigencias son importantes de verdad. De lo contrario, se ocupan de cosas que consideran más importantes. Así como necesitan poder resistirse y poner a prueba los límites que les han impuesto, también necesitan unos padres fuertes que los escuchen y luego decidan qué es lo mejor.

Los padres positivos siempre deciden, porque ellos mandan. Los niños no están preparados para ser autónomos. Necesitan un jefe. Sin un jefe empiezan a autodestruirse. La educación blanda y permisiva minimiza la resistencia a corto plazo, pero hace que los niños estén menos dispuestos a cooperar. Como consecuencia de una educación dura, las chicas suelen carecer de confianza en sí mismas, mientras que los chicos carecen de compasión. Como consecuencia de una educación blanda, las chicas suelen tener poca autoestima y, más adelante, dan demasiado, mientras que los chicos se vuelven hiperactivos y carecen de confianza en sí mismos y disciplina.

> **Los niños no están preparados para ser autónomos; necesitan un jefe.**

Utilizar las técnicas de la educación positiva significa prestar atención a la resistencia de nuestros hijos y luego decidir qué es lo mejor, pero esto impide que después podamos modificar nuestra posición inicial. Cuando nuestros hijos desarrollan una mayor conciencia de qué necesitan y qué quieren, con frecuencia se convierten en grandes negociadores y son capaces de hacernos cambiar de opinión.

Existe una gran diferencia entre ceder a los sentimientos o los deseos de nuestros hijos y cambiar lo que consideramos que debe hacerse. Los padres mandan, pero no siempre deben mantenerse inalterables en su punto de vista. Prestar atención a la resistencia de un niño quiere decir tener en cuenta lo que siente y quiere, decidir qué es lo mejor y luego persistir razonablemente.

A partir de los 9 años, está muy bien empezar a preguntarles directamente qué sienten, qué quieren o qué desean. De los 12 a los 14 años es el momento de empezar a preguntar qué piensan. El desarrollo del pensamiento abstracto en la pubertad indica que los niños ya son capaces de empezar a tomar decisiones por sí mismos. Siempre tenemos que comunicarnos con nuestros hijos de manera apropiada a su edad.

Los niños de todas las edades tienen que recibir el mensaje claro de que es aceptable equivocarse. La mejor manera de enseñárselo es aprendiendo de nuestros propios errores. Los padres no siempre tienen razón y no siempre saben qué es lo mejor. Lo harían mejor si tuvieran en cuenta la resistencia de su hijo y le prestaran atención. Si los padres cambian de opinión, debería ser porque han averiguado algo nuevo y creen que es mejor torcer el rumbo. No deberían cambiar de opinión para minimizar la resistencia de un niño. Apaciguar a nuestros hijos para minimizar su resistencia solo prepara el terreno para una mayor resistencia en el futuro.

Aprender a aplazar la gratificación

Independientemente de si los padres utilizan el amor duro o el blando, los hijos no tienen la oportunidad de experimentar su resistencia y hacerle frente hasta el límite. Expresar la resistencia no solo define los límites del espacio y la influencia de un niño, sino que también lo ayuda a adaptarse. Aprender a aceptar los límites del tiempo y el espacio es una lección importante en la vida. Forzar los límites de la vida puede enseñar a los niños a interiorizar estos límites sin tener que sacrificarse. Una de las grandes ventajas de expresar la resistencia y desprenderse de ella es la capacidad de aplazar la gratificación.

Muchos estudios han demostrado que los niños que saben posponer la gratificación triunfan más en la vida. No necesitamos un estudio para comprender esto. Mire alrededor de usted y verá que la gente que tiene éxito es la que insiste pacientemente en alcanzar sus objetivos. No tiran la toalla cuando no lo consiguen enseguida. No pierden la conciencia ni se privan de sus necesidades y sus deseos simplemente porque la vida no les da lo que quieren cuando lo quieren. Se recuperan de los reveses de la vida con una energía y un entusiasmo renovados.

La capacidad de aplazar la gratificación también es la capacidad de ser feliz y estar tranquilo aunque uno no tenga todo lo que quiere. Cuando los niños pueden resistirse a sus padres y desprenderse gradualmente de su resistencia, aprenden a aceptar el destino. Aceptan los límites con espíritu de cooperación y confianza en que todo va e irá bien. Irónicamente, la capacidad de expresar resistencia nos permite ser más flexibles en la vida. Aceptar el destino nos permite ver con más claridad qué podemos cambiar. Esto no solo nos proporciona una mayor tranquilidad, sino también la motivación para tratar de cambiar lo que puede cambiarse.

> **Al expresar y desprenderse de su resistencia,
> los niños pueden aprender a aceptar el destino.**

Todas las personas poseen la capacidad innata de recuperarse de las situaciones límite y los reveses de la vida. Cuando los niños se resisten y los padres pueden comprender los sentimientos subyacentes y transmitirles esa comprensión, los niños descubren su capacidad innata de ser felices aunque no consigan de inmediato lo que quieren. Al proporcionarles a los hijos la comprensión afectuosa que necesitan, el hecho de obtener lo que quieren deja de ser tan importante.

Normalmente cuando los niños se muestran exigentes es porque no consiguen lo que necesitan de verdad. Asimismo, cuando los adultos están disgustados porque no consiguen lo que quieren, es debido a que no tienen el amor y el apoyo que necesitan en sus vidas. El amor que necesitamos siempre está disponible, pero no lo vemos.

Los niños necesitan límites para forzarlos. Cuando no los tienen, están inquietos e inseguros. Cuando se salen con la suya demasiado a menudo, lo que consiguen nunca es suficiente. Solo podemos valorar lo que obtenemos cuando percibimos nuestras necesidades. La resistencia hace que volvamos a ser conscientes de qué necesitamos en lugar de concentrarnos en lo que queremos.

Cuando los padres prestan atención a la resistencia de los hijos y los ayudan de manera adecuada a ser conscientes de sus sentimientos, necesidades y deseos, los niños adquieren una mayor conciencia de lo que es más importante y no se dejan influir tanto por las vicisitudes de la vida. La mayoría de los adultos de hoy sufren jaquecas, acidez de estómago, estrés, angustia, dolor de espalda y otras dolencias, porque se concentran demasiado en lo que quieren y no lo suficiente en lo que necesitan.

SATISFACER LAS NECESIDADES DE LOS HIJOS

No siempre puede dar a sus hijos lo que quieren, pero puede darles lo que realmente necesitan. Si olvida proporcionarles lo que necesitan, usted y sus hijos experimentarán una resistencia creciente. La resistencia de un niño encierra una mayor necesidad de ser visto, escuchado, cuidado y querido. Para conocerse a sí mismos, los niños dependen del grado de atención que les prestan sus padres. Cuando un niño se resiste a prepararse para ir a la escuela, se niega a tomar la sopa o simplemente no hace caso, esto es un indicio de que necesita más tiempo, atención, comprensión y dirección. Sus hijos le necesitan a usted para saber qué necesitan y para que usted se lo proporcione.

En muchos casos el mero acto de prestar atención a los sentimientos o la resistencia de un niño le dará lo que necesita. Pero si el niño necesita algo más, como más estructura, entonces prestar atención solo funcionará temporalmente. Veamos un ejemplo.

Una madre pide a sus dos hijos de 6 y 9 años que dejen de pelearse. Después de prestar atención a su resistencia y comprender su frustración, la madre consigue que los niños vuelvan a mostrarse dispuestos a cooperar. No obstante, si estos niños no tienen suficiente estructura, al cabo de cinco o diez minutos empezarán a pelearse otra vez.

En este ejemplo, además de ser escuchados, los niños también necesitan cierta clase de actividad estructurada con normas, de lo contrario requerirán más supervisión. En este ejemplo escuchar al niño no basta.

> **Cuando los niños no saben qué hacer,
> a menudo olvidan cómo queremos que se comporten.**

Cuando sencillamente no podemos dar a nuestros hijos lo que necesitan en ese momento, hay otro modo de conseguir su cooperación. Las nuevas técnicas para motivarlos funcionan, pero aun así no sustituyen el hecho de darles lo que necesitan. Aunque generarán cooperación y motivación, no proporcionarán lo que necesitan para desarrollarse. Estas técnicas conseguirán que nuestros hijos hagan lo que queremos, pero ellos seguirán teniendo otras necesidades como la comprensión, la estructura, la dirección y el ritmo. Del mismo modo que el castigo se utilizó como medida disuasoria en la educación basada en el miedo, los premios se utilizan para motivar en la educación basada en el amor. En el siguiente capítulo estudiaremos cómo motivar a nuestros hijos.

6

Nuevas técnicas para aumentar la motivación

Antiguamente se controlaba o se motivaba a los niños fundamentalmente con la amenaza del castigo. Cuando un niño empieza a portarse mal o no está dispuesto a cooperar, la reacción de la mayoría de los padres es amenazarlo. Decimos o sentimos cosas como: «Si no haces caso tendrás problemas» o «Si no dejas de llorar te daré un motivo para llorar de verdad». Con los niños pequeños podemos levantar la mano para amenazarlos con un azote o lanzarles una mirada para indicarles que si no cooperan recibirán un castigo. Al recurrir al castigo, utilizamos la amenaza de la pérdida, la violencia, el dolor o un mayor sufrimiento como medida disuasoria.

Utilizar el miedo como medida disuasoria parece que funciona, pero no despierta la motivación innata de los niños para cooperar y ayudar a los padres. Como ya hemos mencionado, la obediencia y la cooperación son cosas muy distintas. Los niños tienen que estar dispuestos a ayudar para cooperar de verdad, y doblegar a un niño con el castigo no es la solución. Es difícil renunciar al castigo porque funciona muy bien a corto plazo. Aunque no queremos castigar a nuestros hijos, no sabemos hacer otra cosa. El castigo parece inhumano, pero sin él nuestros hijos se vuelven malcriados, exigentes, problemáticos, irrespetuosos o rebeldes.

> **La mayoría de los padres no quieren castigar a sus hijos; sencillamente no saben hacer otra cosa que funcione.**

En respuesta a esta necesidad de cambio, algunos expertos sugieren «aplicarles las consecuencias» de su comportamiento. Por ejemplo, les privan de algo por haberse portado mal y en lugar de denominarlo castigo lo denominan consecuencia. Con esto se intenta eliminar la humillación del castigo. En lugar de transmitir el mensaje «Como te has portado mal tienes que recibir un castigo», el niño recibe un mensaje más positivo: «No importa que te hayas equivocado, pero ahora te enterarás de las consecuencias de tu comportamiento.» Aunque esta técnica disminuye la culpabilidad y es más humana, también se basa en el miedo. Este método es mejor que el castigo, pero no despierta el deseo innato del niño de cooperar. En cierto sentido es una manera más bonita de decir «recibirás un castigo».

BREVE PUESTA AL DÍA SOBRE EL CASTIGO

La historia de los últimos cinco mil años se basa en el castigo como modelo de control y rehabilitación: ojo por ojo, diente por diente; la justicia para la víctima; hacer que el agresor pague por el delito. Antiguamente los vengadores se sentían satisfechos, pero hoy en día la satisfacción no es más que un alivio temporal y el dolor de la víctima perdura.

Incluso a efectos prácticos este sistema no funciona. Nuestro sistema penal cuesta mucho dinero a los contribuyentes. Imponerle a un individuo de 20 años una condena de 25 años de cárcel con el tiempo costará a los contribuyentes una fortuna. Está claro que este dinero no salda ninguna deuda. Piense en cómo podría utilizarse mejor este dinero para prevenir la criminalidad.

> **Condenar a una persona a 25 años de cárcel costará a los contribuyentes una fortuna.**

Todavía hay demasiadas cosas basadas en la anticuada noción de la eficacia del castigo. Si seguimos el «ojo por ojo, diente por diente», con el tiempo todo el mundo se quedará ciego y sin dientes. Aunque sabemos que el castigo está anticuado, todavía no se ha desarrollado ni descubierto una alternativa clara.

> **Si seguimos el «ojo por ojo, diente por diente»,
> con el tiempo todo el mundo se quedará ciego y sin dientes.**

Hoy en día, aunque las normas son importantes, el castigo no lo es. En un futuro lejano, a medida que la conciencia siga aumentando, ni siquiera las normas serán importantes. Antiguamente el castigo era importante porque la gente aún no era capaz de discernir en su corazón y su mente qué estaba bien; la única manera de motivar a las personas era haciendo sacrificios a los dioses y castigando a los malvados.

POR QUÉ Y CUÁNDO FUNCIONABA EL CASTIGO

El castigo inhumano causaba daño de manera directa (cortar un dedo de la mano o azotar o lapidar a alguien), mientras que el castigo más civilizado quita dinero (multas) o libertad (cárcel). El castigo civilizado hace que las personas sientan el dolor de la pérdida de un modo más humano. Para ser mejor persona y evitar cometer errores, muchas personas adoraban a Dios con ofrendas o sacrificios. Al renunciar a algo por Dios, sentían el dolor de la pérdida y, en consecuencia, tomaban mayor conciencia del bien y del mal o cuál era la mejor manera de proceder. Hacer sacrificios a Dios tenía ventajas claras.

> **Sentir dolor nos lleva automáticamente a corregir
> nuestros pensamientos y nuestras acciones.**

Aunque puede resultarle extraño, piense por un momento en su experiencia. A menudo, después de una pérdida, cuando sentimos el dolor, nos arrepentimos y decidimos hacer las cosas de otra manera y aprender de nuestros errores. Sentir dolor motiva un cambio para evitar el dolor en el futuro. Además, al ser más conscientes de nuestros sentimientos, podemos desarrollar una mayor creatividad e intuición a partir de nuestro potencial interior. La capacidad de distinguir el bien del mal surge de nuestros sentimientos. Los sentimientos, ya sean negativos (dolor) o positivos (placer), nos ayudan a efectuar las modificaciones necesarias.

Con esta motivación abrimos nuestra mente y nos cuestionamos qué hemos hecho. Este interrogatorio interior es la base de la autocorrección. A menos que estemos motivados para cambiar, mantendremos una manera de pensar limitada y estrecha. El dolor es el mejor profesor, porque nos motiva para que modifiquemos la manera de hacer las cosas. Hace que nos cuestionemos y replanteemos qué es lo mejor para nosotros y para los demás.

Cuando las personas eran indiferentes a sus sentimientos hace miles de años, necesitaban el castigo para volver a ser conscientes de sus sentimientos. Con una mayor conciencia de sus sentimientos, podían aceptar o reconocer el bien y rechazar el mal. Gradualmente, después de recibir castigos durante siglos, el mero hecho de pensar en el castigo bastaba para despertar los sentimientos. Era necesario ejercer el castigo para mantener el orden y permitir que una persona llevara una buena vida.

EL LADO POSITIVO DEL CASTIGO

El dolor inducido, ya sea a través del castigo o el sacrificio espiritual, hizo que la gente tomara conciencia de sus sentimientos y aumentó su conciencia limitada de lo que estaba bien y mal. En este sentido, el castigo era un instrumento o una técnica para inducir el sentimiento de dolor y, en cierta medida, motivaba el cambio.

Los monjes cristianos, incluso en el siglo XX, a menudo se castigaban a sí mismos para ser más santos. Se fustigaban diariamente para estrechar su vínculo con Dios. Por muy radical que pueda parecer, la autoflagelación era una práctica común. Esta y otras formas de automortificación todavía se practican; no es raro renunciar a las comodidades y el placer en nombre de la espiritualidad.

Estas prácticas ya no son necesarias. La época de sacrificar nuestra vida por Dios ya ha pasado. Ahora es el momento de vivir nuestra vida plenamente para Dios. Todo el mundo merece la abundancia, la prosperidad, el éxito, la salud y el amor. No tenemos que privarnos de los placeres de la vida para llevar una existencia de bondad. Asimismo, nuestros hijos no tienen que pasar privaciones. Si queremos que tengan una vida de abundancia, debemos encontrar otra manera de motivarlos, si no, después de equivocarse tenderán a castigarse y privarse de cosas.

> **La época de sacrificar nuestra vida por Dios ya ha pasado. Ahora es el momento de vivir nuestra vida plenamente para Dios.**

Al sentir la pérdida de manera natural, experimentamos una mayor conciencia de lo que está bien o mal y nos sentimos motivados a cambiar. Otra manera más bíblica de decir que tenemos «mayor conciencia de lo que está bien y mal» es decir que tenemos «mayor conciencia de la voluntad de Dios».

Hoy en día ya no tenemos que castigarnos o castigar a nuestros hijos para actuar de acuerdo o en cooperación con la voluntad de Dios. Nacemos con la capacidad de saber y hacer lo que está bien, pero tener una capacidad o un talento no basta. Para que esta capacidad se haga realidad, debe alimentarse y desarrollarse.

Los niños de hoy tienen nuevas necesidades. Al satisfacerlas, alimentamos directamente su capacidad de cooperar y aumentar la motivación para ceder ante sus padres. Los niños de hoy no requieren un castigo anticuado; poseen un mayor potencial y necesitan una nueva clase de apoyo.

> **Los niños de hoy no requieren un castigo anticuado; poseen un mayor potencial y necesitan una nueva clase de apoyo.**

Esta nueva capacidad se ha gestado durante mucho tiempo. Hace dos mil años, Jesús enseñó este sencillo mensaje: «Cuando abras el corazón a Dios, a ti mismo y a tu vecino, descubrirás la voluntad de Dios; en el silencio de tu corazón, te hablará una voz suave. Si miras dentro de ti, encontrarás, ahora mismo, el cielo que buscas.»

Esta voz suave, a la que se alude con frecuencia en los textos religiosos, surge de un corazón y una mente abiertos. Surge del sentimiento. Cuando los padres son capaces de hablar y actuar desde el amor, sus hijos también aprenden a prestar atención, no solo a sus padres, sino también a los sentimientos de amor que albergan sus corazones. Entonces se sienten motivados, no por el miedo sino por el amor.

Cuando los padres crían hijos con corazón, mente abierta y fuerza de voluntad, esta voz suave no es una experiencia única que solo pueden vivir los santos, sino una experiencia común que motiva el comportamiento diario de los niños. Cuando podemos mirar dentro de nosotros o «sentir», descubrimos que el reino de los cielos está al alcance de la mano, aquí y ahora. Cuando vivimos desde el corazón, conseguimos traer el cielo a la tierra.

Después de dos mil años de intentar comprender cómo ser afectuosos y conseguir lo que necesitábamos y queríamos, finalmente hemos alcanzado nuestro objetivo. Ahora es posible aplicar los principios del amor a la educación de los hijos. Aunque estas nuevas técnicas existían hace miles de años, no habrían funcionado. No habrían funcionado para todo el mundo ni siquiera hace cincuenta años. Un cambio en la conciencia global ha hecho posible que estas técnicas funcionen. Ahora las que no funcionan son las antiguas técnicas.

LA SIMPLE PRUEBA

Nuestro sistema penitenciario ha demostrado que en una sociedad libre el castigo ya no funciona. En una dictadura la amenaza del castigo es terrible y el miedo está en todas partes; así es como una dictadura mantiene el orden y un bajo nivel de criminalidad. Pero en las sociedades libres el castigo ha fracasado. Sin embargo, en lugar de construir más escuelas construimos más cárceles. Cuando a alguien se le impone una pena de prisión, normalmente no sale de la cárcel rehabilitado sino convertido en mejor criminal. Sería preferible denominar a los centros de rehabilitación centros de formación criminal. En una sociedad que permite la libertad personal y respeta los derechos humanos, los antiguos métodos para mantener el orden mediante el castigo han quedado obsoletos. No podemos predicar el amor para luego castigar a los elementos más débiles de la sociedad. Afortunadamente algunas cárceles de hoy en día prestan atención a los métodos de rehabilitación y no solo al castigo.

El castigo no funciona en una sociedad libre ni en las familias afectuosas. Cuanto más cuidados y queridos se sienten los niños, más confuso resulta el castigo. No podemos dar apoyo a nuestros hijos y abrir sus mentes y corazones para que sean fuertes, creativos y capaces, y luego amenazarlos como a los animales. No podemos tratar de que se sientan bien consigo mismos y luego hacerles sentir mal cuando cometen errores.

> **Abrimos las mentes y los corazones de nuestros hijos para que se sientan bien consigo mismos y luego les hacemos sentir mal.**

Es más perjudicial hacer que los niños se abran y luego castigarlos que hacer caso omiso de sus sentimientos y necesidades y castigarlos ocasionalmente para mantener el control. Si queremos darles la oportunidad de abrir sus mentes y corazones y desarrollar una sólida fuerza de voluntad, tenemos que aprender otra manera de motivar que no sea el castigo.

Incluso los adiestradores de animales aprenden nuevos métodos para los perros, los caballos, los tigres y otros animales. Yo aprendí más sobre la educación de los hijos hablando con los adiestradores de animales que leyendo muchos libros sobre el tema destinados a los padres. Hay mucha confusión en torno a la educación de los hijos, y una de las cuestiones más polémicas es el castigo.

Todo el mundo ve que el castigo no funciona y es inhumano, pero no saben hacer otra cosa. Mucha gente se resiste a renunciar al castigo, porque la educación basada en el amor blando también ha fracasado. Los niños que no reciben castigos a menudo son revoltosos, indisciplinados e irrespetuosos. Pero todos los padres han pensado alguna vez que tiene que haber otra manera de hacer las cosas. Afortunadamente existe una alternativa al castigo y la conciencia colectiva está preparada para que funcione.

La alternativa al castigo es la recompensa

En lugar de motivar a los niños con el castigo, hoy en día hay que motivarlos con recompensas. En lugar de centrarse en las consecuencias del comportamiento negativo, la educación positiva se centra en las del comportamiento positivo. En lugar de utilizar un resultado negativo para motivar a los niños, utiliza un resultado positivo.

No hay mayor factor de motivación, aparte del deseo del niño de cooperar, que su deseo de conseguir una recompensa. Muchas veces el premio o el reconocimiento del éxito despierta el deseo del niño de cooperar. Todos los niños quieren pasar momentos especiales con sus padres. Todos los niños se entusiasman cuando mencionamos el postre. A todos los niños les encantan los regalos. A todos los niños les hace mucha ilusión una fiesta o una celebración. Todos los padres han notado lo cariñosos, simpáticos y dispuestos a cooperar que se muestran los niños cuando quieren algo y creen que pueden conseguirlo.

Conseguir más —o la expectativa de conseguir más— despierta algo dentro del niño y este responde con un gran sí. La esperanza de la recompensa proporciona al niño la energía y la dirección necesarias para responder a la necesidad de sus padres de cooperación y ayuda. La esperanza de conseguir más sirve de estímulo a todo el mundo, mayores o jóvenes, para cooperar. Premiar, en lugar de castigar, hará que nuestros hijos estén más dispuestos a cooperar.

> **La esperanza de conseguir más sirve de estímulo
> a todo el mundo, mayores o jóvenes, para cooperar.**

Mientras los padres a veces tardan en adoptar nuevas ideas, las empresas prósperas no. Para sobrevivir y florecer, las empresas tienen que adaptarse al cambio muy deprisa. Las líneas aéreas, por ejemplo, tienen muy claro que ofrecer extras, incentivos y kilómetraje adicional es la manera de incitar a la gente a volar con ellos. La mayoría de las compañías más prósperas ofrece sistemáticamente gratificaciones especiales para los empleados que destacan.

La utilización de incentivos en el mundo de los negocios es de sentido común, pero en la educación de los hijos existe una fuerte corriente de opinión según la cual premiar a los niños equivale a sobornarlos y, si uno tiene que llegar a ese extremo, significa que no manda. Para ciertas personas, motivar a los hijos con un premio implica que somos padres débiles y los hijos llevan la batuta. Sin embargo, los que fomentan esta creencia castigarán a sus hijos para hacer que se comporten bien... y un castigo no es más que un soborno negativo.

A las personas que no respetan lo que les dicta el corazón y utilizan la mente para justificar el castigo, les cuesta entender este mensaje. Cuando dan un azote a sus hijos muchos padres dicen: «Esto me duele más a mí que a ti.» Hablan con el corazón, pero su mente todavía no está preparada para escuchar. Quieren a sus hijos, pero no saben hacerlo mejor.

Miles de niños ya se han criado satisfactoriamente sin castigos ni amenazas para mantener el control. Sus padres no los castigaron y funcionó. La conducta de estos niños no era rebelde ni indisciplinada y crecieron bien. Sin embargo, por otro lado, millones de padres han fracasado con el uso del amor blando, el amor duro o por pasar del uno al otro.

Para comprender por qué el uso consciente de la recompensa es lo que mejor funciona, primero tenemos que estudiar los dos motivos por los que los niños se portan mal. El principal es que no consiguen lo que necesitan para tener conciencia de sus sentimientos íntimos. Recuerde que los niños insensibles necesitan el castigo para volver a ser conscientes de sus sentimientos. Los niños de hoy simplemente necesitan comprensión, estructura, dirección y ritmo, y automáticamente serán más conscientes de sus sentimientos.

> **Los niños se descontrolan cuando no consiguen lo que necesitan.**

Cuando los niños no consiguen lo que necesitan, se descontrolan y se portan mal. No lo hacen porque sean malos, sino porque están fuera de nuestro control. Cuando los niños consiguen lo que necesitan, permanecen bajo nuestro control y cooperan. Podemos tener un coche que funciona a la perfección, pero si soltamos el volante tendremos un accidente. A menos que los padres mantengan el control, los hijos se estrellarán.

El segundo motivo viene determinado por la manera en que el padre o la madre trata el comportamiento rebelde del niño. Si los padres siguen centrándose en el comportamiento negativo, los niños seguirán portándose negativamente. Cuando los padres se centran en el comportamiento negativo, reciben más comportamiento negativo. Castigar a los niños los obliga a centrarse en el comportamiento negativo en lugar del positivo.

Por qué funciona dar recompensas

Premiar a los hijos por el comportamiento positivo significa concentrarse en sus buenas acciones. Al castigarlos, centramos la atención en sus malas acciones y reafirmamos la antigua idea de que son malos por naturaleza y tienen que rehabilitarse. Al centrarnos en lo malo, lo bueno no tiene oportunidad de surgir y expresarse.

Cuando prestamos atención a algo, ese algo crece. Cuando castigamos a un niño, prestamos excesiva atención al comportamiento negativo. Un padre incluso podría decir: «Te daré una lección que nunca olvidarás.» Lo contrario del castigo es la actitud comprensiva que afirma que no está mal equivocarse y olvida lo sucedido para seguir adelante. Hoy en día, es más importante alimentar las necesidades de los hijos y guiarlos para que tengan éxito.

Si premiamos el comportamiento positivo, potenciaremos este comportamiento. En lugar de buscar los errores de un niño y centrarse en ellos, los padres tienen que intentar «sorprender» al niño haciendo cosas bien hechas. Siempre que su hijo avance en la dirección correcta, reconozca su éxito y seguirá avanzando en esa dirección.

> **En lugar de buscar los errores de un niño
> y centrarse en ellos, los padres tienen que intentar
> «sorprender» al niño haciendo cosas bien hechas.**

Con los niños de 4 a 9 años, dibuje una tabla de tareas y comportamientos positivos. Antes de acostarse, revise la lista y pegue estrellitas o adhesivos fosforescentes junto a las tareas realizadas ese día. Si no hicieron la tarea o no tuvieron el comportamiento positivo de la lista, deje un espacio en blanco y no le preste atención. Mantenga una actitud indiferente respecto a los espacios en blanco y concentre su entusiasmo positivo en los éxitos. Cada estrellita puede valer un punto, y cuando los puntos sumen 25 habría que hacer algo especial, como tener el doble de tiempo para leerle un cuento o ir a un partido de fútbol. Así esta actividad se convierte en otro recuerdo especial que hace que el niño vuelva a sentir reconocimiento y éxito.

> **Mantenga una actitud indiferente respecto a los errores y centre su entusiasmo y sus sentimientos positivos en los éxitos.**

Tener una tabla ayuda a los padres a recordar que hay que reconocer todas las ocasiones en que los niños hacen lo correcto. La mayoría de los padres ni siquiera es consciente de lo mucho que expresa con palabras lo que su hijo hace mal. Sabiendo esto, resulta claro por qué los hijos no escuchan. Si aturullamos a nuestros hijos con frases negativas, no podemos esperar que cooperen. He aquí una lista de 33 expresiones comunes para ayudar a los padres a tomar conciencia de las cosas que tal vez digan.

EXPRESIONES DE RECONOCIMIENTO NEGATIVO

No has guardado los libros.

Algo te pasa.

Estás gritando demasiado.

No trates mal a tu hermana.

Tu habitación está hecha un desastre.

¿Cuántas veces has olvidado la chaqueta?

¿Cuándo vas a crecer?

No me estás escuchando.

No vayas allí.

No juegues con la comida.

Ojalá hubieras sido un chico.

Deja de soñar despierto y mira lo que haces.

Deja de ir de un lado para otro.

Ten más cuidado.

Vuelves a comportarte como un mandón.

Nadie te querrá si te portas así.

No has dicho gracias.

No has dicho por favor.

Cierra la boca cuando mastiques.

No has hecho nada de lo que te he pedido.

Ves demasiado la televisión.

Baja la música; me da dolor de cabeza.

Deja de lloriquear.

No puedes hacer nada bien.

Intenta no olvidarlo esta vez.

Más despacio; vas demasiado deprisa.

No es divertido jugar contigo.

No seas tonto.

Te estás comportando como un crío.

No puedo tratar contigo.

Es imposible hacer esto.

Esto no tiene sentido.

Todo es culpa tuya.

Al ser conscientes de la frecuencia con que utilizamos expresiones de reconocimiento negativo, podemos empezar a dejar de hacerlo. En lugar de prestar atención al problema o castigar a nuestros hijos por sus imperfecciones, podemos proporcionarles instrucciones para que encuentren la solución. Si no podemos decir algo positivo o dirigirlos de manera positiva, deberíamos callarnos. He aquí unos ejemplos de cómo dirigir al niño en lugar de centrarnos en el problema y luego castigarlo.

Hacer hincapié en lo negativo	*Dirigir a los niños de manera positiva*
No me estás escuchando.	Por favor, préstame toda tu atención.
No puedo tratar contigo. Necesito que...	Por favor, quiero que cooperes.
Mira cómo te has vestido.	¿Querrías ponerte la camisa azul nueva? Te quedaría muy bien con estos pantalones.
Es imposible hacer esto.	Veamos si hay otra manera de hacerlo.
No seas tonto.	Repasémoslo otra vez más detenidamente.
Más despacio; vas demasiado deprisa.	¿Querrías ir más despacio, por favor?
No has guardado los libros.	¿Querrías guardar los libros, por favor?
No cantes en la mesa.	Por favor, no cantes en la mesa.
Deja de lloriquear.	No quiero hablar más de ello.
Vuelves a comportarte de manera egoísta.	Por favor, no quiero que olvides tus modales.

Por supuesto, debemos corregir a nuestros hijos, pero, en lugar de centrarnos en su comportamiento negativo, podemos darles la oportunidad de modificarlo para mejor. Incluso corregir los errores de nuestros hijos de manera positiva se vuelve contraproducente. Tenemos que reconocer muchas veces más su conducta positiva. Se necesita una mayor carga positiva para compensar la negativa. A menudo los hijos dejan de escuchar a sus padres porque lo bueno no se les reconoce suficientemente.

He aquí 33 ejemplos de cómo encontrar a nuestros hijos haciendo algo bueno o correcto y hacérselo saber.

ENCONTRAR A UN HIJO EN EL ACTO DE PORTARSE BIEN O HACER LO CORRECTO

Has guardado el libro.

Tu habitación está preciosa y muy ordenada.

Eres muy listo.

Te has portado muy bien.

Gracias por hablar bajo.

Lo has hecho muy bien.

Eres muy amable.

Todo va a la perfección.

No has olvidado tus modales.

Eres una gran ayuda para mí.

Es muy divertido jugar contigo.

Te quiero y me encanta ser tu madre/padre.

¡Buena jugada!

Gracias por escuchar y no interrumpir.

Has seguido todas mis instrucciones, muy bien.

Esta noche estás comiendo muy bien.

¡Trabajas mucho!

Has hecho exactamente lo que tenías que hacer.

Eres un gran ayudante.

Es un dibujo maravilloso, me encanta.

Mira qué has hecho, es genial.

No importa, sé que siempre haces todo lo posible.

No has olvidado tus modales en la mesa.

Esta noche estás muy dispuesto a cooperar.

He visto que has compartido tu juguete; has sido muy considerado.

Te has vestido tú solo.

Lo has hecho tú solo.

Es bueno pedir ayuda; has venido y me has encontrado.

Lo has hecho fenomenal.

Has cooperado en todo momento, gracias.

Eres muy cariñoso con los animales.

Gracias por ayudar, sé que puedo contar contigo.

Hoy tienes un aspecto radiante y saludable.

Al señalar y reconocer las cosas positivas de nuestros hijos y su comportamiento, se verán como personas de éxito y buenas. Esta imagen positiva de sí mismos no solo los motivará para cooperar, sino que también generará autoestima, seguridad en sí mismos y un sentido de la competencia.

Los métodos basados en el amor blando generalmente aprueban el uso frecuente del reconocimiento positivo. Cuando los hijos de padres que utilizan el amor blando se sienten inseguros y tienen baja autoestima, algunos expertos suponen equivocadamente que el reconocimiento positivo no funciona.

Sí que funciona. Lo que no funciona con el amor blando, como ya hemos visto, es no enfrentarse a la resistencia de los hijos. Los padres que utilizan el amor blando temen el enfrentamiento y ceden regularmente a las exigencias de sus hijos para evitar tener que ocuparse de una pataleta. Apaciguar, no el reconocimiento positivo, convierte al niño en un malcriado.

La magia de las recompensas

La educación positiva se centra en motivar a los niños para que cooperen de distintas maneras. Preguntamos, no ordenamos. Nos centramos en alimentar sus necesidades en lugar de intentar «arreglarlos». Prestamos atención a la resistencia y no les damos sermones ni nos disgustamos. Cuando esto no funciona, utilizamos las recompensas a fin de motivarlos para que cooperen. Utilizar únicamente premios es contraproducente. Los premios motivan, pero no les proporcionan toda la comprensión, la estructura, la dirección y el ritmo que necesitan.

Las recompensas son especialmente útiles cuando no tenemos tiempo de darles a los niños lo que necesitan. Hay ocasiones en que no podemos satisfacer todas sus necesidades o no tenemos tiempo para darles lo que necesitan. En estas ocasiones las recompensas generarán temporalmente la cooperación que buscamos. A continuación figuran unos ejemplos comunes de situaciones que impiden que nuestros hijos cooperen a causa de que no consiguen lo que quieren:

- Están decepcionados y necesitan hablar y ser comprendidos, y nosotros no disponemos de tiempo para escucharlos.

- Están cansados y necesitan una siesta; su ritmo natural se ha visto alterado.

- Tienen hambre y necesitan que les demos de comer.

- No saben qué esperar y necesitan más tiempo para prepararse.

- No los preparamos con una idea general de lo que esperábamos y de las normas.

- Demasiada televisión, pasar demasiado tiempo de compras, demasiada gente, demasiada diversión, demasiado postre o simplemente demasiadas actividades los estimulan en exceso.

- Algo les preocupa y tienen que hablar abiertamente de ello o buscar ayuda. Podrían tener dolor de oído o puede que alguien los haya tratado mal ese día.

A veces las influencias externas y el estrés ajeno alteran a los niños y generan resistencia. Por ejemplo, imagine que se encuentra en el supermercado o en un avión y que su hijo se ve afectado por el estrés de otras personas que no quieren oír llorar a un niño.

No olvide que los niños han de tener pataletas y expresar su resistencia para conseguir la comprensión que necesitan a fin de definirse. Si los niños no han tenido suficientes pataletas en casa porque los padres los han mimado demasiado, tienden a tenerlas en público cuando los padres no pueden mimarlos. Están acostumbrados a que los apacigüen. En una situación pública o estresante en que los padres no pueden dar más, se vuelven exigentes y tienen una pataleta.

Cuando los niños se resisten, podría deberse a cualesquiera de los motivos mencionados anteriormente, entre otros. Si los niños se resisten, significa que no estamos satisfaciendo todas sus necesidades. No vivimos en un mundo perfecto y como padres no somos perfectos. No siempre podemos dar a nuestros hijos lo que necesitan por mucho que sepamos o tengamos para dar. Ocasionalmente nuestros hijos se resistirán a nuestra dirección cuando no tengamos tiempo o recursos para proporcionarles la atención, la comprensión, la estructura, la reorientación o el ritmo que necesitan.

> **La resistencia es inevitable porque los padres no son perfectos y no siempre pueden darles a sus hijos lo que necesitan.**

En lugar de suponer equivocadamente que nuestros hijos no quieren cooperar, tenemos que comprender que no tienen lo que necesitan para cooperar. Si un coche no funciona porque le falta gasolina, no es correcto suponer que el coche se resiste o tiene una avería. Cuando los niños se resisten, en ese momento son incapaces de cooperar; no tienen lo que necesitan para sentir el deseo de cooperar. Premiar a los hijos les da aliciente para despertar esa parte de su persona que quiere cooperar.

> **Premiar a los hijos despierta esa parte de su persona que quiere cooperar.**

COMPRENDER LAS RECOMPENSAS

Imagine que le piden que haga horas extra y usted automáticamente se resiste. Luego le informan que le pagarán el doble por cada hora extra. Inmediatamente estaría más dispuesto a cooperar. Así como la esperanza de conseguir más lo motivará a usted, también funciona, tal vez incluso mejor, con sus hijos. Es natural. Veamos unos ejemplos.

Cuando una chica se resiste a cepillarse los dientes diga: «Si vas a cepillarte los dientes ahora, tendremos tiempo para leer tres cuentos en lugar de uno.»

Todavía recuerdo cuando empecé a utilizar las recompensas con mis hijas. Una de ellas se resistía sistemáticamente a cepillarse los dientes antes de acostarse. Nada surtía efecto. Entonces, después de asistir a una clase sobre educación de los hijos que recomendaba las recompensas, utilicé esta sencilla frase y funcionó. Me quedé sorprendido. Al decirle que tendríamos más tiempo para leer, corrió a cepillarse los dientes sin rechistar. Este simple cambio dio resultado inmediato y modificó mi enfoque de la educación de los hijos.

Con el apoyo de pequeños premios, educar a los hijos resulta más fácil. En muchos casos la resistencia de un hijo simplemente desaparece con un premio. Proporcionar recompensas de vez en cuando hace que el niño vuelva a sentir el deseo innato de complacer a sus padres y coopere la mayor parte del tiempo.

> **Proporcionar pequeños premios hace que la educación de los hijos resulte más fácil.**

Sin embargo, a algunos padres les preocupa que su hijo se aproveche de ello y exija siempre un premio antes de hacer algo. Afortunadamente esto no sucede. Utilizados con las otras técnicas de la educación positiva, los premios despiertan y fortalecen la buena disposición del niño para cooperar espontáneamente. En cuanto un niño está motivado para comportarse de una manera determinada con premios, poco después ya no los necesitará.

Cuando los niños están controlados, no necesitan recompensas. Solo las necesitan para volver bajo nuestro control. Los premios solo son necesarios cuando los niños están fuera de control y no sienten el deseo innato de complacer a los padres. En cuanto se ha establecido cierto comportamiento, el niño no necesita una recompensa para cumplirlo. Premiar al niño con la lectura de tres cuentos antes de acostarse no hace que un niño exija un premio para cooperar en otras ocasiones.

Hasta que experimenté el poder de las recompensas, me resistí a darlas, porque pensaba que era como un soborno. Cuando vi que funcionaban tan bien, consideré sus méritos y me replanteé el tema. Cuando una de mis hijas se resistía a mis instrucciones, mi reacción instintiva era proferir una amenaza. Así me educó mi padre y, en consecuencia, en los momentos de frustración yo también reaccionaba con amenazas. En cuanto descubrí una alternativa mejor, la amenaza y el castigo se convirtieron en agua pasada.

Mi nuevo desafío consistía en encontrar la manera adecuada de dar premios. El premio debe ir ligado al comportamiento que se le pide al niño que modifique. Lo ideal es que sea la consecuencia natural de la cooperación. Si el niño se cepilla los dientes enseguida, habrá más tiempo para leer cuentos antes de acostarse. Si un niño no se resiste a ponerse el abrigo, la consecuencia natural de llegar antes a la escuela puede no parecer un premio. No obstante, usted podría decir: «Si te pones el abrigo ahora, tendré tiempo para ver tus dibujos en la escuela.»

Existe un premio que funciona siempre y no hay que pensárselo demasiado. Es el don del tiempo. Puede decir: «Si cooperas conmigo ahora, tendré más tiempo para hacer algo especial contigo más tarde.»

> **Para generar cooperación, el premio más fácil es más tiempo con usted.**

Siempre que sus hijos cooperen, la consecuencia real será más tiempo para hacer algo que les gustaría hacer con usted. Al recordarles esta sencilla verdad, enseguida se sentirán motivados a cooperar. Para que la recompensa sea incluso más eficaz, puede presentársela de manera más atractiva.

Estudiemos unos ejemplos de cómo presentar la misma recompensa de manera distinta según el temperamento de nuestros hijos. Con un niño más sensible, al describir el premio debemos centrarnos en los sentimientos que le provocará. Por ejemplo: «Si cooperas conmigo ahora, tendré más tiempo para hacer algo especial más tarde. Podríamos pasárnoslo muy bien cogiendo flores para mamá en el jardín. A mamá le encantan las flores. Podríamos hacer un ramo.»

Con un niño activo, al describir un premio debemos centrarnos en los detalles de la acción. «Si cooperas conmigo ahora, tendré más tiempo para hacer algo especial contigo más tarde. Podríamos salir a jugar al jardín y coger un ramillete de flores para mamá. Incluso podemos sacar la escalera y coger flores del árbol.»

Con un niño despierto, al describir el premio debemos centrarnos en los aspectos sensitivos y narrativos. Por ejemplo: «Si cooperas conmigo ahora, tendré más tiempo para hacer algo especial más tarde. Podríamos salir al jardín y coger flores bonitas para mamá. Podríamos hacer un ramo de flores rojas, blancas y amarillas. Apuesto a que también vemos mariposas. Cuando tu madre vea sus nuevas flores, se pondrá muy contenta y sonreirá.»

Con un niño receptivo, al describir el premio debemos centrarnos en el aspecto temporal. Por ejemplo: «Si cooperas conmigo ahora, tendré más tiempo para hacer algo especial más tarde. Cuando lleguemos a casa después de clase, podemos coger flores para mamá en el jardín. Ahora necesito tu ayuda y después tendremos tiempo para coger flores en el jardín.»

Aunque presentar el premio de manera distinta para cada niño en concreto aumenta su motivación, el mero hecho de anunciar el premio no funcionará. El simple mensaje que transmitimos es que más tiempo para mí ahora quiere decir más tiempo para ti después. Tú me ayudas ahora y yo te daré más luego.

Piense durante unos minutos cómo presentar estos premios para que funcionen lo mejor posible para sus hijos. Tenga en cuenta su temperamento. Además, piense en qué momentos podría necesitar utilizarlos y cuáles cree que funcionarían mejor.

Si cooperas y recoges tus juguetes ahora, tendré tiempo para jugar a cartas.

Si me ayudas a recoger tus juguetes ahora, tendré tiempo para jugar contigo.

Si lo arreglamos ahora, podremos hacer manualidades.

Si escoges esta noche la ropa de mañana, tendremos tiempo para tomar gofres para desayunar.

Si te preparas para salir ahora, podremos volver muy pronto.

Si te vistes ahora, podremos comprar chucherías después de clase.

Si te callas ahora, podremos sacar a pasear al perro juntos.

Si te subes al coche ahora, más tarde jugaremos a lanzarnos la pelota.

Si cooperas conmigo ahora, haré algo especial por ti más tarde.

Si haces los deberes ahora, más tarde podremos preparar una merienda especial.

Si te comes la verdura, tomaremos postre esta noche.

Si vienes a cenar ahora, podremos cantar canciones después de cenar.

Si vienes ahora, podrás jugar más tarde.

Cuando sus hijos se resisten, en lugar de privarles de algo deles un poco más, por ejemplo, apoyo para que puedan sentir otra vez una buena disposición interior para cooperar. En lugar de utilizar el dolor como medida disuasoria, utilice la posibilidad de dar más para animarlos.

GUÁRDESE SIEMPRE ALGO EN LA MANGA

Lo que hace funcionar los premios es encontrar cosas que motiven de verdad a nuestros hijos. En cuanto sepa qué les motiva, guárdeselo en la manga. Puede que para motivar a un niño le baste con decir: «Si cooperas conmigo ahora, tendré tiempo para leerte más cuentos.» Para otro niño, podría ser: «Si cooperas conmigo, podremos hacer palomitas juntos.» Puede que otros niños necesiten varios premios. El secreto de los premios consiste en prestar atención a las cosas que más desean nuestros hijos y utilizarlas para recompensarlos.

> **El secreto de los premios consiste en prestar atención a las cosas que más desean nuestros hijos y utilizarlas para recompensarlos.**

Si realmente les gustan los cuentos, deberá contarles menos cuentos. Obviamente no debe dejar de hacerlo del todo, pero deberá asegurarse de que no sean demasiados. De este modo la lectura de cuentos se convierte en una recompensa más valiosa. Veamos otro ejemplo. Cuando un niño dice «¿Podemos ir al parque esta semana?», usted responde: «Buena idea. Si tenemos tiempo iremos.» Luego, cuando se le resista, puede decir: «Si cooperas ahora, tendré tiempo y te llevaré al parque.» Aunque usted ya tenía previsto llevarlo al parque, ahora puede utilizarlo como un premio.

En cierto modo las cosas de que privaríamos a los niños para castigarlos pueden utilizarse como premios. Si un padre quiere amenazar a un niño con no llevarle de paseo, puede utilizar el paseo para motivarlo. En lugar de amenazarlo con una frase como: «Si no guardas estos juegos, no puedes jugar con ellos», diga: «Si guardas estos juegos, más tarde jugaré contigo.» El mejor premio y más fácil es dar más de nosotros mismos.

> **Las cosas de que privaríamos a los niños para castigarlos pueden utilizarse como premios.**

Los premios tienen que ser lógicos, relacionados o razonables. Por ejemplo: «Si haces esto por mí, tendré tiempo para hacer algo por ti.» Es lógico en el sentido de que si tú haces algo por mí, yo haré otra cosa por ti. Un premio relacionado es: «Es hora de ir a casa a cenar. Comprendo que quieras jugar, pero es hora de irnos. Si vienes ahora, volveremos otra vez dentro de poco.» El premio está relacionado con la actividad que queremos que dejen de hacer. Un premio razonable es aquel que da más en función del grado de resistencia que muestra el niño. Si es un gran desafío para el niño, ofrézcale más.

Los padres preparados siempre se guardan premios bajo la manga para utilizarlos cuando su hijo se les resiste. He aquí unos ejemplos comunes. Piense en cuáles pueden ser más apropiados.

LISTA DE RECOMPENSAS

Tendremos más tiempo para hacer algo especial más tarde.

Puedes montar en bicicleta más tarde.

Podemos coger flores para poner sobre la mesa del comedor.

Podemos sacar a pasear al perro juntos.

Podemos compartir un tazón de chocolate.

Podemos preparar una merienda especial.

Podemos jugar a lanzarnos la pelota.

Podemos jugar a fútbol un rato.

Podemos preparar palomitas.

Podemos leer tres cuentos antes de acostarte.

Podemos ir a comprar una chuchería.

Podemos tomar postre.

Podemos ir a nadar.

Podemos cantar canciones.

Puedes traer a un amigo a casa.

Podemos ir a dar un paseo en coche.

Podemos ir de compras.

Podemos subirnos a los árboles.

Podemos ir a los columpios.

Podemos ir a jugar al parque.

Podemos hacer manualidades.

Podemos dibujar.

Podemos pintar.

Podemos ir a dar un paseo.

Podemos jugar a cartas.

Podemos hacernos mimos.

Podemos ver un programa de televisión o un vídeo especial.

Avisarles del tiempo de que disponen también puede ser un factor de motivación muy bueno. Los niños receptivos necesitan más tiempo para pasar de una actividad a otra. Los padres sensatos intentan ser previsores y preparar a su hijo para los cambios. En lugar de decir «Es hora de ponerse la chaqueta», diga: «Dentro de cinco minutos salimos para la escuela. En ese momento quiero que te pongas la chaqueta. Si cooperas y te pones la chaqueta, el viaje a la escuela será muy divertido.»

> **Los padres sensatos intentan ser previsores
> y preparar a los niños para los cambios.**

Cuando haya acostado a un niño por la noche, si el niño no quiere que se vaya, puede decir: «De acuerdo. Dentro de cinco minutos me iré. Si cooperas y te estás callado, me quedaré los cinco minutos. Si sigues hablando, tendré que irme ahora.» Aunque tener que irse en ese momento parece una amenaza, está bien porque usted le ofrece la recompensa de quedarse con él cinco minutos más si se está callado.

Antes de decirles a sus hijos que ordenen sus cosas y vengan a cenar, hágales saber que dentro de cinco minutos tendrán que empezar a ordenar sus cosas para luego venir a cenar. Deles un margen de tiempo para dejar de hacer lo que están haciendo, ordenar sus cosas y venir a cenar. Podría decir: «Podéis jugar cinco minutos más y luego será la hora de ordenar vuestras cosas y venir a cenar.» Cuando vuelva a pedírselo a los cinco minutos, estarán más dispuestos a cooperar.

La verdadera magia de los premios es que, cuando parece que nada funciona, prometer un premio funciona. Si no comprendemos esto y no utilizamos esta técnica, la educación positiva de los hijos no tendrá éxito. Si no tenemos la opción de hacer un pacto con nuestros hijos a través de la promesa de un premio, el único recurso es amenazarlos con el castigo.

PATRONES RECURRENTES

Cuando un niño suele resistirse a cooperar, ofrecerle el premio por adelantado es una técnica útil. Una vez, en un viaje largo en avión me costó mucho que mi hija Lauren cooperara. Desde entonces solucionamos el problema preparándola para el viaje. A ella le gustaba una chocolatina en particular, de manera que le prometimos que se la daríamos si cooperaba durante todo el viaje. Por cooperar antes de embarcar y hasta que despegamos, le dimos el primer trozo de su chocolatina preferida. A mitad de viaje recibió el segundo trozo. Al aterrizar le dimos el tercer trozo y al llegar a destino recibió el último trozo.

Este método siempre funcionó perfectamente. Antes de emprender un viaje le enseñábamos la chocolatina entera. Sus ojos se iluminaban mientras le explicábamos cuánto le daríamos en cada etapa del viaje. Aunque siempre estaba ocupada jugando, nunca se olvidó de conseguir su trozo de chocolatina. En el fondo sabía que iba a conseguirlo y eso la predisponía a cooperar. Además de darle un premio, también le proporcionábamos actividades para el viaje. Es muy poco realista esperar que un niño permanezca sentado y feliz sin hacer nada durante un vuelo de cinco horas a la espera de una chocolatina.

Un premio, además de ser en cierto modo lógico o relacionado, tiene que ser razonable. Si le pedimos a un niño que haga algo que sabemos que no le gusta, es razonable darle un premio más importante. Por ejemplo, si a su hijo no le gustan ciertos invitados que a usted le gustan, idee un pacto como este: «Sé que esta gente no te gusta, pero son mis amigos. Si eres simpático y educado, haré algo realmente especial por ti. Te llevaré al zoo el fin de semana que viene.» En este ejemplo damos un premio más importante, porque hemos pedido a nuestro hijo que haga algo que se aparta de la rutina habitual y sabemos que le resulta difícil hacerlo.

Los niños están más dispuestos a cooperar si reconocemos qué les resulta difícil y les damos un poco más por haber cooperado. Siempre que detectemos un patrón de resistencia recurrente, la mejor solución es prepararse por adelantado para la siguiente ocasión un premio importante.

Recompensar a los adolescentes

Los premios tienen que ser adecuados a la edad. Los adolescentes ya no necesitan tanto tiempo con nosotros, pero tienen otras necesidades. Necesitan dinero y ayuda. En cuanto un preadolescente o un adolescente gana dinero y se lo gasta, el dinero también puede utilizarse como premio. Lo ideal es no utilizarlo muy a menudo, pero si se usa con moderación, las cosas serán muy distintas.

Si un adolescente se resiste a algo concreto, simplemente podríamos ofrecerle pagarle el doble de la semanada o lo que cobra por un día de trabajo. Si no se dispone de dinero, el padre puede ofrecerse a acompañarlo a algún sitio o ayudarlo con alguna de sus tareas cotidianas.

A algunos padres les resulta útil dar recompensas a sus hijos por sacar mejores notas. Es cierto que no todos los niños necesitan esta motivación. Una mejora en las notas puede premiarse con más dinero o con privilegios especiales. Aunque los privilegios deben darse cuando el adolescente se gana la confianza suficiente para disponer de mayor libertad, una mejora en las notas podría ser una manera de ganarse esa confianza. Por ejemplo, al sacar mejores notas, el adolescente demuestra que es más responsable y, en consecuencia, más digno de confianza y capaz de salir hasta más tarde.

Si su hijo sufre una pataleta en un lugar público, dígale que ahora no tiene tiempo de darle lo que necesita. En estos casos resulta muy útil tener a mano la chocolatina favorita de su hijo. Tal vez no pueda prestar atención con empatía a sus sentimientos, pero puede darle un premio. Puede remediar la situación ofreciéndole rápidamente un premio si coopera. Si no se ha guardado nada en la manga o el bolso, en lugar de resistirse a su hijo y hacer una escena, dígale que comprende qué quiere y, si es posible, déselo. Aunque esto es apaciguar al niño, si solo se hace ocasionalmente está bien. No obstante, debería ser una señal de aviso de que tiene que ser más duro en casa y no apaciguarlo tanto.

> **Cuando los niños no están dispuestos a cooperar en público, es una señal de aviso de que tenemos que ser más duros en casa y no apaciguarlos tanto.**

La próxima vez, para preparar a su hijo dígale que ya sabe que es más difícil cooperar en la cola de la caja del supermercado. Dígale que a usted tampoco le gusta hacer largas colas. Luego haga un pacto. Por ejemplo: «Si cooperas con mamá en el supermercado, tendremos tiempo de llegar a casa y tomarnos un tazón de tus cereales favoritos.» Compre una caja de esos cereales en el supermercado para reafirmar el pacto. Durante la compra, dígale a su hijo que lo está haciendo muy bien y que pronto estará en casa y se tomará el tazón de cereales.

LAS RECOMPENSAS SON COMO EL POSTRE

Cuando ofrecemos a un niño un premio, lo ayudamos a despertar esa parte de su persona que quiere ayudar. Un premio no hace que coopere; es otra manera de alimentar su motivación innata. Conseguir recompensas en la vida es como el postre. Si solo comiéramos postre, no ingeriríamos los nutrientes necesarios que se encuentran en los alimentos. Uno de los motivos por los que damos el postre al final de la comida es que solo con el postre saciaríamos nuestro apetito y no comeríamos los alimentos que son buenos para nuestra salud. De modo similar, si los niños confían solo en los premios, perderán sus ganas de cooperar.

> **Si los niños confían solo en los premios,
> perderán sus ganas de cooperar.**

Cuando los adultos trabajan solo por los premios, algo falla. Solo trabajan para conseguir lo que quieren y olvidan que su deseo subyacente es ayudar. No les importa hacerlo bien. Solo hacen lo necesario para ir tirando. Esto no es saludable.

Por otro lado, tampoco es saludable no pensar en la recompensa cuando la familia tiene necesidades. Los adultos que tienen éxito piensan en sí mismos y en los demás. Les interesa cambiar las cosas y también se aseguran de conseguir lo que necesitan y quieren. Recompensar a nuestros hijos de manera adecuada los prepara para tener éxito cuando sean adultos.

> **Recompensar a nuestros hijos de manera adecuada
> los prepara para pensar en sí mismos y en los demás.**

Es importante que nuestros hijos se den cuenta de que la vida es un proceso de toma y daca. Si damos, recibimos. Para recibir más, damos más. Cada vez que les pedimos que nos den un poco más y prometemos darles un poco más, aprenden lecciones importantes sobre la vida. Aprenden a hacer pactos y negociar. Aprenden que merecen más cuando más dan y aprenden a aplazar su necesidad inmediata a favor de una mayor recompensa en el futuro.

Muchos padres suponen que si los niños no cooperan, son malos. Creen que los niños buenos deberían cooperar automáticamente. La educación positiva reconoce que cuando los hijos no cooperan, no son malos, simplemente no consiguen lo que necesitan. Cuando se resisten, el padre o la madre tiene que darles lo que quieren o motivarlos con recompensas.

> **Muchos padres creen equivocadamente que los niños buenos deberían cooperar automáticamente.**

Ciertos métodos de educación de los hijos recomiendan erróneamente dejar que los niños hagan lo que quieran y aprendan de las consecuencias naturales. Por ejemplo, si un niño se resiste a ponerse el abrigo, dejemos que salga sin el abrigo y coja un resfriado. Así aprenderá la lección. Esta forma de pensar no es correcta. El hijo solo aprende que no puede contar con que sus padres lo orienten.

Mientras escribía este párrafo, mi mujer entró en la habitación para explicarme un ejemplo que viene al caso. Lauren (13 años) había olvidado su trabajo en el ordenador de casa. Se había esforzado mucho para acabar la tarea puntualmente y se sentía muy orgullosa. Bonnie iba a llevarle el trabajo a la escuela para que no le bajaran la nota por entregarlo tarde.

Algunos padres dirían que Lauren tendría que aprender la consecuencia de haberse olvidado el trabajo: no conseguiría entregarlo puntualmente. Así aprendería de su pérdida. Esto no es más que una antigua manera de pensar basada en el miedo. ¿Por qué no puede aprender de su ganancia? ¿Por qué no puede aprender que sus padres se preocupan y harán lo que puedan para ayudarla? Si su pareja se olvidara algo, usted querría ayudarla. Nuestros hijos necesitan este apoyo tanto o incluso más. Saber que tendrán el apoyo de su familia es más importante que saber qué se siente cuando les bajan la nota de un trabajo al que han dedicado mucho esfuerzo para terminarlo puntualmente.

La escuela de las consecuencias naturales diría que este era un momento oportuno para enseñarle a Lauren qué sucede cuando se olvida algo, para que en el futuro recuerde las cosas. Es cierto que en el futuro tendría miedo de olvidarse algo, pero el miedo no es el mejor factor de motivación. La educación positiva no exige el miedo para mover a los hijos a recordar las cosas. La experiencia del éxito también motiva a los niños.

> **La educación positiva no necesita el miedo
> para que los hijos recuerden las cosas.**

Cuando tenemos miedo de cometer errores, cometemos más errores. La mayoría de las personas han sentido que el miedo tiende a atraer precisamente aquello que tememos. Por ejemplo, cuando me pongo una corbata nueva, a menudo la mancho el primer día. Por otro lado, recibo más halagos ese primer día.

Si pienso en lo bonita que es la corbata, más personas se fijarán en ella y la alabarán. Si tengo miedo de mancharme, inevitablemente me mancharé. El miedo de cometer errores no solo genera una ansiedad innecesaria, sino que también nos lleva a cometer más errores.

Tener conciencia de las consecuencias positivas es mejor factor de motivación; el miedo no es necesario para enseñarle a un niño a tener conciencia de las consecuencias. Dejemos las consecuencias naturales en manos de la naturaleza, no juguemos a ser Dios. En cambio, los padres deberían hacer todo lo posible por prestar apoyo a sus hijos. Si no puede prestarles el apoyo que necesitan, no lo haga; pero si puede, hágalo.

> **Dejemos las consecuencias naturales en manos
> de la naturaleza, no juguemos a ser Dios.**

La pregunta en este caso es: ¿me estoy sacrificando demasiado para dar cosas a mis hijos? Cuando los padres se privan de cosas quiere decir que dan demasiado y esto llevará a que los hijos sean demasiado exigentes.

Dar demasiado puede corregirse fácilmente. Sus hijos le indicarán cuándo les da demasiado. Se volverán demasiado exigentes o sus exigencias empezarán a molestarle. En este momento tendrá que dejar de darles tanto. Esta clase de rectificación es normal.

EL MIEDO A LAS RECOMPENSAS

A veces los padres temen que si dan premios sus hijos perderán su motivación innata para cooperar. Imaginan que si los recompensan les saldrá un hijo que dirá «¿Y yo qué gano?» cada vez que le pidan que haga algo. Llegan a imaginarse a un niño mal dispuesto que exige cada vez más a cambio de cooperación. Aunque esta pesadilla es poco probable, puede producirse si no se satisfacen las otras necesidades del niño.

Siempre que pedimos a un niño que coopere, por un lado se pregunta de manera saludable «¿Y yo qué gano?», y siempre que reciba lo que necesita, no pedirá más. Los niños cooperan porque todos nacen con el deseo de cooperar para recibir el amor que necesitan. Cuando son conscientes de una necesidad y confían en recibir el apoyo que necesitan, están más que dispuestos a cooperar.

> **Cuando los niños reciben lo que necesitan no exigen más recompensas.**

Siempre que los niños reciban lo que necesitan, no se dejarán absorber por sus deseos. La conciencia de que necesitan del apoyo de los padres los hace más considerados y dispuestos a cooperar. No piden más siempre. No solo piensan en qué ganarán ellos y exigen más. Por lo general, los niños solo se centran en querer más cuando no saben qué necesitan realmente.

Los niños principalmente necesitan premios cuando no consiguen lo que quieren en el acto. Si les ofrecemos un premio, simplemente les prometemos que recibirán más y de repente recuperan su buena disposición para cooperar. Hacer pactos y prometer recompensas no es ceder y darles todo lo que quieran. De hecho es todo lo contrario: ofrecer un premio es pedir al niño que ceda a nuestros deseos a cambio de recibir más después. Es una de las maneras más poderosas de enseñar a un hijo a aplazar la gratificación.

A veces las recompensas no bastan para minimizar la resistencia y aumentar la cooperación. Cuando no funcionan, es el momento de imponer nuestra autoridad como padres o jefes. Cuando la educación de los hijos empieza a girar demasiado en torno a las inquietudes del niño y centrarse en darle al niño todo cuanto quiere, los padres deben imponer su autoridad para recobrar el control. En los dos siguientes capítulos analizaremos cómo se consigue.

7

Nuevas técnicas para imponer autoridad

El mayor poder que poseen los padres es el de guiar a sus hijos. Los niños nacen con el deseo de complacer a sus padres y cooperar con ellos; ya están preparados por naturaleza para respetar al jefe. Reconocer y utilizar este poder permite a los padres renunciar a las costumbres obsoletas basadas en el miedo y la culpabilidad. Si no comprendemos cómo utilizar este poder, el niño se hace con el control. A menos que los padres utilicen su poder para guiar, perderán el control.

Los niños quieren complacer a sus padres pero, al mismo tiempo, tienen sus deseos y necesidades. Cuando les damos la oportunidad de sentir y expresar sus necesidades, con el tiempo tratarán de cooperar y cederán a la voluntad y los deseos de sus padres.

Cuando los padres utilizan la culpabilidad o el miedo para generar cooperación, debilitan la buena disposición innata del niño. En respuesta a la ira, la frustración y la decepción de los padres, los niños pueden volverse obedientes, pero perderán un aspecto de su personalidad. No solo se limita su desarrollo natural, sino que a menudo acaban complaciendo a todo el mundo. No tienen una conciencia saludable de sí mismos y tienden a dar más de lo que reciben a cambio.

Antes de mandar el primer paso consiste en pedir, no exigir. Si el niño se resiste a nuestra petición, el segundo paso consiste en escuchar y alimentar sus necesidades. Si escuchar no basta, el tercer paso consiste en ofrecer una recompensa. Si el ofrecimiento no surte efecto, el cuarto paso consiste en imponer nuestra autoridad y mandar. Cuando los tres primeros pasos para pedir cooperación no funcionan, los padres tienen que tomar el mando de sus hijos, del mismo modo que un general toma el mando de sus tropas.

Mandar es decirle a su hijo directamente qué quiere que haga. Por ejemplo, con voz firme pero serena, diga: «Quiero que guardes tu ropa», o «Quiero que te prepares para acostarte» o «Quiero que os calléis y durmáis». En cuanto utilice su voz de mando, deberá mantenerse firme. Recurrir a emociones, razones, explicaciones, argumentos, culpa o amenazas debilitará su autoridad natural. Disgustarse o intentar convencer al niño de que coopere en ese momento indica que no se siente seguro de sí mismo en su papel de general, jefe o padre. Si el niño ya se ha resistido a los pasos uno, dos y tres, el padre tendrá que dejar claro quién manda. Al imponer su autoridad, vuelve a imponerse como jefe. El niño necesita un líder ante el cual ceder.

> **En cuanto utilice su voz de mando,
> deberá mantenerse firme.**

Muchos padres mandan sin utilizar de manera sistemática los pasos uno, dos y tres. Esto no funciona. Es cierto que un padre no siempre tendrá que utilizar los pasos previos, pero mandar con demasiada frecuencia sin los pasos previos para estimular la cooperación no da resultado. Antiguamente los hijos se sometían al mandato de los padres, pero hoy en día también hay que escuchar a los hijos.

> **La técnica más útil de reafirmación personal es repetir el mandato con la confianza de que el niño cederá pronto.**

Los niños aprenden por experiencia que cuando mandamos no cederemos. Se acabaron las negociaciones. Si siguen resistiéndose, para imponer nuestra autoridad simplemente prestamos menos atención a su resistencia y repetimos el mandato. La técnica más útil de reafirmación personal consiste simplemente en repetir el mandato con la confianza de que el niño cederá pronto. A la larga, cuando el niño siga resistiéndose y nosotros insistamos sin recurrir a las emociones o las razones, nos impondremos.

No utilice las emociones al mandar

Si los padres gritan, se enfadan, muestran su frustración o amenazan con el castigo, pierden el mando. El uso de los sentimientos de disgusto transforma el mandato en una exigencia y nuestra posición queda debilitada. Tal vez podamos doblegar al niño y generar obediencia, pero no fortaleceremos su buena disposición para cooperar.

Nuestro poder de mando aumenta si no nos disgustamos. Además, esto nos ayudará a mantener la calma. Nos disgustamos porque creemos que de esa manera nuestro poder y capacidad de intimidación aumentarán. Los animales se hinchan en el combate para intimidar al enemigo. Puesto que la educación positiva no se basa en el miedo, la intimidación no resulta útil.

> **Lo más eficaz es un mandato claro y firme repetido una y otra vez sin un tono de ansiedad emocional.**

Algunos programas de formación de padres los animan a comunicar sus sentimientos para motivar a los niños. Comunicar los sentimientos, incluso cuando se hace tranquilamente, coloca al padre y al niño al mismo nivel, lo que debilita lentamente la posición del padre como jefe. Aunque la intención de explicar los sentimientos es buena, es mejor ayudar a los niños a expresar sus sentimientos y no preocuparlos o manipularlos con los nuestros.

Cuando los niños se resisten a cooperar, no es el momento apropiado para que los padres revelen sus sentimientos. Es el momento de prestar atención a los sentimientos de los hijos. Es contraproducente que los padres revelen su ira, su frustración o su decepción. Cuando los niños se resisten, es el momento de tener en cuenta qué están pensando y qué quieren. Después de darle a un niño la oportunidad de ser escuchado y un posible premio por cooperar, es el momento de que los padres utilicen su poder como jefes y manden. Mandar es bien recibido después de que los padres hayan prestado atención a la resistencia o las objeciones de su hijo.

Es aceptable equivocarse

Sin duda habrá momentos en que el padre pierda el control y se disguste cuando esté mandando. Al igual que sucede con todas las técnicas de la educación positiva, no hay que ser perfecto para que el programa funcione. Pero es importante intentarlo. Cuando no podemos contener las emociones o simplemente perdemos el control, la solución es pedir perdón más tarde. Es aceptable equivocarse.

> **Los niños no necesitan unos padres perfectos, sino unos padres que hagan todo lo posible y se responsabilicen de sus errores.**

Una pequeña disculpa más tarde cambia mucho las cosas. Podría ser algo así: «Perdona que te haya gritado. No merecías que te gritara. Gritar no es una buena manera de comunicarse. Me he equivocado.»

Otra manera de disculparse es: «Perdona que me haya disgustado tanto contigo. Necesitaba toda tu cooperación, pero no quería disgustarme contigo. Me he disgustado porque tenía otras preocupaciones. No ha sido culpa tuya que me disgustara tanto.»

CUANDO LAS EMOCIONES NO SON ÚTILES

Siempre que los padres expresen emociones negativas, los niños creerán que no han estado a la altura de lo que esperaban sus padres o que en cierto modo son unos incompetentes o no lo bastante buenos. Pensarán que no han logrado complacer a sus padres. Este sentimiento de fracaso o incompetencia anulará con el tiempo su buena disposición para responder con libertad. Cuando los padres se disculpan más tarde por haber gritado a un hijo, este no se siente mal o indigno. Es difícil cultivar la bondad en nuestros hijos cuando hacemos cosas para que se sientan mal.

Comunicar emociones negativas es útil cuando queremos sentirnos mejor. No es apropiado utilizar a nuestros hijos para que presten atención a nuestros sentimientos a fin de sentirnos mejor. Es bueno necesitar que nuestros hijos cooperen, pero no lo es utilizarlos como terapeutas o nuestro mejor amigo. Los niños aún están aprendiendo a ocuparse de sus propios sentimientos; no pueden asumir los sentimientos de sus padres.

> **Un adulto debe acudir a otro adulto y no a un niño en busca de apoyo para sus sentimientos.**

Siempre que un padre exprese sentimientos negativos, a la larga los niños se sentirán manipulados por los sentimientos y dejarán de escuchar. No solo no escucharán a sus padres, sino que tampoco prestarán atención a sus propios sentimientos.

Como sucede con todas las formas de manipulación, los niños tenderán a rebelarse en la medida en que tuvieron que ser obedientes. Los niños dispuestos a cooperar no tienen que rebelarse o desconectar de sus padres para desarrollar su independencia.

Pueden alejarse para encontrarse a sí mismos sin renunciar al apoyo de sus padres o rechazarlo.

GRITAR NO FUNCIONA

Gritar es una de las peores formas de comunicación. El acto de gritar implica que no nos oyen, de modo que subimos el volumen. Gritar a los niños o los adolescentes transmite el siguiente mensaje: «No me estás escuchando.» Por consiguiente, simplemente no escuchan. Con el tiempo, cuando gritamos, desconectan y no oyen nada.

Mandar a gritos es incluso peor. Esto significa que no oyen con claridad qué queremos. Gritar hace que los niños no sientan el deseo de dejarse guiar. Gritar es la forma más ineficaz de mandar, porque deteriora nuestra condición de jefes. Los niños solo dejan de resistirse a ser guiados por el líder cuando oyen con claridad un mensaje sencillo.

Cuando usted grita, deja de mandar y empieza a exigir. Gritar implica una amenaza: «¡Más te vale escucharme porque si no...!» Esta clase de amenaza significa que exigimos la obediencia del niño. Aunque las exigencias respaldadas con el castigo surtieron efecto durante siglos, su poder no puede resistir en una sociedad libre. Si quiere que sus hijos encuentren la libertad necesaria en sus vidas para hacer realidad sus sueños, deles la libertad necesaria para cooperar. No exija, mande.

MANDE DE MANERA POSITIVA

Aunque siempre es mejor mandar de manera clara y positiva, a menudo lo primero que decimos es negativo. Si sucede esto, asegúrese de añadir algo positivo. He aquí algunos ejemplos de exigencias negativas, mandatos negativos y el correspondiente mandato positivo. Aunque los mandatos negativos son mejores que las órdenes negativas, lo mejor son los mandatos positivos.

Mandato positivo	Mandato negativo	Exigencia negativa
Quiero que trates bien a tu hermana.	Quiero que dejes de pegar a tu hermana.	No pegues a tu hermana.
Quiero que te calles.	Quiero que dejes de hablar.	Deja de hablar.
Quiero que arregles tu habitación ahora mismo.	Quiero que dejes de hacer el tonto y arregles tu habitación.	Deja de hacer el tonto y arregla tu habitación.
Quiero que seas respetuoso y digas cosas bonitas.	No quiero que hables así.	No hables así.
Quiero que cooperes conmigo y te pongas la chaqueta.	Quiero que dejes de resistirte.	Ponte la chaqueta ahora.
Quiero que vayas a cepillarte los dientes ahora mismo.	Quiero que dejes de jugar a cartas y vayas a cepillarte los dientes.	Más te vale escucharme porque si no...

Si empieza con una exigencia o un mandato negativo por costumbre, añada un mensaje positivo. Por ejemplo, podría decir: «*No* quiero que pegues a tu hermano. *Quiero* que te portes bien.» En cuanto haya encontrado la frase positiva, aférrese a ella. Si su hijo sigue resistiéndose, simplemente repita la frase positiva. Veamos unos ejemplos:

PADRE: ¿Querrías guardar tu ropa?

NIÑO: No quiero. Estoy demasiado cansado. Lo haré mañana.

P.: Comprendo que estés cansado y quieras hacerlo mañana, pero quiero que lo hagas ahora.

N.: Pero estoy demasiado cansado.

P.: Si guardas tu ropa ahora, tendremos tiempo para leer tres cuentos.

N.: No me importa, solo quiero irme a dormir.

P.: Quiero que lo hagas ahora. Quiero que te levantes y guardes tu ropa ahora mismo. Se acabó la discusión.

N.: Eres malo.

P.: Quiero que guardes tu ropa ahora mismo.

N.: Te odio.

P.: Quiero que guardes tu ropa ahora mismo.

N.: (*Levantándose para guardar la ropa.*) No puedo creer que seas tan malo.

Cuando vea que el niño empieza a cooperar, déjelo solo unos minutos y observe en silencio. Luego vuelva a entrar en la habitación, dele las gracias amablemente y deje claro por el tono de voz que no le molesta tener que insistir tanto de vez en cuando. Aunque tengamos que tomarnos estas molestias, los niños deberían percibir que les reconocemos el mérito de haber respondido al final a nuestra voluntad.

Muchos padres no valoran la obediencia de un niño cuando han tenido que mandar con insistencia. Esto en cierto modo es similar a la experiencia de la mujer que no reconoce a su marido el mérito de haber hecho algo bonito si ella se lo ha pedido. Los padres nunca han de olvidar que los niños hacen todo lo posible, y que siempre que avanzan en la dirección adecuada habría que reconocerlo y valorarlo.

En este ejemplo, el padre podría decir en ese momento o a la mañana siguiente: «Sé que estabas muy cansado. Agradezco tu cooperación.» Cuando no les guardamos rencor por su resistencia, dejan de resistirse y no les molesta que mandemos.

> **Si nosotros no les guardamos rencor,
> ellos no nos guardarán rencor.**

Algunos padres temen que sus hijos no los quieran si les mandan así. Nada más lejos de la realidad. Los hijos necesitan padres fuertes y cariñosos, padres que los motiven de este modo. Refunfuñarán pero enseguida volverán a querernos. Uno de los cinco mensajes de la educación positiva reza: es aceptable decir no, pero nunca hay que olvidar que papá y mamá mandan. Imponer nuestra autoridad a través de los mandatos hace que retomemos el control.

En el ejemplo anterior básicamente se produce una lucha de voluntades. Si insistimos en repetir el mandato y evitamos enzarzarnos en una discusión, ganaremos. En cuanto hayamos ganado varias batallas, nuestro hijo se mostrará más dispuesto a cooperar. Normalmente los padres buenos temen parecer tan malos, pero es necesario. Esto no es ser malos, es demostrar que hablamos en serio.

Mande pero no explique

Además de utilizar demasiado la emoción, el otro error común que cometen los padres es justificar sus mandatos. Si el niño pregunta sin ánimo de discutir, está muy bien explicarle por qué queremos que haga algo, pero si pregunta con tono desafiante, tendremos que decirle que estaremos encantados de hablar de ello más tarde. Si no dispone de mucho tiempo, diga simplemente: «Podemos hablar de ello más tarde, pero ahora quiero que dejes de pegar a tu hermano, quiero que cooperéis y os llevéis bien.»

Dar razones es una manera de renunciar al mando. Si los niños pudieran discernir la diferencia entre qué está bien y qué mal, no nos necesitarían. Si pudieran comprender lo que es bueno o malo, no necesitarían nuestra dirección. Cuando estamos al mismo nivel de alguien que es razonable, las razones funcionan. Los niños no desarrollan la capacidad de razonar hasta los 9 años y no alcanzan nuestro mismo nivel hasta que están preparados para marcharse de casa en torno a los 18 años.

> **Dar razones es una manera de renunciar al mando.**

Los niños tienen la capacidad latente de saber qué está bien y qué mal, pero esta capacidad se despierta cuando cooperan con nuestras peticiones, no cuando escuchan nuestros sermones. Cuando pedimos a un niño pequeño que deje de pegar a su hermano y luego le mandamos utilizando el «quiero», el niño responderá.

Cuando vea que sonreímos porque ha hecho lo que le hemos pedido, empezará a comprender el buen comportamiento.

> **Los niños aprenden qué es bueno y qué malo**
> **cuando cooperan con nuestras peticiones,**
> **no escuchando nuestros sermones.**

En cuanto empiece a mandar, evite enunciar las normas o dar razones. En cuanto un padre enuncia un mandato, se acabó el tiempo para negociar. Los niños tienen derecho a preguntar y negociar durante los primeros tres pasos, pero en cuanto empezamos a mandar, se acabaron las negociaciones. Si nos apartamos de nuestro objetivo y nos enzarzamos en una discusión sobre por qué el niño debería hacer lo que queremos, nuestro poder se debilitará. En este momento la mejor técnica es repetir el mandato. El niño aún tiene derecho a resistirse, pero nosotros seguimos siendo los jefes. A medida que insistimos en el mandato, el niño empieza a ceder. Cuando mandamos algo, la única razón por la que el niño debe cooperar con nuestra petición es porque queremos que así sea.

Los niños nacen ya preparados para seguir nuestra orientación, nosotros solo tenemos que darles la oportunidad. El deseo de complacer y cooperar es su misión principal. Al expresar nuestra voluntad directamente, a la larga despertaremos su voluntad. Con el tiempo, si les permitimos expresar su resistencia a nuestra voluntad, surgirá su voluntad más profunda de seguir nuestra orientación. Los niños no se doblegarán ciega y obedientemente, sino que adaptarán su voluntad a su propia misión principal, que consiste en seguir nuestra orientación y hacernos felices.

Los niños no necesitan razones, sino una mano firme. Hay que recordarles que ellos *no* tienen el control, sino nosotros. Intentar explicar qué está bien y qué mal cuando se resisten no hace más que debilitar nuestro poder de mando. Incluso en el caso de los adolescentes, que pueden razonar y tener pensamientos abstractos, cuando se trata de mandar tendrían que cooperar por la simple razón de que somos sus padres y queremos que así sea.

Mandar a los adolescentes

Recuerdo la primera vez que ejercí el poder de mando. Antes de criar a mis hijas yo impartía un taller para niños de familias rotas. Muchos de estos niños eran revoltosos y estaban poco dispuestos a cooperar, razón por la cual sus padres los habían inscrito en mi taller.

En un momento dado, el niño mayor del grupo, de unos 14 años, empezó a resistirse a mis peticiones. Lo envié a la habitación contigua para que se quedara a solas. Se negó y dijo: «¿Qué vas a hacer?»

Aunque entonces no conocía las técnicas de la educación positiva, me di cuenta de que la amenaza del castigo no surtiría efecto. Me lanzó una mirada cínica y vi que dijera lo que dijera me respondería con un «¿y qué?».

Puesto que la vida ya lo había castigado mucho, otro castigo no significaría nada para él. Ya nada le importaba y era un rebelde. Además era más corpulento que yo. Realmente yo no sabía qué hacer, de modo que le miré a los ojos y seguí mandando con voz clara y firme: «Quiero que te quedes quince minutos a solas.» Nuestra conversación prosiguió de la siguiente manera:

ADOLESCENTE: ¿Y qué pasa si no quiero?

YO: Quiero que te vayas a la habitación de al lado y te quedes quince minutos a solas.

A.: No puedes obligarme.

Y.: Quiero que te vayas a la habitación de al lado y te quedes quince minutos a solas.

A.: Eres un gallina, no puedes obligarme.

Y.: Quiero que te vayas a la habitación de al lado y te quedes quince minutos a solas.

A.: ¿Y qué harás si no voy?

Y.: Quiero que te vayas a la habitación de al lado y te quedes quince minutos a solas.

Hizo un gesto de disgusto y se fue a la otra habitación.

Transcurridos quince minutos, entré en la habitación y le dije amablemente: «Puedes volver con nosotros si quieres, pero si necesitas más tiempo a solas, lo comprenderé perfectamente.»

Hizo un gesto de asentimiento como si fuera a pensárselo. Abandoné la habitación y, unos minutos después, él salió y se unió al grupo. Esta experiencia me sirvió de excelente preparación para hacer frente satisfactoriamente a la inevitable resistencia que encontré en mis hijas.

Si hubiera respondido a sus comentarios o alguna de sus preguntas, mi posición se habría debilitado. Todos los niños, hasta que están preparados para abandonar el hogar, necesitan que los padres impongan su autoridad y manden. A la larga, cuando se enfrenten a un adulto comprensivo cuyos mandatos sean claros, los niños rebeldes cederán sin amenazas ni desaprobación.

RAZONES Y RESISTENCIA

Cuando los niños siguen resistiéndose a irse a la cama, dar razones no funciona. Decirles que es tarde o que necesitan dormir no va a convencerlos ni enseñarles nada. Si los niños preguntan por qué y no tienen ganas de discutir, las explicaciones son útiles, pero son contraproducentes cuando los niños se resisten. En ciertas situaciones, la única razón por la cual deberían hacer algo es porque somos los padres. Recuerdo que una vez compré una camiseta divertida a mi mujer en que se leía: «Porque soy tu madre.»

> **«Porque soy tu madre/padre» es la mejor respuesta cuando los niños cuestionan nuestros mandatos.**

Los adolescentes con frecuencia ponen a prueba a los padres. Cuestionan todo cuanto les mandan. Los padres intentan ser razonables y pierden. Los niños y los adolescentes siguen preguntando por qué, pero cada vez que respondemos perdemos autoridad.

Con cada respuesta debilitamos cada vez más nuestro verdadero poder. Solo tienen que seguir preguntando, y eso es lo que hacen.

Veamos un ejemplo. Carol quiere ver la televisión y su madre quiere que haga los deberes.

MADRE: Carol, quiero que apagues el televisor.
CAROL: ¿Por qué?
M.: Necesitas tiempo para hacer los deberes.
C.: Hoy no tengo deberes.
M.: Pero tienes trabajos pendientes y los dejas para el último minuto y luego te quejas de que tienes que hacer demasiadas cosas. Si no tienes deberes, es el momento adecuado para adelantar el trabajo de ciencias.
C.: He hecho todo lo que he podido. No puedo hacer nada más hasta que revele las fotos, y aún faltan unos días.
M.: Has visto demasiado la televisión.
C.: No.
M.: Sí. Te has pasado toda la tarde sentada aquí.
C.: No puedes saberlo porque no estabas aquí. Acabas de llegar.
M.: Sí, y estabas viendo la televisión antes de que me fuera.
C.: Pero no he estado viendo la televisión todo el rato.
M.: Pasar demasiado tiempo sentada delante del televisor no es bueno para ti. Deberías salir. Hace un día precioso.
C.: No quiero salir. Tengo agujetas de la clase de gimnasia de hoy.
M.: Más te vale escucharme, señorita. Vas a perder el derecho a ver la televisión si no tienes cuidado.
C.: Eres muy mala y muy injusta.
M.: Estás a punto de quedarte castigada sin televisión.
C.: No me importa.
M.: Muy bien. Estás castigada durante dos semanas sin televisión.

Esta clase de discusiones y peleas puede evitarse si los padres no se apartan de su objetivo tratando de convencer a los niños o los adolescentes de que lo que dicen tiene sentido. Si los niños o los adolescentes están abiertos a nuestra petición, es diferente, pero si se resisten, seguirán resistiéndose por más explicaciones que demos.

He aquí un ejemplo de lo que podría hacer una madre que

utilizara las técnicas de la educación positiva para evitar pelearse o discutir con una hija pequeña o adolescente.

UNA MANERA MEJOR DE MANDAR

Paso 1: Pida (no ordene)

MADRE: Carol ¿querrías apagar el televisor?
CAROL: ¿Por qué? Es una película genial.
M.: ¿Qué es?
C.: Sherlock Holmes.
M.: Sí, es una película genial (*pausa*), pero quiero que apagues el televisor. Últimamente has visto mucho la televisión y quiero que hagas otra cosa.
C.: ¿Como qué?
M.: Podrías hacer los deberes o hacer algo fuera.
C.: No quiero. Solo quiero ver mi programa y me estás molestando.

Paso 2: Escuche y alimente sus necesidades (no dé sermones)

MADRE: Comprendo que solo quieras ver tu programa y no quieras hacer los deberes o salir (*pausa*), pero quiero que apagues el televisor y busques otra cosa que hacer.
CAROL: No quiero.
M.: Sé que es decepcionante, pero es hora de hacer otra cosa.
C.: Pero me perderé el resto del programa.
M.: Estoy segura de que lo repetirán pronto.
C.: No, no lo repetirán.

Paso 3: Premie (no castigue)

MADRE: Si apagas el televisor ahora, mañana iremos a buscar un vídeo.
CAROL: No me interesa alquilar un vídeo. Solo quiero ver mi programa.

Paso 4: *Mande (no explique ni se disguste)*

MADRE: Quiero que apagues el televisor ahora.
CAROL: Pero no tengo nada más que hacer.
MADRE: Quiero que apagues el televisor ahora.

Carol se levanta y apaga el televisor. Sale de la habitación hecha una furia. Al cabo de quince minutos vuelve a entrar como si nada hubiera pasado y pregunta a su madre si quiere jugar a cartas. Su madre acepta con mucho gusto. No se menciona la pelea. Todo está olvidado y perdonado.

AUMENTAR LA COOPERACIÓN

El uso de las técnicas de la educación positiva hace que nuestros hijos estén más dispuestos a cooperar en el futuro, en lugar de aumentar la resistencia (a consecuencia de las discusiones, las peleas y los castigos), que se transforma gradualmente en un rencor, un rechazo y una rebelión poco saludables. Mandando a nuestros hijos con emociones, lógica, razones, argumentos o amenazas lo único que lograremos es debilitar nuestra posición y a la larga fortalecer su resistencia.

Cuando utilizamos los primeros cuatro pasos de la educación positiva, a la larga solo tendremos que pedir y nuestros hijos cooperarán la mayoría de las veces. Inevitablemente en muchas ocasiones puede que necesitemos las cuatro técnicas. A medida que las utilizamos, nos resultan más fáciles. No solo funcionan para generar cooperación, sino que son una manera clara y segura de apoyar a nuestros hijos para que den lo mejor de sí.

Si parece mucho trabajo, solo es porque es algo nuevo. Aprender una nueva técnica puede resultar abrumador, pero con un poco de práctica acaba siendo fácil y automático. Criar a los hijos siempre es un desafío, independientemente del niño. La educación positiva no es más difícil. A la larga, será más gratificante y eficaz.

Ser padres es un mar de desafíos. Podemos navegar por este

mar o naufragar una y otra vez. Mandar a nuestros hijos puede parecer un poco duro a algunos padres que utilizan el amor blando, pero es la alternativa clara y positiva a la exigencia de obediencia con amenazas y castigo.

ESCOGER NUESTRAS BATALLAS

Antes de mandar tenga siempre en cuenta el temperamento de su hijo.

Los niños sensibles necesitan más ayuda. En lugar de esperar que un niño sensible arregle su habitación, pídale que lo ayude a arreglarla. De este modo, al hacer cosas juntos, poco a poco se volverá más independiente. Después de mandarle que lo ayude a arreglar la habitación, simplemente empiece a arreglarla con él.

Los niños despiertos pueden creer que arreglar la habitación es demasiado y en consecuencia sentir la necesidad de hacer otra cosa más fácil y breve. Los padres tienen que darles a estos niños la oportunidad de pasar de una cosa a otra. Recuerde que son como mariposas y necesitan moverse.

Antes de mandar a un niño despierto, los padres primero deben tratar de reorientarlo. Cuando el niño no esté dispuesto a arreglar la habitación, dele instrucciones para que empiece por una cosa y continúe a partir de ahí. A veces basta con que ellos se ocupen de ciertas tareas y usted del resto. A la larga querrán hacer más, pero lleva tiempo.

Generalmente con los niños receptivos no es necesario mandar. Suelen ser más complacientes. Si se resisten, a menudo es porque los padres esperan que efectúen un cambio antes de estar preparados. En cuanto les demos la tranquilidad y la preparación que necesitan, estarán dispuestos a complacernos.

En lugar de mandar a los niños receptivos, los padres tienen que ser comprensivos con su necesidad de ritmo y repetición. Estos niños no responden bien a las exigencias, las interrupciones o los cambios repentinos.

Los niños activos responden sobre todo a los mandatos en privado. Llámelos aparte o llévelos a otra habitación para mandarles cooperar. Ellos se enorgullecen de hacer lo correcto y controlar la situación, pero delante de los demás pueden ponerse innecesariamente a la defensiva o resistirse.

8

Nuevas técnicas para mantener el control

Cuando un niño no hace caso del control de los padres o lo rechaza, en lugar de considerar que este comportamiento está mal o es incorrecto, la educación positiva simplemente considera que el hijo rebelde está fuera del control de sus padres. En lugar de juzgar, castigar o sermonear al niño, lo único que hay que hacer es recobrar el control. Cuando un niño está fuera de control, los padres tienen que contenerlo o impedirle que siga desafiando o rechazando su control.

El objetivo de mandarlos a su habitación no es amenazar o castigar. Simplemente es una manera de ayudarlos a sentirse de nuevo bajo el control de los padres y comprender que estos lo prefieren así. Los niños fuerzan los límites para encontrar aceptación y volver a cooperar.

> **Dios hizo pequeños a los niños para que podamos cogerlos y llevarlos a su habitación a fin de dejarlos unos momentos a solas.**

Cuando los niños se portan mal, a menudo es porque han olvidado que sus padres mandan y que así es como quieren que sea. Fuera del control de sus padres, los niños pierden su capacidad y su buena disposición innatas para cooperar. Cuando no consiguen lo que necesitan para sentir el deseo de cooperar, a la larga desconectarán de sus padres y se descontrolarán. Los niños necesitan orientación, pero si dejan de sentir la necesidad de ser orientados, se descontrolan.

Pedir cooperación, escuchar y alimentar sus necesidades y dar recompensas hace que el niño permanezca dispuesto a cooperar. Cuando aumenta el estrés del padre o el niño, este pierde temporalmente su buena disposición para cooperar. Al igual que un coche fuera de control, el niño se estrellará.

> **En situaciones de estrés los niños se descontrolan,
> al igual que un coche que va a toda velocidad sin conductor.**

Cuando los padres olvidan su buena disposición para cooperar y empiezan a exigirles obediencia, los niños siguen el ejemplo y olvidan su buena disposición para cooperar. Un padre estresado puede hacer fácilmente que su hijo se descontrole. A la inversa, un niño estresado puede hacer fácilmente que su padre se descontrole, a menos que el padre sepa mantener el control.

LA NECESIDAD DE QUEDARSE A SOLAS

Con las nuevas herramientas para generar cooperación, los padres pueden mantener el control de sí mismos, lo que a su vez ayuda a los niños a controlarse. Inevitablemente unos niños se descontrolarán con regularidad y el padre positivo estará preparado para ocuparse de ellos. Casi todos los niños necesitan quedarse a solas con regularidad para aprender a recobrar el control cuando las emociones son demasiado intensas.

> **Mandarlos a su habitación es necesario para recobrar
> el control cuando las emociones son demasiado intensas.**

Muchos adultos maduros no saben controlar sus emociones íntimas en momentos de estrés. No podemos esperar que los niños lo hagan. Al enseñar a miles de adultos a controlar sus sentimientos íntimos, descubrí muchas técnicas para crear cooperación. Cuando un padre se siente resentido, angustiado, deprimido, indiferente, confuso o culpable, la respuesta siempre es mirar en su interior para controlar las emociones negativas.

Uno de los principales motivos por los que hay más violencia doméstica en Occidente es la falta de control emocional. En una sociedad libre es inevitable que los sentimientos se enriquezcan cuando reciben apoyo y se vuelvan erráticos cuando no reciben apoyo. La primera técnica para resolver un conflicto en una relación y poner fin a la violencia es reconocer que cuando los sentimientos se vuelven desafiantes o desaprobadores, es el momento de quedarse a solas y calmarse.

> **En una sociedad libre es inevitable que los sentimientos se enriquezcan cuando reciben apoyo y se vuelvan erráticos cuando no reciben apoyo.**

Los adultos que pierden el control y exteriorizan su violencia lo hacen principalmente porque nunca aprendieron a quedarse a solas para sentir y liberar sus emociones negativas. Los niños, los adolescentes y también los adultos necesitan esta capacidad básica. La diferencia entre un niño y un adulto es que un adulto sensato debería saber cuándo necesita quedarse a solas y un niño no. Los niños de 9 o 10 años que se han acostumbrado a quedarse a solas, lo harán por iniciativa propia siempre que se sientan estresados, negativos o peleones. No es una técnica difícil, pero requiere práctica.

A veces quedarse a solas funciona porque el padre vuelve a recuperar el control. Cuando un padre empieza a sentirse fuera de control, hace que el niño se descontrole. Al mandarlo a su habitación, el padre tiene la oportunidad de calmarse y volver a sentir que tiene el control. A menudo esto es lo que necesita el niño. Un padre frustrado y exigente puede hacer fácilmente que un niño se descontrole. La opción de mandarlo a su habitación no solo hace que el niño recobre el control, sino que también ayuda al padre.

> **Un padre frustrado y exigente puede hacer fácilmente que un niño se descontrole.**

Cuando un niño no está dispuesto a hacer lo que le hemos mandado, es el momento de mandarlo a su habitación para darle la oportunidad de desahogarse y tener una pataleta. Los niños tienen que sentir su resistencia a los límites inevitables de la vida. Forzar los límites u oponer resistencia los ayuda a desarrollar una arraigada conciencia de sí mismos. A la larga, surgirán todas sus cualidades positivas. Primero hay que sentir y liberar las emociones negativas que se esconden bajo la resistencia.

Los niños necesitan tiempo para forzar los límites a fin de experimentar los distintos niveles de sentimientos subyacentes a su resistencia, rencor, rechazo o rebelión. La resistencia se desvanece cuando podemos sentir y liberar las tres emociones negativas de ira, tristeza y miedo. De modo similar, los adultos pueden dar salida a sus sentimientos negativos de rencor, culpabilidad y autocompasión cuando se quedan a solas para explorar, sentir y liberar sus emociones negativas.

CÓMO SE LIBERAN LOS SENTIMIENTOS NEGATIVOS

Cuando un niño se resiste y no responde a los cuatro pasos para generar cooperación (véase el capítulo 3), hay que recurrir al quinto paso. Quedarse encerrado en su habitación ayuda al niño a tomar conciencia de sus emociones más profundas. Al sentir los tres niveles de ira, tristeza y miedo mientras recibe cariño, el niño libera automáticamente sus sentimientos negativos.

Dejar al niño a solas le permite primero sentir ira y frustración. Al cabo de un rato, el niño echará a llorar y sentirá tristeza o pena. Un poco más tarde, sentirá sus miedos y su vulnerabilidad. Unos minutos después, todo este drama desaparecerá y de repente, milagrosamente, el niño volverá a estar bajo nuestro control.

> **Al cabo de unos minutos de quedarse a solas,
> el drama emocional de repente desaparece.**

Cuando se ven obligados a quedarse a solas, al sentir primero las emociones básicas que surgen al estar encerrados, los niños vuelven a sentir sus necesidades. Antes de esa medida, los niños actúan de manera descontrolada porque han olvidado que necesitan orientación afectuosa y desean cooperar.

Al dejar a los niños un rato a solas, tienen la posibilidad de resistirse a hacer lo que queremos. Luego se activa un dispositivo y empiezan a sentir sus emociones. En lugar de mostrar simplemente sus emociones, las «sienten». El hecho de resistirse a quedarse a solas aumenta su capacidad de sentir. Al tener mayor conciencia de sus sentimientos, empiezan a sentir la necesidad de obtener el amor, la comprensión, el apoyo y la orientación de los padres. Cuando sienten esta necesidad, su deseo de cooperar se activa una vez más.

Los niños vienen del cielo. Nacen con el deseo de complacer a sus padres para conseguir lo que necesitan, esto es, amor y apoyo, de modo que nacen dispuestos a cooperar y complacer a fin de conseguirlos. Este deseo se activa cada vez que el niño vuelve a ser consciente de sus sentimientos. Cuando tienen una mayor conciencia de sus sentimientos, ponen de manifiesto su necesidad de amor y apoyo, lo que despierta su deseo de complacer y cooperar.

A veces, estos niveles de sentimientos surgen cuando un niño se resiste a nuestra petición de cooperación. Otras veces surgen en una conversación emotiva. A veces, cuando los niños no consiguen lo que necesitan o cuando la vida es simplemente demasiado estresante, necesitan más tiempo a solas para sentir y avanzar a través de los tres niveles de resistencia emocional: la ira, la tristeza y el miedo.

El momento a solas ideal se produce cuando el padre lleva al niño a su habitación, cierra la puerta y la sujeta desde fuera. La expresión natural de la resistencia del niño será tratar de salir. Recuerde que se supone que los niños deben resistirse. Cerrar la puerta con llave y abandonar al niño genera sentimientos de abandono. Para algunos niños es muy importante que el padre esté presente al otro lado de la puerta, al menos en las primeras experiencias. Después de varias veces, el niño no intentará salir.

Generalmente solo es necesario un minuto por cada año de vida. Un niño de cuatro años ha de quedarse a solas durante cuatro minutos; mientras que un niño de seis años lo hará seis minutos. Cuando los padres oyen esto por primera vez no pueden creer que funcione con sus hijos, pero así es. Funciona para todos los niños y todas las edades a partir de los 2 años.

Después de los 14 años, los ratos a solas rara vez son necesarios. Aun así, si no los ha utilizado durante muchos años con sus hijos, de adolescentes los necesitarán, en particular cuando se muestren irrespetuosos o no hagan caso.

Estudiemos qué sucede durante un rato a solas con un niño de 4 años. Primero se resiste y tal vez incluso haya que llevarlo a la habitación (la suya o cualquier otra). Al principio se enfadará, tendrá una pataleta e intentará salir. Al cabo de dos minutos, dejará de tratar de salir, pero se echará a llorar. Al cabo de otro minuto aparecerán los sentimientos tiernos y vulnerables del miedo. Incluso puede que mire por debajo de la puerta y ruegue que lo dejemos salir: «Por favor, por favor, déjame salir.» En este momento está muy bien asegurarle que solo le queda un minuto y que pronto saldrá. En realidad está muy bien decírselo en cualquier momento. Podemos repetirle que no vamos a movernos de allí, que estamos al otro lado de la puerta y que pronto podrá salir.

Cuando los niños preguntan por qué tienen que quedarse a solas, la respuesta es: «Cuando nos descontrolamos, necesitamos estar unos momentos a solas.» No es correcto ni útil decir que un niño necesita tiempo para reflexionar sobre su mal comportamiento. No es necesario pensar en estos casos, solo sentir las emociones que surgen. De este modo el niño recobrará el control.

Los niños no tienen que reflexionar sobre qué han hecho mal. Cuando los padres se centran en lo que está bien o mal en relación con sus hijos, estos únicamente aprenden a sentirse culpables. En lugar de decirles qué está bien o mal, hay que limitarse a pedirles comportamientos específicos y mayor cooperación. Cuando los niños cooperan, aprenden automáticamente qué está bien o mal; qué es bueno o malo; nunca tenemos que decirles que son malos o están equivocados.

> **Cuando los niños cooperan, aprenden automáticamente qué está bien o mal; qué es bueno o malo.**

Dejarlos a solas sustituye la necesidad de castigar o dar un bofetón. El hecho de quedarse a solas hace que el niño sea consciente de sus sentimientos y su necesidad de cooperar, pero de manera muy distinta. Cuando castigamos o damos un bofetón, los niños se castigan a sí mismos o a los demás cuando se descontrolan. Los niños que se quedan a solas con regularidad no se castigan a sí mismos ni a los demás para recobrar el control.

> **Los momentos a solas sustituyen la obsoleta necesidad de castigar o dar un azote.**

Los adultos que recibieron castigos siguen castigándose a sí mismos o a los demás. Los adultos que no recibieron muchos castigos tienen mayor conciencia de sí mismos y de su valía, y saben conseguir lo que necesitan al mismo tiempo que dan a los demás.

Al quedarse a solas con regularidad, los niños aprenden a controlar sus sentimientos íntimos. Cuando los vientos de la vida los zarandean y les hacen perder el equilibrio, automáticamente se quedan un rato a solas, liberan sus sentimientos negativos y vuelven a ser ellos mismos. Se vuelven más cariñosos, felices, tranquilos y seguros de sí mismos, y se sienten motivados a cooperar en lugar de exigir, rendirse o manipular.

Cuatro errores comunes

Muchos padres piensan que mandar al niño a su habitación no surte efecto. Los momentos a solas funcionan, pero deben utilizarse de manera correcta. He aquí los cuatro errores más comunes que los padres cometen al aplicar esta técnica:

1. Solo utilizan esta técnica.

2. No la utilizan lo suficiente.

3. Esperan que sus hijos se queden sentados tranquilamente.

4. La utilizan como medida disuasoria o castigo.

Al establecer los parámetros adecuados de los momentos a solas, recobraremos el control de nuestros hijos. Tomarán conciencia otra vez de su misión principal, que consiste en seguir nuestra orientación y cooperar. Analicemos cada uno de estos errores con más detalle.

1. Demasiados momentos a solas

Utilizar los momentos a solas sin aplicar las otras técnicas de la educación positiva a la larga reducirá la eficacia de aquellos. Esta técnica debe utilizarse como último recurso o cuando no tenemos tiempo de aplicar los otros cuatro pasos de la educación positiva. Para estar dispuestos a cooperar y crecer de manera saludable, los niños tienen otras necesidades además de forzar los límites de los momentos a solas.

> **Los momentos a solas se utilizan como último recurso.**

Aunque el organismo necesita vitamina C, también tiene otras necesidades. La vitamina C sola no nos mantendrá sanos. Si tenemos una carencia de vitamina C, entonces sí influirá mucho en nuestra salud porque es necesaria para el organismo. Si tenemos suficiente cantidad de las otras vitaminas, notaremos una mejoría inmediata en nuestro estado de salud. Si solo ingerimos alimentos con vitamina C y pasamos por alto las otras necesidades, ni siquiera la vitamina C nos ayudará a mantenernos sanos. Del mismo modo, cada uno de los cinco pasos de la educación positiva es igualmente importante para generar cooperación.

2. *Los momentos a solas no se utilizan lo suficiente*

Mientras que algunos padres confían demasiado en los momentos a solas, otros no los utilizan lo suficiente. Se quejan de que sus hijos simplemente no escuchan. Por ejemplo, una madre se quejó: «Le pido que deje de saltar en la cama y simplemente se ríe de mí y sigue saltando.»

Esto es un indicio de que la madre no está utilizando lo suficiente los momentos a solas. Mandar al niño a su habitación proporciona control a los padres. Si un niño simplemente se ríe y no hace caso, es evidente que está fuera de control y necesita quedarse a solas en su habitación. Esta madre tiene que coger al niño, llevarlo a la habitación y dejarlo a solas.

> **Si un niño simplemente se ríe y no hace caso,
> es evidente que está fuera de control.**

Algunos padres creen que los momentos a solas no surten efecto porque al día siguiente el niño vuelve a descontrolarse. Estos padres suponen equivocadamente que si los momentos a solas funcionaran, su hijo cooperaría siempre y no se resistiría. Los momentos a solas no doblegan al niño ni crean obediencia. Solo fortalecen su voluntad y alimentan su buena disposición para cooperar.

Los niños son niños y se descontrolan. Necesitar con frecuencia los momentos a solas no significa que no funcionen. Los niños activos y los niños pequeños tenderán a necesitar más momentos a solas. Si su hijo necesita más momentos a solas, no significa que le pase algo o que su modo de educarlo no sea adecuado. Simplemente es lo que su hijo necesita en esa etapa de su desarrollo. No existe un número ideal de momentos a solas. Pueden ser dos al día, dos por semana, dos al mes o dos al año. Todos los niños son únicos.

> **Si su hijo necesita más momentos a solas,
> no significa que le pase algo o que su modo
> de educarlo no sea adecuado.**

Los padres que utilizan el amor blando suelen aplicar los momentos a solas de manera insuficiente. En lugar de mandar cooperar a sus hijos, estos padres tienden a ceder y darles demasiado. No pueden soportar oírles gritar, de manera que los apaciguan sistemáticamente.

Puede que un hijo se oponga con tanta insistencia a quedarse en su habitación a solas que los padres hagan cualquier cosa para evitar el enfrentamiento, aunque ello signifique ceder a las exigencias del niño. Cuando los niños se vuelven demasiado exigentes o mandones, es un indicio claro de que los padres no mantienen el control con un número adecuado de momentos a solas.

3. Esperar que el niño se quede sentado tranquilamente

Algunos padres no entienden bien el objetivo de mandar al niño a su habitación. Esperan que el niño permanezca sentado tranquilamente y se calme. En lugar de dejarlo un momento a solas para que sienta y libere sus emociones negativas, estos padres intentan convencerlos de que no se disgusten. Transmiten mensajes como: «Si sigues resistiéndote no empezaré a contar el tiempo hasta que pares.»

Los momentos a solas funcionan porque dan al niño la posibilidad de resistirse más. El objetivo no es animarle a que deje de resistirse y permanezca sentado tranquilamente. Los niños deben ser libres de resistirse a los momentos a solas. No tienen que gustarles y no tienen que permanecer sentados tranquilamente.

Los niños deben ser libres de resistirse a quedarse a solas.

Darle al niño un momento para calmarse es una manera de reorientarlo y una de las técnicas de apoyo. Si los niños se excitan demasiado y se resisten a cooperar, está muy bien hacer que se sienten en un rincón o un lugar especial para calmarse. Es como hacer que duerman un rato cuando se muestran demasiado quisquillosos y se resisten a nuestra dirección.

Un momento para calmarse no es lo mismo que un momento a solas. En el primer caso, los animamos a estar callados y puede que incluso les demos un premio por calmarse. El hecho de calmarse no les anima a avanzar a través de sus sentimientos. El primer paso para aprender a controlar las emociones negativas es sentirlas y liberarlas. Cuando los niños se hacen mayores (en torno a los 9 años), pueden sentir y liberar sus emociones sin tener que quedarse a solas.

El simple hecho de calmarse no anima a los niños a avanzar a través de sus sentimientos.

Un padre podría decir a un adolescente con ganas de discutir: «Esto no funciona. Quiero que vayas a tu habitación y te quedes allí para calmarte. Luego podremos volver a hablar.» Puede que el adolescente solo necesite calmarse. Aunque se parece a un momento a solas, es distinto; simplemente dirigimos al adolescente hacia otra actividad para disminuir la resistencia.

Si el adolescente se resiste, el padre manda y el adolescente sigue resistiéndose, entonces se convertirá en un momento a solas. El adolescente al final se irá a su habitación hecho una furia. En estos casos, el padre debe procurar no reprenderlo por resistirse, sino que debe seguir mandando hasta que el niño se vaya a la habitación. Cuando el adolescente salga de la habitación, parecerá otra persona.

4. Utilizar los momentos a solas como un castigo

El cuarto error que cometen algunos padres es utilizar los momentos a solas como un castigo. Aunque puede que los niños crean que los momentos a solas son un castigo, los padres deben procurar no utilizarlos como un castigo. Como ya se ha dicho antes, la educación basada en el miedo utiliza la amenaza del castigo para disuadir a los niños de portarse mal. Es fácil utilizar incorrectamente la amenaza de quedarse a solas para controlar a un niño. Con frecuencia, los padres advierten a los niños y les dicen: «Si no paras, tendrás que quedarte a solas.» Esta advertencia hace que los niños paren en seco como si la madre hubiera dicho: «Si no paras, se lo diré a tu padre cuando llegue» o «Si no paras, te daré un bofetón».

Las amenazas han surtido efecto durante siglos, pero en una sociedad libre la educación basada en el miedo se paga cara. Cuanto más utilizan el castigo los padres, más se rebelan sus hijos después. Hoy en día, muchos adultos todavía no pueden o no desean relacionarse con sus padres porque de pequeños los castigaron.

De mayor, establecí una relación fantástica con mi padre. Cuando empecé a impartir seminarios sobre las relaciones, mi padre fue el primer miembro de la familia en asistir. Volaba de California a Texas para inscribirse en mis seminarios. Uno de los ejercicios de estos seminarios consistía en aprender a abrazar a las personas.

Me di cuenta de que cuando abrazaba a una persona sentía un vínculo afectuoso. Sin embargo, cuando abrazaba a mi padre, aunque teníamos una relación cariñosa y de apoyo, solo sentía un ligero vínculo. Era como si nos separara un muro. Sin embargo, cuando abrazaba a un extraño sentía más afecto y un vínculo más fuerte.

Pregunté a los amigos que habían abrazado a mi padre cuál había sido su experiencia. Dijeron que era afectuoso y simpático. Ellos sentían ese vínculo, pero yo no. Comprendí que se debía a que durante años no había sentido el deseo innato de dejarme guiar por él. Fui un niño bueno y obediente porque tenía miedo al castigo.

De adulto, tuve que someterme a autoterapia y participar en talleres durante diez años más para cerrar viejas heridas a fin de poder sentir un vínculo con mi padre cuando lo abrazaba. Si él hubiera conocido las técnicas de la educación positiva, las habría utilizado encantado y yo no habría tenido que cerrar esas viejas heridas.

Utilizar los momentos a solas como una amenaza surtirá efecto a corto plazo, pero a la larga debilitará gradualmente el deseo afectuoso y delicado de cooperar con los padres. Sin duda un rato a solas es mejor castigo que privar de cosas o pegar, pero aun así no es lo mejor para nuestros hijos.

MODIFICAR NUESTRA VOLUNTAD FRENTE A CEDER

Modificar nuestra voluntad para dar a los niños lo que quieren no es un delito. Transmite el mensaje claro y positivo de que los padres escuchan y aprenden, y pone de manifiesto un respeto y una flexibilidad saludable. Pero si modificamos nuestra voluntad solo para evitar el enfrentamiento, no es bueno.

Si cedemos por ese motivo, malcriaremos a nuestros hijos y estos se volverán más exigentes. Recuerde que darles más no supone malcriarlos; lo que los malcría es darles más para evitar el enfrentamiento. Los niños tienen que sentir una y otra vez que los padres mandan. Se convierten en unos malcriados si los padres dejan que manden ellos. Y los niños malcriados no sienten la necesidad de que los padres manden.

> **Darles más no supone malcriar a los niños; lo que los malcría es darles más para evitar el enfrentamiento.**

Cuando los niños no tienen suficientes momentos a solas, son propensos a tener pataletas más intensas. Esto significa que cuando el niño finalmente se quede a solas, tendrá una pataleta más violenta. Con el tiempo, si lo dejamos a solas con regularidad, recuperará el equilibrio y estará dispuesto a cooperar en lugar de mostrarse exigente. Si hemos cedido y malcriado a nuestros hijos, podemos hacer que dejen de comportarse como unos mimados con más momentos a solas.

Al cabo de un tiempo, intuiremos con facilidad cuándo necesitan llorar a gusto. Llorar es una de las maneras más eficaces de liberar el estrés y sentirse mejor. Cuando sufrimos una pérdida importante, llorar es esencial para volver a encontrar aceptación. Cuando nuestros hijos sufren decepciones y pérdidas, aunque estos traumas puedan parecernos nimios, para ellos son importantes. Los niños también tienen la necesidad de llorar para aceptar los límites de la vida.

> **A veces un niño simplemente necesita llorar para sentirse mejor.**

Algunos padres suponen equivocadamente que hacen daño a sus hijos porque estos lloran. Al no llegar a comprender la educación positiva, concluyen equivocadamente que los momentos a solas son una medida demasiado cruel. Estos padres con frecuencia pegarán, gritarán o castigarán a un niño cuando no surta efecto nada más.

Un rato a solas no hace daño, sino que ayuda al niño a manifestar los sentimientos reprimidos. En estos momentos se manifiestan las emociones dolorosas que hay que sentir para poder liberarlas. Aunque a los niños no les gusta quedarse a solas, necesitan llorar a gusto y recuperar el equilibrio.

Cuándo utilizar los momentos a solas

Siempre que amenace a su hijo con dejarlo a solas estará utilizando los momentos a solas como una amenaza de castigo. En lugar de amenazar, simplemente tendría que imponerlos. El mejor momento para dejar a un niño a solas es después de que este haya tenido la posibilidad de responder a lo que usted le haya mandado. Si después de haber repetido un mandato varias veces el niño sigue resistiéndose, necesitará quedarse a solas. El momento a solas no se impone como un castigo, sino porque el niño lo necesita. Aunque el niño pueda considerarlo un castigo, si usted no lo utiliza como castigo, no será un castigo.

Si advertimos a los niños que si siguen resistiéndose los dejaremos a solas, también los estamos amenazando a fin de que sean obedientes, en lugar de utilizar los premios y los mandatos para generar cooperación. Con este método basado en el miedo lo único que lograremos es debilitar nuestra capacidad de mando en el futuro.

A la tercera, a solas

A partir de los 9 años las circunstancias cambian. Los niños son más capaces de contener sus sentimientos y no necesitan tantos momentos a solas. Han aprendido a sentir sus emociones y liberarlas. En este caso, hay que darles la oportunidad de encontrar en su interior la capacidad de recobrar el control. Los niños tendrán tres oportunidades y si no obedecen se quedarán a solas.

Cuando un niño se resiste a lo que se le ha mandado, los padres pueden decir simplemente: «Esta es la primera», un código que significa que si recobra la compostura por sí solo y vuelve a cooperar, no necesitará quedarse a solas. Si al cabo de unos minutos sigue resistiéndose, los padres dirán: «Esta es la segunda.» Todavía le queda una oportunidad para cooperar. Si al cabo de unos minutos el niño sigue resistiéndose, los padres dirán: «Esta es la tercera», y el niño se quedará a solas.

Después de explicar esto a un niño de 9 años, usted puede crear su propio código. En lugar de decir «esta es la primera», puede llevarse la mano a la oreja o simplemente mostrar un dedo, dos dedos y finalmente tres dedos. En cuanto empiece a utilizar este método, tendrá que ser coherente. Antes de quedarse a solas, sus hijos esperarán ver las señales y eso es bueno. Aprender a recobrar la compostura sin tener que reprimir los sentimientos es una técnica importante. Los niños necesitan varios intentos para recobrar la compostura.

CUANDO LOS MOMENTOS A SOLAS NO FUNCIONAN

Algunos padres se quejan en los talleres: «Los momentos a solas no surten efecto con mi hijo adolescente. Ni siquiera consigo que se quede a solas. Se ríe y se va. Tengo que privarle de algo para castigarlo.» Esto no es más que otro ejemplo de la rebeldía que sienten los adolescentes de hoy en respuesta a todos los castigos del pasado. Afortunadamente después de años de utilizar el miedo para motivar a los niños, ahora puede utilizar los cinco pasos de la educación positiva y los cinco mensajes. Surtirán efecto inmediato.

En este caso el padre tiene que empezar con las cuatro técnicas en lugar de limitarse a utilizar los momentos a solas como otra forma de castigo. Los momentos a solas funcionan cuando se usan conjuntamente con las otras cuatro técnicas. En poco tiempo, el adolescente estará dispuesto a cooperar. Los momentos a solas son eficaces sobre todo con los niños pequeños. Aprender a escuchar sin aconsejar y utilizar las recompensas para motivar resulta más eficaz con los adolescentes.

Los momentos a solas funcionan porque crean una oportunidad para que el niño se resista. Algunos niños son tan indiferentes a su deseo interior de complacer que al principio no se resisten a quedarse a solas. Están encantados de hacerlo y prefieren esto a estar con sus padres. Estos niños no sienten el deseo de complacer o dejarse guiar. Algunos niños simplemente dejan de intentar complacer a sus padres o se sienten tan controlados y manipulados que tampoco quieren su orientación. No les importa estar solos y les gusta mostrar su rebeldía de este modo. Con frecuencia, cuando los hijos guardan rencor a sus padres, se van con mucho gusto a la habitación para demostrar que no les importa.

En este caso los padres tienen que considerar los pasos uno, dos y tres (véase la lista más adelante) para alimentar las necesidades de su hijo y lograr que vuelva a sentir el deseo de complacer y cooperar. De este modo el niño responderá de manera distinta a los momentos a solas y se beneficiará de ellos. Aunque parece que el niño está contento, se le pone en una situación ajena a su voluntad y, por lo tanto, vuelve a estar bajo nuestro control. Si a un niño le gusta irse a su habitación, utilice otra habitación donde no pueda jugar con sus juegos, sus juguetes y el equipo de música, o hablar por teléfono.

Estaría muy bien enviarlos a su habitación a jugar, pero esto no sería un momento a solas. Si se resisten a los momentos a solas, está muy bien que utilicen sus juegos o sus juguetes cuando los dejamos a solas. Pero si están contentos con los momentos a solas, entonces envíelos al cuarto de baño u otra habitación.

Las cinco técnicas de la educación positiva funcionan hoy en día porque el mundo es un lugar distinto y nuestros hijos también son distintos. En una sociedad libre tenemos que adaptar nuestro enfoque de la educación de los hijos. En resumen estas técnicas son:

1. Para crear cooperación, pida (no ordene).

2. Para minimizar la resistencia y mejorar la comunicación, escuche y alimente las necesidades (no arregle).

3. Para aumentar la motivación, premie (no castigue).

4. Para imponer su autoridad, mande (no exija).

5. Para mantener el control, utilice los momentos a solas (no dé bofetones).

Estas cinco técnicas despiertan la buena disposición de los hijos para cooperar. El combustible que hace funcionar estas cinco técnicas son los cinco mensajes (véase la Introducción). Sin estas técnicas no conseguimos poner en práctica de manera eficaz los cinco mensajes positivos, pero lo que hace funcionar las técnicas son los mensajes. Las cinco técnicas y los cinco mensajes son interdependientes.

El primer mensaje (es aceptable ser diferente) alimenta la necesidad de sentirse queridos y especiales. Si no comprendemos y aceptamos que cada niño es distinto, los niños no pueden conseguir el amor que necesitan para estar dispuestos a cooperar.

El segundo mensaje (es aceptable equivocarse) es esencial para que se sientan bien consigo mismos y sigan sintiéndose motivados a complacer a sus padres de manera saludable. Si los errores no se aceptan, los niños dejan de intentarlo o tiran la toalla en el intento.

El tercer mensaje (es aceptable expresar emociones negativas) les permite desarrollar sin temor una conciencia de lo que sienten.

Esto es esencial para que reconozcan la necesidad saludable de obtener la orientación y aprobación de los padres, lo que a su vez estimula su buena disposición para complacer y cooperar.

El cuarto mensaje (es aceptable querer más) deja la puerta abierta para que desarrollen una arraigada conciencia de sí mismos y de su meta al saber qué quieren. Los niños que saben qué quieren se sienten motivados con mucha facilidad por la posibilidad de conseguir más. No solo quieren más, sino que aprenden a aplazar la gratificación cuando no pueden conseguirlo enseguida. Cuando los niños tienen permiso para querer más, responden rápidamente a las recompensas y la oportunidad de complacer a sus padres.

El quinto mensaje (es aceptable decir no, pero no olvides que papá y mamá mandan) es esencial para todas las técnicas de la educación positiva. Los niños siempre deben tener permiso para resistirse si queremos que cooperen. Deben poder resistirse para dar a conocer a los demás y a sí mismos sus sentimientos y necesidades. Este mensaje reafirma la fuerza de voluntad del niño, lo que a su vez fortalece su deseo innato de complacer y cooperar.

Cuando los cinco mensajes positivos constituyen la base de la educación de los hijos, las cinco técnicas de la educación positiva resultan muy eficaces. En los siguientes capítulos estudiaremos estos mensajes con más detalle. Con estos conocimientos, los padres podrán tomar decisiones y responder a sus hijos para ayudarlos a desarrollar su verdadera personalidad y los dones especiales que poseen.

9

Es aceptable ser diferente

Todos los niños son únicos y especiales cuando nacen. En la práctica, esto significa que pueden ser diferentes de lo que esperan los padres. Tienen sus dones especiales y sus desafíos únicos. Para hacer frente a sus desafíos tendrán sus necesidades especiales. Como padres, nuestro deber no solo consiste en tolerar las diferencias, sino también en aceptarlas. Podremos conseguirlo de manera muy eficaz cuando podamos detectar las necesidades especiales de cada niño y satisfacerlas.

La ausencia de este mensaje positivo se manifiesta así: «Algo le pasa a mi hijo. Hay que arreglarlo en lugar de apoyarlo» o «Mi hijo es malo y tiene que mejorar de alguna manera». Tener esta actitud es uno de los mayores errores que cometen los padres. Los niños tienen que recibir el mensaje claro de que son normales y de que las diferencias están bien y son de esperar.

> **La ausencia de aceptación se manifiesta en la afirmación:**
> **«Algo le pasa a mi hijo.»**

La aplicación de las cinco técnicas de la educación positiva facilita esta aceptación. Habitualmente cuando los padres no consiguen la cooperación que necesitan empiezan a pensar que sus hijos son malos o que algo les pasa. Con una mayor conciencia de las diferencias de los niños, el padre no supondrá lo peor en cuanto se pongan de manifiesto dichas diferencias. En lugar de resistirse a ellas, los padres pueden prestar apoyo a sus hijos de manera que pongan de manifiesto sus dones y sus virtudes además de ayudarlos a superar sus defectos.

Todos los niños son una combinación única de diferentes características determinadas por el sexo, el tipo somático, el temperamento, la personalidad, la inteligencia y el estilo de aprendizaje. Ser consciente de las posibles diferencias, combinaciones y permutaciones de todos estos factores prepara a un padre para aceptar las diferencias. Si comprendemos esto, nos resultará más fácil admitir que ningún niño es mejor que otro y que no existe una única manera de ser.

Ser diferente no significa que un estilo sea mejor que otro.

A menudo los padres creen saber qué es lo mejor para sus hijos. Aunque su hijo sea un manzano, se empeñan en ayudarlo a convertirse en un buen peral. Esta clase de ayuda limita el desarrollo del niño. Aunque los niños nacen con un proyecto interior de quiénes son y para qué han venido a este mundo, necesitan la aceptación, el amor, el apoyo y la atención de sus padres para despertar y alimentar su potencial.

Los padres no son responsables de cómo salgan sus hijos, pero son responsables de hacer todo lo posible para que den lo mejor de sí. Los padres deben recordar que todos los niños tienen un destino y una meta únicos en esta vida. Suponer que un padre sabe qué es lo mejor para sus hijos es jugar a ser Dios.

Los niños vienen del cielo. Llevan dentro las semillas de la grandeza. A los padres no les corresponde determinar el destino de sus hijos. En cambio, tienen que abonar el terreno para que los niños se conviertan en quienes tienen que ser y no en quienes los padres quieren que sean. Este apoyo especial y esta aceptación de las diferencias proporcionan a los niños la fuerza y la seguridad en sí mismos necesarias para hacer realidad sus sueños.

Las diferencias sexuales se ponen de manifiesto con más contundencia durante la adolescencia, pero es evidente que desde el primer día los chicos serán chicos y las chicas serán chicas. Todos los niños, independientemente de su sexo, poseen un equilibrio único de características masculinas y femeninas. La aceptación es importante.

A menudo una madre o un padre tenderán a suponer que lo que está bien para él o ella está bien para su hijo. Es un error. Al reconocer las diferencias sexuales, resulta más fácil aceptar y respetar ciertos comportamientos y necesidades que parecen extraños. No deberíamos suponer que lo que funciona para nosotros funciona para nuestros hijos.

El hecho de no comprender las diferencias sexuales también puede impedir que las madres valoren lo que sus parejas pueden ofrecerles y viceversa. A menudo una madre sabe instintivamente qué es lo mejor para una chica, pero no para un chico. Un padre sabe instintivamente qué es lo mejor para un chico, pero no para una chica. Esto es así porque tendemos a dar a nuestros hijos lo que nosotros querríamos o necesitaríamos, no lo que ellos necesitan.

A menos que las personas estén concienciadas de las diferencias, normalmente suelen dar por sentado que los demás deben reaccionar y comportarse como ellos. Si somos conscientes de las posibles diferencias, no supondremos inmediatamente que algo pasa cuando los demás no reaccionen o respondan a la vida como lo haríamos nosotros.

Diferentes necesidades de confianza y cariño

Los chicos en general tienen necesidades especiales que no son tan importantes para las chicas. Y las chicas tienen necesidades que no son tan importantes para los chicos. Obviamente la más importante es el amor. Pero el amor se demuestra de maneras distintas. Los padres demuestran su amor principalmente a través del cariño y la confianza.

El cariño es la voluntad de estar disponibles cuando nuestros hijos nos necesitan, el interés por su bienestar y por su persona, el deseo de que sean felices y el sentimiento de empatía por su dolor. El cariño es el amor efusivo.

El cariño mueve a los padres a interesarse y sentirse afectados por las vivencias de sus hijos y a participar en ellas.

La confianza es el reconocimiento de que todo está bien; es la conciencia y la convicción de que nuestros hijos poseen la capacidad de tener éxito y aprender de sus errores; es estar dispuestos abiertamente a dejar que las cosas sigan su curso dando por sentado que todo irá bien. La confianza presupone que nuestros hijos siempre hacen todo lo posible, incluso cuando no lo parece. Da libertad y espacio para que los niños hagan las cosas por sí mismos.

La confianza mueve a los padres a dar libertad y espacio para que los niños hagan las cosas por sí mismos.

Sin duda todos los niños necesitan cariño y confianza, pero en diferente medida. Un exceso de algo bueno no deja de ser un exceso. Hasta los 9 años, todos los niños necesitan más cariño y menos confianza. A partir de los 9 años, empiezan a alejarse y volverse más independientes de manera natural. Un niño necesita alejarse cuando el comportamiento de sus padres empieza a hacerle sentirse incómodo.

En torno a los 9 años, empiezan a desarrollar una conciencia de sí mismos diferente de la de sus padres. Es el momento en que aparece la conciencia de la propia identidad. Desde entonces y hasta los 18 años, tienen mayor necesidad de confianza, aunque el cariño sigue siendo importante.

Independientemente de la edad, los chicos necesitan más la

confianza mientras que las chicas necesitan más el cariño. Un chico suele sentirse bien consigo mismo cuando hace algo él mismo. Cuando puede atribuirse el mérito de lo que hace, se siente más seguro y orgulloso. Por ejemplo, puede resistirse intencionadamente a la ayuda de su madre para atarse los cordones de los zapatos a fin de poder atribuirse el mérito y asumir la responsabilidad. Por otro lado, una chica puede sentirse más querida si le ofrecemos ayuda. Ofrecer ayuda es un gesto de cariño, mientras que dejar que un chico haga algo por sí mismo es un gesto de confianza.

> **Independientemente de la edad, los chicos suelen necesitar más la confianza mientras que las chicas necesitan más el cariño.**

Cuando una madre se muestra demasiado cariñosa con una necesidad concreta de un chico, este lo interpreta como un indicio de que no confía en que pueda hacerlo por sí mismo. Cuando un padre confía demasiado en la capacidad de una chica de ocuparse de las cosas, esta puede tener la sensación de que el padre no es bastante cariñoso. Cuando a una chica se le da demasiado espacio, puede sentirse rechazada, dolida o abandonada. Sin embargo, un chico puede crecer perfectamente si tiene la sensación de que sus padres reconocen su competencia y confían en su capacidad de cuidarse de sí mismo o hacer lo correcto.

Las madres a menudo agobian a sus hijos al preocuparse demasiado o colmarlos de inquietud, mientras que los padres a menudo desatienden la necesidad de sus hijas de cariño y atención al darles mucho espacio y confiar en que podrán ocuparse de las cosas por sí mismas. Los padres tienen que comprender que los chicos desarrollan una conciencia positiva de sí mismos a partir de la confianza que se les da, mientras que las chicas desarrollan una conciencia positiva de sí mismas a partir del interés y la atención cariñosa que reciben.

El mayor desafío para las mujeres es volver a confiar en las personas que las han hecho sufrir, mientras que para los hombres es mantenerse motivados o seguir sintiendo cariño. Las mujeres a menudo reaccionan ante las dificultades de una relación con una queja: «No consigo lo que necesito» (es decir, «No puedo confiar en que me dé lo que necesito»), mientras que la queja de los hombres es: «Nada de lo que hago la hace feliz. ¿Para qué molestarme?» (es decir, «Ya no me importa»). Las mujeres muchas veces se quejan: «Ya no le importo» y los hombres se quejan: «Es muy difícil complacerla, de modo que dejé de ofrecerle cariño.»

Estas diferentes tendencias surgen en la infancia. Las chicas y los chicos llegan a este mundo con el mismo nivel de confianza y cariño. Cuando se sienten abandonados o sienten el dolor de las necesidades y los deseos insatisfechos, los chicos con frecuencia reaccionan con menos cariño, mientras que las chicas reaccionan con menos confianza. El desafío para los padres consiste en proporcionar a una chica dosis adicionales de cariño, comprensión y respeto para que pueda seguir confiando en las personas, y en dar a un chico dosis adicionales de confianza, aceptación y agradecimiento para mantenerlo motivado.

> **El desafío para los padres consiste en proporcionar a una chica dosis adicionales de cariño, comprensión y respeto para que pueda seguir confiando en las personas.**

Las chicas tienen mayor necesidad de sentir que pueden confiar en que sus padres estarán disponibles cuando los necesiten y comprendan sus sentimientos, deseos y necesidades. Es su necesidad de ser vulnerables y depender de los demás. Tienen que sentir que pueden depender sin temor de sus padres para obtener apoyo. Esta necesidad con frecuencia se satisface comunicando los sentimientos y pidiendo ayuda. Cuando una chica sufre, tiene que saber que puede contar con el cariño de sus padres. Cuando recibe el cariño que necesita, puede sentir confianza y mostrarse abierta. Una chica confiada es una chica feliz y realizada. La seguridad es esencial para que una chica desarrolle sus dones y talentos. De otro modo, se siente indigna, se resiste al apoyo y no se hace querer.

A veces, si no puede hacer nada para conseguir lo que necesita, una chica puede reprimir sus vulnerabilidades femeninas, volverse más masculina y necesitar más espacio, confianza, aceptación y agradecimiento. Para esta chica, resulta demasiado doloroso necesitar cariño y no conseguirlo, de modo que niega su lado femenino y su lado masculino surge con todas sus necesidades.

Cuando una chica se siente abandonada, a menudo le resulta muy doloroso el hecho de seguir necesitando cariño y su reacción es volverse más masculina.

Esto no quiere decir que una chica con rasgos más masculinos tenga su lado femenino tocado para siempre. Quizá tenga un temperamento activo, lo que puede hacerle parecer más masculina. Aunque se comportan más como chicos, las marimachos siguen siendo chicas. Siguen necesitando más cariño, comprensión y respeto.

Es cierto que los chicos necesitan cariño, comprensión y respeto para sentirse seguros y confiados, pero para ellos es más importante la motivación. Los chicos tienen que sentirse motivados, si no, dejarán de sentir cariño. Cuando un chico deja de sentir cariño, se vuelve aburrido, incontrolable y puede experimentar problemas de aprendizaje. Cuando no se siente motivado, pierde el norte y se deprime o se vuelve hiperactivo. Los chicos tienen una mayor necesidad de sentirse motivados.

El desafío de los padres en relación con un chico es proporcionarle dosis adicionales de confianza, aceptación y agradecimiento para mantenerlo motivado.

Para que un chico sienta cariño, tiene que sentirse motivado por el éxito y las recompensas. Necesita recibir el mensaje claro de que puede hacer felices a sus padres y lo está consiguiendo. Cuando lo logra, sigue sintiéndose motivado, si no, se vuelve débil e indiferente. Los premios por portarse bien le indican claramente que él también ha tenido éxito.

Aunque ofrecer ayuda a una chica puede hacerle sentirse especial y cuidada, un chico puede tomarlo como un insulto. Ofrecer ayuda a un chico puede implicar que no nos fiamos de que haga lo correcto. A veces la mayor muestra de cariño que podemos darle a un chico es proporcionarle espacio para que haga algo él solo. Aunque esto signifique que vaya a fracasar, confíe en que aprenda la lección. Y, por favor, no olvide que si fracasa no debe reprocharle: «Ya te lo dije.»

> **Ofrecer cariño a una chica puede hacerla sentir cuidada, pero un chico puede tomarlo como un insulto.**

Obviamente una chica también necesita sentir que confían en ella, la aceptan y la valoran, pero para que un chico se sienta motivado, a menudo necesita una dosis más alta de estas cosas. Un chico siente más cariño cuando se le considera competente y aceptable tal como es. Las grandes dosis de confianza hacen que un chico se sienta competente. El gran aliciente para sentirse motivado es el agradecimiento. Cuando un chico siente que se le reconoce lo que hace, se siente motivado a hacer más. No hay mayor factor de motivación que el propio éxito.

Los chicos son de Marte, las chicas son de Venus

Comprender que los chicos tienen necesidades diferentes ayuda a las madres en particular a efectuar las modificaciones correctas para darles lo que necesitan. Asimismo, al comprender las necesidades especiales de una chica, los padres en particular efectúan las modificaciones correctas para darles lo que necesitan. No basta con quererlos y darles lo que nosotros querríamos o necesitaríamos, tenemos que adaptar nuestro apoyo afectuoso para que satisfaga sus necesidades en particular. Recordar que los chicos (como los hombres) son de Marte y las chicas (como las mujeres) son de Venus facilita mucho la educación de los hijos.

A veces si un chico no puede hacer nada para conseguir la confianza, la aceptación y el agradecimiento que necesita, puede que reprima sus características y sus vulnerabilidades más masculinas, se vuelva más femenino y necesite sentirse cuidado, comprendido y respetado. A este chico le resulta muy doloroso el seguir necesitando confianza y no conseguirla, de modo que niega su lado masculino y su lado femenino surge con todas sus necesidades. Cuando se le colma de cariño, puede que su reacción sea volverse más necesitado y que quiera sentirse cuidado en lugar de necesitar espacio.

> **Cuando a un chico se le colma de cariño, puede que su reacción sea volverse más necesitado.**

Esto no significa que un chico con rasgos más femeninos tenga su lado masculino tocado para siempre. Quizá tenga un temperamento más sensible y en muchos aspectos parezca más femenino. Los chicos sensibles a menudo tienen más hormonas femeninas y niveles más bajos de hormonas masculinas, de modo que manifiestan por naturaleza más tendencias femeninas.

La investigación ha demostrado que los hombres homosexuales, los hombres con talento y muchos hombres zurdos tienen diferencias cerebrales significativas respecto a otros hombres. Su cerebro, como el de la mayoría de las mujeres, suele tener más conexiones neurales entre los dos hemisferios cerebrales. Estas diferencias cerebrales, juntamente con las diferencias hormonales, son en parte responsables de que algunos chicos sean más sensibles. Aunque los chicos más sensibles tienen más atributos femeninos, siguen siendo chicos y necesitan más confianza, aceptación y agradecimiento.

He aquí unos ejemplos sencillos para recordar que los chicos son de Marte y las chicas de Venus.

Los chicos son de Marte	*Las chicas son de Venus*
Necesitan más amor, atención y reconocimiento en relación con lo que hacen, su capacidad para hacerlo sin ayuda y la diferencia que ello supone.	Necesitan más amor, atención y reconocimiento en relación con quiénes son, qué sienten y qué quieren.
Necesitan sentirse más admirados por lo que hacen. Reconozca lo que hacen.	Necesitan que se las respete más por ser quienes son. Elógiela por ser quien es.
Tienen mayor necesidad de sentirse motivados y animados.	Tienen mayor necesidad de ayuda y tranquilidad.
Se sienten muy felices cuando ven que los necesitan y pueden proporcionar el apoyo necesario. Se deprimen cuando creen que no los necesitan o que son incompetentes para llevar a cabo la tarea que les espera.	Son muy felices cuando ven que pueden conseguir el apoyo que necesitan. Se deprimen cuando creen que no pueden conseguirlo y tienen que hacerlo todo por sí mismas.
Principalmente necesitan confianza, aceptación y agradecimiento para sentir cariño y motivación.	Principalmente necesitan cariño, comprensión y respeto para ser confiadas y enérgicas.

El señor arreglatodo

El error más común que cometen los padres es ofrecer soluciones en lugar de empatía cuando sus hijos están disgustados y necesitan expresar su resistencia a la vida. A los hombres les encanta solucionar problemas y con frecuencia se precian de ser «el señor arreglatodo». Los padres olvidan que a veces los niños solo quieren que alguien comprenda por qué están disgustados en lugar de ofrecerles una solución para sentirse mejor inmediatamente. Cuando los niños siempre reciben soluciones, a la larga dejarán de revelar su mundo interior.

En Marte solo hablan de los problemas cuando buscan soluciones, si no, la actitud de los marcianos es no hablar. «Si no puedes hacer nada, simplemente olvídalo.» En Venus sucede lo contrario. La actitud de las venusianas es: «Si no puedes hacer nada, al menos puedes hablar de ello.» Por lo general los hombres no comprenden o ni siquiera captan que las mujeres disfrutan comunicando su dolor. En Marte puede parecer inexplicable, pero en Venus es una experiencia común.

Del mismo modo, los padres tienden a no hacer caso de los problemas de sus hijos y ofrecen soluciones o les quitan importancia sin darse cuenta de que con esto los niños se sienten menospreciados. Una vez mi hija nos explicó por qué no le gustaba que uno de mis amigos la ayudara con las matemáticas en casa. Dijo: «Siempre que tengo un problema, dice: "Es fácil." Hace que me sienta como una estúpida por no saber hacerlo.»

Cuando los padres no comprenden la resistencia de sus hijos a la vida ni le prestan atención, los niños malinterpretan su intención. Cuando los padres ofrecen soluciones fáciles, los niños pueden pensar que algo les pasa o que están exagerando el problema, en lugar de sentirse seguros y apoyados. Antes de que los niños lleguen a plantearse lo disgustados que deberían estar, primero deberían poder sentir sus emociones. Cuando los padres se contienen y no ofrecen soluciones fáciles, los niños consiguen la confianza y el cariño que necesitan.

He aquí unos ejemplos de frases que puede decir un padre y que podrían afectar a los sentimientos de los niños:

No te preocupes por esto.

No pasa nada.

¿Para qué?

No es tan difícil.

No es tan malo.

Estas cosas pasan.

Es ridículo.

Deberías hacer esto.

Haz otra cosa.

Hazlo.

No lo entiendo.

Ve al grano.

No pasará nada.

No es tan importante.

Encárgate de ello.

¿Qué quieres que haga?

¿Por qué me lo explicas?

Con una mayor conciencia de cómo pueden invalidar sin darse cuenta los sentimientos de sus hijos, los padres podrán proporcionar con más eficacia el apoyo que necesitan los chicos y las chicas. Aunque las mujeres saben qué significa querer que sus maridos las escuchen, a menudo se olvidan de escuchar a sus hijos. En lugar de dejar que se muestren disgustados o decepcionados, ellas también intentan arreglarlo.

Está muy bien solucionar los problemas cuando esto es lo que piden los hijos. En la mayoría de los casos los padres tienen que escuchar más tiempo y hablar menos para que sus hijos expliquen más cosas. Al dejar de intentar solucionar los problemas de nuestros hijos, nuestra tarea será más fácil y nuestros hijos serán más felices.

LA SEÑORA MEJORATODO

El error más común que cometen las madres es dar consejos no solicitados cuando sus hijos se portan mal, se equivocan o parecen necesitar ayuda. A las mujeres les encanta mejorar las cosas en la vida y en el hogar. No es que los hombres no quieran mejorarlas, pero la actitud del hombre es «arréglalo solo cuando no funcione; si no, déjalo.»

Las mujeres se dan cuenta de que por muy bueno que sea algo, siempre puede ser mejor.

Cuando una mujer quiere a un hombre, su tendencia a convertirse en «la señora mejoratodo» se concentra en él. Con frecuencia el hombre se resiste a sus preguntas y sus consejos no solicitados. Cuando una mujer se convierte en madre, entonces concentra sus tendencias de señora mejoratodo en sus hijos. Las mujeres deben recordar que del mismo modo que no hay que arreglar a los niños, tampoco hay que mejorarlos.

Cuando una madre se preocupa o aconseja demasiado, colma a los niños de cariño y les priva de la confianza que necesitan. La tendencia de una madre a preocuparse, corregir y aconsejar perjudica más a los chicos que a las chicas. Por cada corrección deberíamos ver a nuestros hijos haciendo algo bien y reconocérselo tres veces. Tres cosas positivas por cada una negativa es una buena proporción.

Por cada corrección, vea a su hijo haciendo algo bien y reconózcaselo tres veces.

Dirigir a los niños para que se comporten de manera correcta es incluso mejor que corregirlos con consejos. En lugar de decir «Deberías tratar bien a tu hermana», diga «¿Querrías tratar bien a tu hermana? Quiero que os llevéis bien».

Al darles a los niños una nueva dirección, nos centramos en el éxito y no en lo que han hecho mal. Al centrarnos en lo que queremos y en la oportunidad de que lo hagan, reducimos la resistencia de los niños. Luego, cuando el niño esté preparado para recibir explicaciones, preguntará y se mostrará receptivo.

He aquí unos ejemplos:

Has dejado tu plato en la mesa.	¿Querrías traer el plato al fregadero?
No grites en casa.	Por favor, habla bajo, o (para niños mayores) por favor, no grites.
Tu habitación todavía está hecha un desastre.	¿Querrías arreglar tu habitación, por favor?
Tienes los cordones de los zapatos desatados.	¿Querrías atarte los cordones de los zapatos, por favor?
Llevo media hora esperando aquí. Cuando vayas a retrasarte, envíame un mensaje o telefonéame.	Cuando sepas que vas a retrasarte, ¿querrías enviarme un mensaje o telefonearme? Llevo media hora esperando.
Si fueras más organizado, no lo habrías olvidado.	Dedica más tiempo a organizarte, por favor, y así quizá no lo olvides.

El uso de las cinco técnicas de la educación positiva para crear cooperación libera a las mujeres de la necesidad de dar sermones o corregir a sus hijos. Los niños descubren con naturalidad qué está bien y qué es bueno al hacer satisfactoriamente lo que les pedimos.

Cuando una madre corrige a un hijo o le aconseja sin que se lo haya pedido, el mensaje que recibe el niño es que no es lo suficientemente bueno o algo le pasa. El niño se sentirá cuidado, pero no sentirá que confían en él. De adulto, puede que este niño se sienta querido por su madre, pero que no comprenda por qué tiene tanto miedo o tanta falta de seguridad en sí mismo para asumir riesgos.

CUANDO LOS CONSEJOS SON BUENOS

Los consejos no son malos. Cuando los niños piden consejo, entonces son muy útiles. El gran problema es que las madres aconsejan demasiado y, en consecuencia, sus hijos dejan de escuchar. Es especialmente contraproducente dar buenos consejos cuando el niño se resiste. Esto significa que el niño levantará barreras gradualmente para no pedir consejo cuando lo necesite. Aconsejar es bueno cuando el niño lo pide. Si no los colmamos de consejos, pedirán más consejo a medida que se hagan mayores.

Los chicos son más sensibles a las soluciones que las chicas. Una chica se resistirá más y seguirá contando sus problemas, mientras que un chico perderá toda su motivación. Cuando un padre o una madre aconseja a un chico sin que este lo haya pedido, el chico deja de contar sus problemas, deja de preguntar y, aún más importante, deja de escuchar.

> **Demasiados arreglos hacen que una chica crea
> que es arriesgado contar sus problemas,
> mientras que demasiadas mejoras hacen que un niño
> se resista a escuchar.**

Las madres tratan de aconsejar para que sus hijos no sufran los mismos problemas una y otra vez. Este apoyo bienintencionado hace que el niño se cierre completamente. En este caso la queja de la madre es: «No quiere decirme nada» y «No quiere escuchar». Las madres deben confiar en que sus hijos podrán aprender y aprenderán ellos solos, o si no preguntarán.

Una gran diferencia entre chicos y chicas es que aquellos olvidan y estas recuerdan. A menudo una madre se siente frustrada porque espera que un chico recuerde lo que le ha pedido. Un padre con frecuencia se siente frustrado porque su hija tiende a hablar de los problemas más de lo necesario. Analicemos por qué se ponen de manifiesto estas diferencias.

Los hombres y los chicos sobrellevan el estrés concentrándose en una cosa: un problema importante pendiente de solución o algo importante que tienen entre manos. Cuanto más estrés tienen, más tienden a olvidarse de todo menos de lo que tienen entre manos. Un hombre puede estar tan concentrado en el trabajo que se olvide de que hoy es su cumpleaños, su aniversario o incluso el cumpleaños de su hijo.

> **En situaciones de estrés, los chicos se concentran más, mientras que las chicas necesitan hablar más.**

Las mujeres no suelen comprender bien esta diferencia y toman por falta de cariño lo que solo es mala memoria. Cuando la mujer está estresada, tiende a recordar más. Es difícil que una mujer olvide cosas y responsabilidades importantes cuando está estresada. Este es el motivo por el que, después de un día estresante, la mujer a menudo quiere recordar y hablar de cómo le ha ido el día, mientras que el hombre prefiere olvidarse de todo y ver la televisión o leer el periódico.

Esta clase de actividad es muy relajante para el hombre, mientras que la mujer quiere explayarse, hablar de cómo le ha ido la jornada, recordar los detalles y luego desahogarse. Un hombre se desahoga olvidando lo que le produjo estrés; una mujer se desahoga recordándolo.

Esta diferencia básica explica por qué los hombres y las mujeres no se entienden bien la mayoría de las veces. Comprender esta diferencia no solo facilita las relaciones, sino que también nos ayuda a comprender y apoyar mejor a nuestros hijos.

> **Comprender las diferencias nos ayuda a comprender
> y apoyar mejor a nuestros hijos.**

Con frecuencia, cuando parece que una chica se queja, lo que realmente necesita es tiempo para recordar y hablar de cómo le ha ido el día. Esto ayuda al padre a comprender por qué no debería limitarse a averiguar qué pasa y luego dar una solución. Una chica necesita tiempo y atención. Al prestarle toda su atención en lugar de fingir que la escucha, satisfará la necesidad de la chica.

Una chica necesita literalmente toda la atención de su padre para liberar el estrés del día. Al aplicar las técnicas de la educación positiva, los padres no deben utilizar un premio o un momento a solas a las primeras de cambio. Una chica necesita más tiempo para comunicar y expresar su resistencia. Para la chica, hablar es una de las mejores maneras de liberar el estrés del día.

A menudo, cuando un chico pequeño olvida hacer lo que su madre le ha pedido, esta cree que simplemente no escucha. En muchos casos el chico ha escuchado, pero luego lo ha olvidado. Cuando un chico está estresado, tiende a bloquear todos los mensajes estresantes. Cuando una madre exige algo o le da la lata para que haga algo, esto es un mensaje estresante y, por lo tanto, el chico tiende a olvidarlo.

Cuando las madres utilizan los sentimientos de disgusto para respaldar sus exigencias de obediencia, los chicos olvidan literalmente los mensajes estresantes. Una madre puede beneficiarse mucho si comprende esto. Para ayudar a su hijo a recordar sus peticiones, tiene que formularlas de manera positiva. Si omite las emociones negativas y utiliza peticiones positivas en lugar de exigencias, es probable que su hijo recuerde y responda. Hasta los 9 años, cuando un chico olvida algo, nunca es culpa suya. A veces tiene que olvidar, en especial cuando no para de recibir mensajes estresantes para que recuerde.

Todas las generaciones son diferentes de la anterior. Cuando los padres fomentan una actitud de aceptación de las diferencias, los niños, al llegar a la adolescencia, no esperarán ser rechazados por pensar de manera diferente. Muchas personas creen equivocadamente que los problemas de hoy son consecuencia de que los niños tienen demasiada libertad. Es cierto que esto forma parte del problema, pero privarles de libertad no es la solución. La solución es fortalecer el vínculo entre padres e hijos con las técnicas de la educación positiva.

> **La solución no es privarles de libertad, sino fortalecer el vínculo de la comunicación.**

Ser diferente no significa que uno sea mejor que otro. Cuando los padres mantienen una actitud abierta respecto a la adolescencia, los adolescentes no necesitan alejarse para conseguir la aceptación que buscan. Aunque un padre sea muy afectuoso y atento con sus hijos, si tiene una mentalidad cerrada, el adolescente sentirá la necesidad de oponerse y rebelarse, de escaparse de sus límites opresivos. Si mantenemos nuestros valores de lo que es bueno pero no condenamos a los demás, nuestros hijos adolescentes percibirán que pueden acudir a nosotros en busca de apoyo. De otro modo, destruirán los canales de comunicación.

La cultura de la violencia

Hoy más que nunca los adolescentes necesitan canales de comunicación claros y abiertos con sus padres. Los desafíos a que se enfrentan los adolescentes son enormes. Sin el apoyo de los padres, es muy difícil no dejarse influir por los estímulos negativos. Los adolescentes ya son vulnerables a la presión de sus compañeros. Si no tienen una base firme de comunicación positiva con sus padres, les resulta muy difícil ser ellos mismos y aferrarse a sus valores y sus necesidades.

Sin esta base de comunicación con los padres, el adolescente se deja influir fácilmente por la negatividad de este mundo. Los adolescentes e incluso los preadolescentes pueden ser muy malos. Sin un sólido apoyo en casa, los niños sucumbirán fácilmente a la presión de sus compañeros para experimentar con las drogas, el alcohol, la violencia, las bandas juveniles, el robo, la mentira, el engaño y la promiscuidad sexual a fin de obtener la aceptación de los demás. Cuando los adolescentes no se sienten aceptados en casa, están dispuestos a renunciar a sus valores para tratar de obtener la aceptación de sus compañeros.

> **Cuando los adolescentes no se sienten aceptados en casa, tratan de obtener la aceptación de sus compañeros.**

Hoy en día, los adolescentes entran en la cultura de la violencia. Son más sensibles que cualquier generación anterior. Esto significa que lo que entra, sale inmediatamente. Cuando los adolescentes no son sensibles ni abiertos, el mundo exterior no les afecta tanto. En una sociedad libre llena de alternativas, nuestros hijos son más vulnerables a dejarse influir por los demás. Una manzana podrida echa cien a perder.

Por un lado, los adolescentes sienten la necesidad saludable de ser más independientes y, por el otro, necesitan nuestro apoyo más que nunca. Para prestar este apoyo de manera eficaz, los padres tienen que evitar los arreglos y las mejoras y, en cambio, mantener una actitud abierta para que los hijos quieran su apoyo positivo.

Al expresar nuestras opiniones, también debemos procurar apoyar a nuestros hijos para que tengan opiniones diferentes. Cuando los padres insisten en un «pensamiento de sentido único», sus hijos adolescentes insisten en el sentido contrario. Tenga una actitud abierta y sus hijos serán libres de tomar sus propias decisiones en lugar de reaccionar o rebelarse contra las suyas. Cuando los niños crecen en un entorno que acepta las diferencias, no se sienten tan presionados para parecerse a sus compañeros. Asumen y reafirman su derecho a ser tenaces y diferentes.

> **Tenga una actitud abierta y sus hijos serán libres de tomar sus propias decisiones en lugar de rebelarse.**

Para apoyar a nuestros hijos, debemos reprimir los consejos, las opiniones rígidas y las soluciones. Esta actitud mantendrá los canales de comunicación abiertos. Afortunadamente nunca es demasiado tarde para abrirlos. El uso de las técnicas de comunicación de la educación positiva y la aplicación de los cinco mensajes positivos puede abrir estos canales a cualquier edad.

Diferentes temperamentos

Como hemos analizado en el capítulo 4, básicamente existen cuatro temperamentos: sensible, activo, despierto y receptivo.

1. Los niños sensibles tienen sentimientos más intensos, profundizan más y son más serios.

2. Los niños activos son tenaces, asumen riesgos y quieren ser el centro de atención.

3. Los niños despiertos son inteligentes, volátiles y necesitan más estimulación; pasan de una cosa a otra.

4. Los niños receptivos son educados y están dispuestos a cooperar; siguen bien las instrucciones pero se resisten al cambio.

Aunque la mayoría de los niños tiene al menos un poco de cada temperamento, por lo general predominan uno o dos. Si los padres comprenden en qué difieren los temperamentos, podrán identificar fácilmente el temperamento predominante de su hijo y descubrir qué necesita. (Remítase al capítulo 4 para identificar las necesidades y las técnicas específicas para alimentar un temperamento.)

Cuando el temperamento de un hijo es distinto del de los padres, a menos que estos conozcan los cuatro temperamentos les resultará difícil prestarle apoyo. Se producen muchas heridas y muchos abandonos innecesarios porque los padres no comprenden estas diferencias simples y elementales.

> **A menos que los padres conozcan los cuatro temperamentos, les resultará difícil prestar apoyo a un niño cuyo temperamento difiera del suyo.**

Con frecuencia, uno de los problemas más importantes que tienen los padres para llevarse bien es que no se ponen de acuerdo sobre qué necesitan sus hijos. Un padre *receptivo* sabrá instintivamente qué necesita un hijo *receptivo,* pero si la madre es *activa, sensible* o *despierta* no podrá saberlo instintivamente. Como padres, no siempre podemos suponer que lo que funciona para nosotros funcionará para nuestros hijos. No solo sufre el niño, sino que los padres discuten innecesariamente.

Por ejemplo, si los padres no comprenden los diferentes temperamentos, un padre *despierto* no solo pensaría que hay algo de malo en la resistencia al cambio de un hijo *receptivo,* sino que no podría proporcionarle el ritmo y la repetición que necesitan los niños *receptivos.*

Por otro lado, un padre *receptivo,* al que no le gusta el cambio sino la repetición, pensaría que algo le pasa al niño *despierto* que nunca acaba las cosas. Si no es consciente de este hecho tan importante, el padre no proporcionará al niño las actividades variadas que necesita.

Cuando los padres aprenden a aceptar y alimentar los diferentes temperamentos, estos se transforman y florecen de manera natural. Ciertos niños pueden tener un poco de los cuatro temperamentos al principio y avanzar gradualmente por todos ellos a lo largo de sus vidas. Cuando se alimenta un temperamento, al menos por un tiempo, se transformará en el siguiente. He aquí algunas de las transformaciones que cabe esperar:

Los *niños sensibles*, que tienen sentimientos más intensos, profundizan y son más serios, gradualmente se animan, y se divierten y ríen mucho además de ser originales. Se vuelven más despiertos. Cuando se sienten escuchados, tenderán a volverse más volátiles y risueños por un tiempo.

Los *niños despiertos*, que son inteligentes, volátiles y necesitan más estimulación al pasar de una actividad a otra, aprenden gradualmente a concentrarse, ser disciplinados y comprometerse plenamente en las relaciones y el trabajo. Se vuelven más receptivos. Cuando pueden hacer muchas cosas, empiezan a encontrar algo que les gusta de verdad y se vuelven más centrados por un tiempo.

Los *niños receptivos*, que son educados, están dispuestos a cooperar y siguen bien las instrucciones pero se resisten al cambio, gradualmente se vuelven más automotivados, sensatos, adaptados y flexibles. Se vuelven más activos. Cuando tienen una rutina fija, se sienten suficientemente seguros para asumir riesgos y probar nuevas cosas.

Los *niños activos*, que son tenaces, asumen riesgos y quieren ser el centro de atención, gradualmente se muestran más dispuestos a cooperar y más compasivos con los demás. Se vuelven más sensibles. Cuando consiguen suficiente estructura y orientación para sentir que son competentes o tienen éxito en la consecución de sus objetivos, se vuelven más sensibles y conscientes de las necesidades de los demás y el deseo de servir.

Basándonos en los diferentes temperamentos, podemos ver mejor qué actividades son más apropiadas para cada niño. Teniendo en cuenta los temperamentos, analicemos unas actividades de tarde.

El niño sensible necesita mucha comprensión

A los niños sensibles les cuesta hacer amistades, de modo que necesitan más ayuda. Los padres tienen que darles actividades supervisadas que fomenten las interacciones seguras y armoniosas. Estos niños no requieren mucha estimulación. Necesitan juntarse con personas que tengan capacidades y sensibilidades similares. Es muy bueno para ellos ayudar a cuidar de una mascota. Una mascota o un animal de peluche siempre los comprende.

El niño despierto necesita más variedad en sus actividades que los demás niños

Los padres que proporcionan a sus hijos mucha estimulación por la tarde alimentan esta importante necesidad. Las colonias de verano, los museos, los parques, los centros comerciales, los deportes, la gimnasia, el patinaje, el cine, un poco de televisión, los juegos de vídeo, los libros, los paseos, la natación y los columpios proporcionan estimulación. Estos niños pueden aficionarse fácilmente a los juegos de vídeo o la televisión y sentir angustia porque no reciben otras clases de estimulación natural.

El niño receptivo necesita una rutina fija cada día

Demasiadas actividades alteran su ritmo. Estos niños podrían llegar a casa todas las tardes y leer, sacar a pasear al perro, ver programas de televisión, comer algo y hacer deberes. Les sienta de maravilla la rutina y no les gusta que haya muchos cambios. Pasar demasiado tiempo con hermanos despiertos o activos puede causarles angustia. Les gusta ver la acción, pero cuando se les pide que participen demasiado, se estresan. Si se les lleva a la guardería o participan en actividades extraescolares, habría que avisar a los profesores de que a estos niños les gusta mirar y no hay que ponerlos en un apuro para que participen en la acción.

El niño activo necesita mucha estructura

Necesitan mucha supervisión, normas, líderes y acción. Los deportes y los equipos supervisados son fantásticos para ellos. Déjelos solos y se volverán unos mandones, se meterán en líos y también meterán a los demás en líos. Si hay una manzana podrida que suele traer problemas a las demás, es esta.

DIFERENTES TIPOS SOMÁTICOS

Los padres también deben comprender que hay niños que tienen un tipo somático, y todos los tipos deben valorarse por un igual. Esto resulta muy difícil porque los tipos somáticos se ponen de moda y pasan de moda. En los países y las épocas en que hay escasez de alimentos, la gordura se considera bella. Sin embargo, cuando los alimentos abundan, la delgadez es bella. A pesar de la moda, los músculos en el hombre siempre están de moda.

> **En los países y las épocas en que hay escasez de alimentos, la gordura se considera bella.**

A pesar de la moda o la opinión social actual respecto al cuerpo, los niños nacen con unos tipos somáticos específicos que no varían mucho. Hay personas delgadas o rectangulares, personas gordas o redondas y personas musculosas o triangulares. Todas las personas nacen con un tipo somático que no cambia mucho. Aunque existen tres tipos somáticos básicos, pueden darse millones de combinaciones y permutaciones.

A veces los niños gordos adelgazan o se vuelven más musculosos; las personas musculosas se engordan o se adelgazan, y las personas delgadas engordan o se vuelven más musculosas. Lo importante es la aceptación. Todos los niños son diferentes. Si todos nos pareciéramos, el mundo sería muy aburrido. Esperar que un niño regordete sea delgado no es realista. Así pues, muchos chicos y chicas sienten que no dan la talla porque sus padres están obsesionados con su peso o simplemente porque se han rendido y su aspecto les da igual.

> **Esperar que un niño regordete sea delgado no es realista.**

Para ser un buen modelo de conducta, los padres tienen que aceptar sus propios cuerpos y procurar mantener un peso saludable. Para la mayoría de la gente, esto significa aceptar que no van a parecerse a un modelo. Del mismo modo que las chicas suelen tener problemas de peso, algunos chicos tienen problemas de músculos. No son tan corpulentos o fuertes como otros y se preguntan por qué sus músculos no se desarrollan tanto.

Una madre o un padre tiene que explicar a su hijo que todas las personas son únicas y diferentes. Los cuerpos musculosos responden al ejercicio de manera diferente que los delgados. Asimismo, un padre podría explicarle a un hijo con problemas de peso que ciertas personas comen mucho y no engordan, mientras que a otras les sucede lo contrario. Si no, un niño regordete supondrá equivocadamente que come demasiado o no tiene disciplina para comer la cantidad correcta.

DIFERENTES CLASES DE INTELIGENCIA

Para apoyar y valorar más los dones de nuestros hijos, es importante darse cuenta de que existen diferentes clases de inteligencia.

En Occidente, solemos creer que la inteligencia se determina mediante un test. Irónicamente estos tests son arbitrarios y suelen hacer que los coeficientes intelectuales de los chicos parezcan más altos y los de las chicas más bajos. Cuando los tests de inteligencia se centran en las capacidades espaciales, los chicos obtienen mejor puntuación; cuando se centran en las habilidades del lenguaje, las chicas obtienen mejor puntuación.

Además de discriminar a las chicas, estos tests no tienen en cuenta todas las clases de inteligencia. Alguien decide qué problemas aparecerán en el test y, por lo tanto, condiciona el resultado. Los tests de inteligencia solo evalúan cierta clase de inteligencia, y el hecho de tener un coeficiente intelectual elevado de ningún modo está vinculado al éxito en la vida, las relaciones o el trabajo, ni un coeficiente intelectual bajo al fracaso.

> **Además de discriminar a las chicas, los tests de inteligencia no tienen en cuenta las distintas clases de inteligencia.**

Con tantos doctores sin trabajo y divorciados, ahora todo el mundo empieza a darse cuenta de que el éxito académico no garantiza el éxito laboral ni el éxito en la vida. Los niños que poseen un nivel superior de inteligencia académica obtienen mejores resultados en las escuelas públicas tal como están organizadas actualmente, pero esto no garantiza el éxito en la vida, el trabajo o las relaciones.

Desafortunadamente los niños que poseen otras clases de inteligencia no reciben tanto reconocimiento ni apoyo en las escuelas públicas. Existen básicamente ocho clases de inteligencia y todos los niños nacen con una distribución única de cada una de ellas. Las clases de inteligencia son como los distintos colores que podemos utilizar para pintar el paisaje de nuestras vidas. Consisten en: académica, emocional, física, creativa, artística, de sentido común, intuitiva y superdotada. Todos los niños nacen con diferentes grados de cada una, y cada una puede potenciarse con un apoyo adecuado.

Inteligencia académica

Los niños que poseen una buena inteligencia académica son buenos estudiantes. Pueden estar sentados, escuchar y aprender. Son capaces de asimilar, comprender y repetir los conocimientos que les imparten. Si les presentan los conocimientos, pueden recordarlos. Esto no significa necesariamente que puedan aplicarlos o utilizarlos de manera constructiva en la vida.

Los adultos saben que buena parte de lo que aprendieron en la escuela se olvida, pero la escuela nos enseña a pensar, analizar, comprender y encontrar recursos. La inteligencia académica se estimula con la lectura, la escritura y escuchando conferencias. Los padres tienen que darles a estos niños oportunidades académicas.

Inteligencia emocional

Los niños que poseen una buena inteligencia emocional pueden crear y mantener relaciones saludables con los demás y consigo mismos. Son más conscientes de cómo piensan y se sienten los demás y pueden identificarse con el punto de vista de otra persona. Esta capacidad de conectar y sentir compasión les es muy útil, no solo en sus vidas privadas, sino también en el mundo laboral.

Las personas que triunfan en el mundo laboral tienen un nivel elevado de inteligencia emocional. Esta clase de inteligencia también nos proporciona la capacidad de controlar y expresar nuestros sentimientos íntimos, nuestros deseos y necesidades. Cada vez más escuelas incorporan programas para comprender los sentimientos, desarrollar empatía y mejorar la comunicación personal. Los padres tienen que darles a estos hijos oportunidades para relacionarse socialmente y ellos mismos deben tener unas buenas técnicas de comunicación.

Inteligencia física

Los niños que poseen una elevada inteligencia física son buenos deportistas y capaces de mantenerse fuertes, saludables y llenos de vitalidad. Comprenden por instinto que su cuerpo necesita ejercicio y buenos alimentos. Necesitan oportunidades para practicar y entrenarse a fin de desarrollar sus capacidades atléticas. Sus capacidades innatas pueden mejorar espectacularmente si tienen la oportunidad de competir con otros niños. La competición saludable pone de manifiesto sus mejores cualidades. Necesitan un reconocimiento positivo para desarrollar la autoestima. No solo se sienten bien, sino que también saben cómo tener buen aspecto. La inteligencia física abarca desde los deportes hasta la salud corporal. Estos niños necesitan conocer su cuerpo y saber qué los hace fuertes y exuberantes. Su aspecto positivo y su vitalidad los ayuda a tener éxito en la vida.

Inteligencia creativa

Los niños que poseen una elevada inteligencia creativa tienen un sentido de la imaginación más desarrollado. Pueden jugar con cualquier cosa y a menudo crean amigos imaginarios. No necesitan mucho para estimularse. Cuando hacemos demasiado por ellos, no desarrollan su imaginación. Responden bien cuando escuchan cuentos, porque tienen que usar su imaginación para crear las escenas y los personajes.

Un exceso de televisión, en que las imágenes son visuales, puede debilitar su capacidad de imaginación. Del mismo modo que todas las inteligencias se desarrollan cuando se utilizan, esta se desarrolla cuando se estimula la imaginación, lo que permite a los niños pensar de manera diferente. Estos niños triunfan en la vida cuando otros fracasan porque pueden ver las cosas de una manera nueva y diferente.

Muchos empresarios prósperos no tuvieron una educación formal o no fueron buenos estudiantes, pero triunfaron porque eran creativos. En su infancia y su adolescencia, a menudo recibieron apoyo por pensar de manera diferente. Se les autorizó a hacerse un lugar en la vida. Tienden a ser más originales y triunfan haciendo sus propias cosas. A menudo son zurdos. Los padres tienen que darles mucho apoyo por pensar de manera diferente.

Inteligencia artística

Los niños que poseen una elevada inteligencia artística por naturaleza están más interesados en cantar, dibujar, diseñar, escribir, actuar y otras formas de expresión artística. Necesitan el estímulo de otras personas que dominen sus talentos artísticos. Aunque todos los niños necesitan modelos de conducta, estos niños en concreto necesitan buenos modelos de conducta de inteligencia artística. Son diferentes, más sensibles y con frecuencia no reciben el apoyo emocional que necesitan.

Los padres tienen que alentarlos a seguir sus sueños y desarrollar sus talentos específicos y sus aptitudes artísticas. Para que esta inteligencia florezca, los niños necesitan modelos de conducta y la posibilidad de practicar y desarrollar su inteligencia con mucho ánimo y valoración por parte de sus padres.

Inteligencia de sentido común

A los niños que poseen una inteligencia de sentido común a menudo les aburren los sermones intelectuales. Solo quieren información práctica. Esta clase de inteligencia va en aumento en Occidente. Hay tanta información disponible que las personas solo quieren lo necesario. Estos niños se concentran en lo que les es útil y con frecuencia ponen en duda que lo que aprenden en la escuela sea válido para sus vidas.

A fin de mantener el interés de los niños, muchas escuelas intentan actualizar sus programas para que sean oportunos y válidos. Los niños con esta inteligencia necesitan técnicas básicas para su vida, sus relaciones y el trabajo. No se sienten motivados a memorizar información a menos que tenga valor práctico.

La inteligencia de sentido común permite a una persona llevar una vida estable y sensata. Estos niños no se dejan influir fácilmente por principios elevados que ya no son aplicables en el mundo actual. Desean aplicar lo que les funciona. Necesitan poner en práctica lo que saben y aprenden haciendo cosas y evaluando los resultados. Esta inteligencia se desarrolla a través de actividades estructuradas con mucha libertad e independencia.

Inteligencia intuitiva

Los niños que poseen una elevada inteligencia intuitiva simplemente saben cosas. No hay que enseñárselas o decírselas. Simplemente tienen el don de deducir información. Puede tratarse de información de un tema de estudio o información que posee otra persona. Suelen tener una inclinación más espiritual. Solo con leer unas frases de un libro deducen intuitivamente buena parte del contenido y el contexto.

Por ejemplo, si leyéramos un libro sobre técnicas para relacionarse socialmente, el contenido nos proporcionaría información general para ayudarnos a responder de manera apropiada a ciertas situaciones futuras. Tendríamos una idea más clara de qué hay que hacer. Es la ventaja de haber leído el libro. Los niños que poseen una inteligencia intuitiva pueden beneficiarse de los conocimientos de un profesor sin tener que estudiar todos los detalles.

A menudo no prestamos atención a los niños con inteligencia intuitiva. La mayoría de los padres o las escuelas no disponen de programas para desarrollar esta clase de inteligencia. Con estos niños, los padres tienen que preocuparse menos del rendimiento académico y valorar más ese sexto sentido de saber cosas necesarias. La inteligencia intuitiva se estimula principalmente con el contacto personal, no con programas de televisión, ordenadores o libros.

Los niños que poseen una elevada inteligencia superdotada suelen desarrollar ciertas clases de inteligencia en particular pero otras no tanto. Todos los niños nacen con las ocho clases de inteligencia, pero en distintas proporciones. Los niños superdotados tienen mucha inteligencia de una clase, pero poca de otras.

Para llevar una vida feliz y plena, los niños superdotados necesitan apoyo y orientación especiales a fin de fomentar sus dones especiales, si no, se convertirán en personas aburridas y sin motivación. Además, los niños superdotados necesitan un apoyo especial para desarrollar las aptitudes y las áreas de inteligencia en las que cojean.

Las personas especialmente brillantes en un campo a menudo sufren en sus vidas, porque no han alimentado sus otras clases de inteligencia. Puede que un científico brillante o un empresario multimillonario no sea capaz de decir «te quiero» a su pareja. Muchas personas tienen el don de las emociones, pero carecen de buena salud. Estas personas afectuosas cuidan de los demás, pero no cuidan de su propio cuerpo con ejercicio regular. Tradicionalmente los grandes artistas luchan por salir adelante en la vida porque les falta el sentido común necesario para ocuparse de las finanzas y otros aspectos mundanos. Existen innumerables ejemplos de grandes superdotados que sufrieron mucho en sus vidas.

Algunos tienen muy desarrollado el don de la inteligencia física. Siempre ofrecen buen aspecto. Están tan acostumbrados a recibir amor y apoyo por su buen aspecto que temen revelar más su verdadera personalidad y perder esa atención y adoración inmediatas. Por eso la «gente guapa» a veces es muy superficial. Su desarrollo se atrofia porque no quieren arriesgarse a perder el amor que reciben a causa de su aspecto.

> **La posibilidad de fracasar puede impedir
> a los niños aprender nuevas técnicas.**

Este principio es válido para todas las clases de inteligencia. Por ejemplo, las personas que tienen talento académico a veces no tienen tanto don de gentes. Les gusta sobresalir en un campo. Reciben mucho amor y atención por ser los mejores en algo. Intentar trabajar y desarrollar otra inteligencia menos desarrollada es un riesgo demasiado grande.

El razonamiento es sencillo. Si soy mejor en algo, recibo amor y apoyo. Si no soy mejor, perderé ese amor y ese apoyo. Para rebatir este razonamiento, hay que animar a estos niños a desarrollar las áreas de inteligencia en que no son superdotados. En este proceso, a través de la experiencia se dan cuenta de que no tienen que ser los mejores para que los quieran. En consecuencia, pueden llevar una vida más equilibrada, plena y satisfactoria.

DIFERENTES RITMOS DE APRENDIZAJE

Un viejo adagio de Shakespeare reza: «Unos nacen con la grandeza, algunos la consiguen y a otros les viene impuesta.» Cuando esta pura verdad se combina con la conciencia de las distintas clases de inteligencia, ayuda a los padres a comprender y respetar el hecho de que sus hijos aprenden de distintas maneras.

Los niños pueden tener el don o «nacer con la grandeza» de una o dos clases de inteligencia. Pueden aprender gradualmente o «conseguir la grandeza» en relación con otras clases de inteligencia. Respecto a las demás, los niños pueden florecer de manera tardía y «la grandeza puede venirles impuesta».

Las personas que presentan estas tres maneras de aprender pueden clasificarse en tres grupos: corredores, marchadores y saltadores. Para estudiar estos tres ritmos de aprendizaje con más detalle, tomaremos el ejemplo de montar en bicicleta.

Corredores

Estos niños ven a otro niño montando en bicicleta y ya saben montar. Los niños que tienen este estilo de aprendizaje son corredores. Aprenden deprisa, pero para mantener el interés y la participación hay que desafiarlos. Aprenden enseguida porque normalmente tienen talento para ello. Los padres deben procurar asegurarse de que los corredores tienen la oportunidad de desarrollar otras clases de inteligencia que tal vez no les resulten tan fáciles.

Marchadores

Estos niños tardan unas semanas en aprender a montar en bicicleta. Responden bien a las instrucciones y a cada intento mejoran un poco. Pueden empezar con las ruedecillas laterales, pero al cabo de dos semanas ya montan en bicicleta solos. Los padres los denominan «niños de ensueño» o «de trato fácil». Siempre aprenden un poco más, mejoran y nos hacen saber claramente que los estamos ayudando y están aprendiendo. Son de trato tan fácil que a menudo no les damos suficiente apoyo y atención.

Saltadores

Estos niños son los más difíciles y los que suponen un mayor desafío para los padres. Pueden tardar varias semanas en aprender a montar en bicicleta. Siguen las instrucciones, pero no avanzan. No mejoran, no dan muestras de aprender y los padres no saben si sus esfuerzos sirven de algo. Si los padres insisten, dos años después el niño se montará en la bicicleta y de repente empezará a pedalear.

El niño asimila todas las instrucciones, pero los padres no observan ningún indicio de progreso. Entonces, misteriosamente, estos niños de algún modo combinan todo lo aprendido, se montan en la bicicleta y empiezan a pedalear como si llevaran dos años haciéndolo. Puede parecer que no han hecho ningún progreso, pero de repente dan el salto y lo consiguen. Estos niños con frecuencia no reciben el tiempo y la atención necesarios para dar el salto. Sin el ánimo y la perseverancia de los padres, tiran la toalla y nunca desarrollan su potencial interior.

Bueno en unas cosas, pero no en otras

Un niño podría ser un saltador (aprender despacio) cuando se trata de montar en bicicleta, pero un corredor (aprender muy deprisa) cuando se trata de técnicas para relacionarse socialmente. Este niño podría ser la persona más buena y más dispuesta a cooperar en preparar la cena o ir de viaje, pero luego, al montar en bicicleta, se produce un cambio. El niño se resiste y no quiere cooperar. Al comprender los distintos ritmos de aprendizaje, los padres han de tener más paciencia y aceptar la resistencia de sus hijos. Todos los niños sobresalen en algunas áreas, pero se resisten en otras. Ser bueno en una cosa pero no en otra es natural y normal.

Solo porque un niño sea un saltador y parezca que aprende despacio no quiere decir que tenga un nivel bajo de esa inteligencia en concreto. A veces las áreas en que más nos resistimos son aquellas en que poseemos nuestras mayores capacidades. Yo nunca fui un buen escritor ni un buen orador y me resistía a escribir y hablar en público. Ambos dones aparecieron en una etapa posterior de mi vida.

Por otro lado, solo porque un niño sea un corredor o un marchador en un área de inteligencia en particular no significa que vaya a destacar en ese campo o tenga un gran potencial de desarrollo. Por ejemplo, la mayoría de las personas que obtiene un título universitario después no sigue ese camino. Obtener la licenciatura de antropología no significa que vayamos a ser antropólogos. El camino más fácil o el de menor resistencia no siempre es nuestro punto fuerte.

Uno de los grandes errores que cometen los padres es comparar a los niños. Si tenemos un hijo que es un marchador en la mayoría de las áreas de inteligencia, todo será relativamente fácil y no habrá problemas. Si nuestro siguiente hijo es un saltador en ciertas áreas y se resiste más, podemos suponer equivocadamente que algo le pasa.

Los saltadores parece que nunca aprenden ni escuchan. Les enseñamos a poner la mesa y olvidan cómo se hace. Les enseñamos modales y los olvidan una y otra vez. Les enseñamos las tablas de multiplicar y las olvidan a los cinco minutos. Les enseñamos a hablar claramente y se quedan callados. Les enseñamos a atarse los cordones de los zapatos y no pueden hacerlo. Les explicamos los deberes y simplemente no lo entienden.

Sin las técnicas de la educación positiva, estos niños normalmente reciben castigos, lo que hace que les resulte incluso muy difícil desarrollar la confianza en sí mismos. Los niños solo pueden desarrollar confianza en sí mismos cuando reciben mensajes coherentes de que no se les compara con otros niños y son suficientemente buenos tal como son. Todos los niños son únicos y especiales y merecen ser queridos tal como son. Al comprender las distintas maneras de ser de los niños cariñosos y sanos, es más fácil aceptar y prestar apoyo como padres.

Revisar este capítulo de vez en cuando puede facilitar mucho el proceso de educación de los hijos. Los momentos de frustración se deben a que esperamos que nuestros hijos sean distintos de como son. El mero hecho de recordar que tienen que ser diferentes nos ayuda a relajarnos y reflexionar sobre un modo más apropiado de tratar a nuestros hijos.

10

Es aceptable equivocarse

Además de ser únicos y diferentes, todos los niños tienen sus propios problemas. Ningún niño es perfecto, todos se equivocan. *Todo el mundo* se equivoca. Esperar que los niños no cometan errores les transmite una idea cruel e incorrecta de la vida. Es exigir un nivel inalcanzable. Cuando los padres esperan la perfección, los niños se sienten incompetentes e impotentes para satisfacer el nivel exigido por sus padres.

> **Todos los niños se equivocan; es algo perfectamente normal y de esperar.**

Los padres necesitan adaptar continuamente su nivel de exigencia y las expectativas de sus hijos según las capacidades innatas de estos. A todas las edades, las capacidades de los niños cambian de manera natural. Todos los niños tienen distintas capacidades. Cuando un niño cojea en un área en concreto, necesitará más ayuda y a veces necesitará que la orientación de los padres sea discreta. Los niños no deberían recibir el mensaje de que algo les pasa porque se equivocan. Demasiados mensajes que los avergüencen harán que se consideren malos, indignos o que algo les pasa. Se sentirán frustrados y perderán su motivación innata y la confianza en sí mismos.

Hasta los 9 años, los niños no son capaces de hacer frente a los mensajes que los avergüenzan sin sentirse culpables. Cualquier clase de castigo, desaprobación o disgusto afectivo en respuesta a sus errores a la larga transmitirá un mensaje que los avergonzará. Cuando surge un problema, a menos que otra persona asuma la responsabilidad, el niño cargará con toda la culpa.

Antes de los 9 años, un niño no puede distinguir entre *he hecho* algo malo y *soy* malo. Aún no son capaces de pensar con lógica. Un niño reacciona de esta manera: «Si he hecho algo malo, soy malo», o «Si lo que he hecho no está suficientemente bien, no soy suficientemente bueno.»

Sin conciencia de sí mismo, cuando un niño se equivoca no tiene nada a lo que agarrarse. Si comete un error, él es un error. Cuando un niño asume demasiada responsabilidad, los padres pueden corregir esta tendencia asumiendo la responsabilidad ellos mismos y evitando que los niños padezcan.

Muchos adultos tienen baja autoestima y sentimientos de falta de valía porque todavía no pueden percibir esta diferencia. Cuando cometen errores, llegan a la conclusión de que no son suficientemente buenos. Aunque estos adultos son capaces de pensar con lógica, antes de los 9 años no se les apoyó para que sintieran su inocencia interior. Incluso pueden razonar y llegar a la conclusión de que no son malos, pero en el fondo siguen creyendo que son malos o indignos.

Un adulto con una autoestima saludable reacciona ante sus errores con aceptación y una buena disposición para aprender de ellos. He aquí unos ejemplos de cómo un adulto sano reacciona de manera lógica ante sus errores:

Si he hecho algo malo no significa que yo sea malo, ya que no sabía hacerlo mejor.

Si he hecho algo malo no significa que yo sea malo, ya que también hago muchas cosas buenas.

Si he hecho algo malo no significa que yo sea malo, ya que ahora puedo aprender de mi error y hacerlo mejor.

Si he hecho algo malo no significa que yo sea malo, ya que puedo reparar el daño causado o hacer las paces.

Si he hecho algo malo no significa que yo sea malo, ya que he hecho todo lo posible. Otros cometen errores y no son malos.

Si he hecho algo malo no significa que yo sea malo, ya que esa no era mi intención.

Si he hecho algo malo no significa que yo sea malo, ya que ha sido un accidente.

Si lo que he hecho no ha estado suficientemente bien, sigo siendo bueno, porque estoy aprendiendo y pronto seré suficientemente bueno.

Si lo que he hecho no ha estado suficientemente bien, sigo siendo bueno, porque no tengo por qué ser perfecto.

Si lo que he hecho no ha estado suficientemente bien, sigo siendo bueno, porque hoy estoy enfermo, no me encuentro bien o he tenido un día muy duro.

Si lo que he hecho no ha estado suficientemente bien, sigo siendo bueno, porque el desafío de hoy ha sido más difícil que de costumbre.

Si lo que he hecho no ha estado suficientemente bien, sigo siendo bueno, porque nadie gana siempre.

Si lo que he hecho no ha estado suficientemente bien, sigo siendo bueno, porque he reconocido mi error y puedo corregirlo en el futuro.

Si lo que he hecho no ha estado suficientemente bien, sigo siendo bueno, porque los demás tampoco pueden hacerlo.

En cada uno de estos ejemplos podemos pensar con lógica para distinguir entre «he hecho algo malo» y «soy malo». La investigación sobre el desarrollo infantil demuestra que los niños menores de 9 años no tienen la capacidad de pensar con lógica. Al centrarnos en los errores de nuestros hijos, acaban creyendo que son malos o incompetentes. En lugar de centrarse en los problemas, la educación positiva presta más atención a las soluciones. Al descubrir que son buenos, los niños se muestran abiertos a nuestra dirección y están dispuestos a cooperar; los niños a los que avergonzamos se cierran completamente.

> **Los niños menores de 9 años no son capaces de hacer frente a los mensajes que los avergüenzan sin sentirse culpables.**

Los mensajes que avergüenzan siempre son contraproducentes. A partir de los 9 años es apropiado pedirles que asuman la responsabilidad y compensen de algún modo sus errores. Durante los primeros nueve años se desarrolla la inocencia; luego, durante los siguientes nueve años, los niños aprenden a ser responsables. Cuando un niño cumple 9 años, ya está preparado para asumir más responsabilidad por sus errores mediante la reparación del daño causado. Antes de los 9 años, los padres deberían pasar por alto los errores del niño.

Cuando responsabilizamos a los niños de sus errores demasiado pronto, empiezan a sentirse mal e indignos en varios sentidos. Sin una base firme de inocencia, los niños no tienen la oportunidad de desarrollar la capacidad innata de autocorregirse.

En lugar de avergonzar o culpar para corregir, aplique las cinco nuevas técnicas de la educación positiva. En lugar de centrarse en el problema, simplemente diga qué espera en el futuro. No preste demasiada atención al problema, pase a la solución.

Cuando un niño rompe un jarrón, concentrarse en el error no conduce a ninguna parte. Diga algo cariñoso y afectuoso como: «Vaya, se ha roto este jarrón tan bonito. Hay que tener cuidado con los jarrones; son delicados y se rompen fácilmente. Dejémoslo todo y arreglemos esto.»

> **Concentrarse en el error de un niño no conduce a ninguna parte.**

Disgustarse con el niño no aumenta su capacidad de aprender del error. Solo le confunde más e interfiere en su desarrollo. Cuando un niño rompe un jarrón, la madre puede pensar: «Debo asegurarme de que sabe que esto no está bien. Tendrá que escucharme.» Las nuevas técnicas de la educación positiva hacen innecesario este mensaje que avergüenza al niño. Lo que la madre trata de conseguir es mayor cooperación. Las cinco técnicas lo conseguirán.

Ni siquiera es importante que el niño reconozca haber roto el jarrón. Algunos niños negarán haberlo roto por miedo al castigo o la desaprobación. En este caso el verdadero problema es el miedo a los padres, no el hecho de negar haber roto el jarrón. Antes de los 9 años en particular, no es útil acusar e interrogar al niño para demostrar su culpabilidad. Esto centra la atención en el problema y no en la solución. La solución consiste en encontrar un modo de estimular la cooperación.

No hay que castigar o sermonear al niño para que reconozca lo caro o valioso que era el jarrón. Antes de los 6 o 7 años, los niños ni siquiera comprenden el valor del dinero. Para los niños, cinco dólares, quinientos dólares o cinco mil dólares es lo mismo. Si el padre aplica las cinco técnicas de la educación positiva, el niño tendrá más cuidado y será más considerado en el futuro, no solo en relación con el jarrón sino también con todo lo demás. En lugar de debilitar la buena disposición del niño para cooperar mediante la vergüenza o el castigo, los padres sensatos pasan por alto el error con una actitud indiferente y se centran en arreglar el desaguisado.

Incluso con un preadolescente (de 9 a 13 años) o un adolescente, centrarse en el error no nos llevará a ninguna parte si niega haber sido él. Los preadolescentes y los adolescentes creen que si no puede demostrarse que han hecho algo, es como si no lo hubieran hecho. En lugar de intentar demostrar su culpabilidad, los padres sensatos detectan el problema más serio: el adolescente cree que es peligroso que le responsabilicen de algo.

En este caso, los padres pueden explicar simplemente qué habría sucedido si su hijo hubiera sido el responsable. Cuando el adolescente se dé cuenta de que solo tendría que haber arreglado el desaguisado y que no habría recibido un gran castigo ni sufrido una gran pérdida de amor, estará dispuesto a hacerse responsable de sus errores en el futuro.

¿Quién tiene la culpa?

Desde la perspectiva de la educación positiva, cuando un niño de 7 años rompe un jarrón, no es culpa suya. Tiene 7 años y no podemos esperar que comprenda el valor del jarrón. Y aunque pudiese comprenderlo, no podemos esperar que lo recuerde. Cuando los niños de 7 años juegan, a veces rompen cosas. Aunque el padre le haya dicho que no tocara el jarrón, aun así no es culpa suya, porque el niño lo olvidó. En realidad, el niño estaba fuera de control. Cuando un niño se descontrola, lo que sucede no es culpa suya.

Si los frenos no funcionan, usted no tiene la culpa de que el coche se descontrole. El accidente no se debe a un error suyo, porque usted no puede hacer nada al respecto. Cuando usted está fuera de control porque los frenos no funcionan, usted no tiene la culpa del accidente.

**Cuando los frenos no funcionan,
usted no tiene la culpa del accidente.**

Pero desde una perspectiva diferente, si los frenos del coche fallan, es culpa suya. Es su coche y usted conducía cuando chocó con el coche de delante. Usted tiene la responsabilidad de corregir el problema. Después de todo, alguien tiene que pagar.

Aun así no está tan claro. Podría ser culpa de su mecánico por no haber detectado y corregido el problema. ¿Pagará usted o el mecánico que acaba de revisar su coche? Quizá sea culpa del vendedor porque le vendió una birria de coche. Quizá sea culpa del fabricante porque ese modelo de coche debería haberse retirado del mercado.

Con este simple ejemplo queda claro que determinar quién tiene la culpa y la responsabilidad es algo complejo que con frecuencia requiere la intervención de abogados y jueces. Si los adultos no pueden determinar quién es culpable sin abogados y jueces, ¿cómo podemos esperar que nuestros hijos lo hagan?

Afortunadamente, en lugar de hacer que los hijos tengan que sufrir las consecuencias de sus errores, las técnicas de la educación positiva proporcionan un método práctico para generar cooperación en el futuro. Cuando criamos a nuestros hijos de este modo, de adultos tienen un mayor sentido de la responsabilidad, la cooperación y la motivación para corregir sus errores, y los abogados, los jueces y los tribunales no son tan necesarios.

Aprender a responsabilizarse

En lugar de enseñar a nuestros hijos a sentirse mal por sus errores, tenemos que enseñarles a aprender de sus errores y, cuando sea pertinente, a ser responsables de reparar el daño causado. Algunos padres están encantados de dejar de castigar a sus hijos y hacer que sus hijos sufran las consecuencias de sus errores, pero les preocupa que no aprendan a ser responsables. Es un punto importante.

Después de todo, no podemos aprender de un error o ser responsables de reparar el daño causado a menos que primero reconozcamos nuestro error. Esta responsabilidad es esencial para que los adultos se autocorrijan, pero no lo es para los niños. No hay que responsabilizar a los niños para que aprendan de sus errores.

Los bebés no tienen ninguna conciencia de sí mismos y aun así aprenden y se autocorrigen continuamente.

> **La responsabilidad es esencial para que los adultos se autocorrijan, pero no lo es para los niños.**

La responsabilidad consiste en reconocer que hemos cometido un error. Los niños no desarrollan una conciencia de sí mismos hasta los 9 años. Antes de esa edad, la autocorrección se produce de manera automática, sin responsabilidad. Los niños no tienen conciencia de la persona que ha cometido el error, es decir ellos mismos. El niño inocente se autocorrige, no porque haya hecho algo mal, sino para imitar a sus padres y cooperar.

Cuando hacemos responsables a los niños de sus errores, limitamos su capacidad innata de autocorregirse mediante la imitación y la cooperación. Esta autocorrección es esencial para aprender y crecer. La vida siempre es un proceso de ensayo y error. Todo el mundo se equivoca.

> **Las personas que tienen éxito en la vida son aquellas que pueden autocorregirse y cambiar su manera de pensar, su actitud o su comportamiento.**

Poder cometer errores sin temor genera un sentido de la responsabilidad que no implica falta de valía o incompetencia. Tras nueve años de poder cometer errores sin castigos o la pérdida de amor, los niños están preparados para asumir un sentido de la responsabilidad. Cuando de verdad no está mal equivocarse, los niños pueden reconocer sus errores y aprender de ellos.

LA CAPACIDAD INNATA DE AUTOCORREGIRSE

Los niños poseen la capacidad innata de autocorregirse después de cometer un error. El principal motivo por el que no se autocorrigen es que creen que pasará algo malo si admiten haber cometido un error. La reacción natural de autocorrección exige que la persona sienta que puede equivocarse sin temor.

> **En la medida en que los niños tienen miedo de equivocarse, pierden la capacidad innata de autocorregirse.**

La preocupación por la posibilidad de equivocarse incrementa las posibilidades de equivocarse. Castigar o avergonzar a los niños por cometer errores aumenta la preocupación y debilita la capacidad innata de autocorregirse. Los padres tienen que recordar que los niños vienen del cielo. La autocorrección es un proceso automático que se produce a través de la imitación y la cooperación, no con el castigo y la humillación.

LA CURVA DE APRENDIZAJE DE LOS HIJOS

Incluso cuando evitamos castigar y avergonzar a nuestros hijos, el proceso de autocorrección es gradual. Al igual que sucede con cualquier comportamiento o actitud, existe una curva de aprendizaje. Como ya hemos comentado, la de cada niño para una tarea concreta es distinta. Algunos aprenden a montar en bicicleta más deprisa, mientras que otros se prepararán para acostarse con más facilidad. Aunque los padres lo hagan todo correctamente, el desafío que supone hacer que un niño en particular se comporte en la mesa puede llevar tiempo y exigir una buena dosis de energía, esfuerzo y atención.

> **Cuando los niños tardan más tiempo en aprender, no es culpa suya ni de sus padres; simplemente necesitan más tiempo.**

Dando instrucciones y demostrando un comportamiento correcto, los padres les enseñan a comportarse correctamente como resultado de la autocorrección continua. Esto es todo cuanto pueden hacer los padres; el resto es cosa de los niños y estos lo harán durante su propio tiempo.

Los padres suelen reaccionar con mucho amor y paciencia ante los errores de los niños hasta que estos aprenden a comunicarse. En este momento, los padres suponen equivocadamente que el niño puede comprender el razonamiento de su petición. Esperar que un niño no dibuje en la pared porque no podremos limpiarlo requiere pensar con lógica, y el niño no es capaz de hacerlo. Esperar que un niño se vaya a la cama porque al día siguiente se encontrará mejor también exige razonar demasiado.

Cuando un bebé tira la comida al suelo, los padres se muestran comprensivos y pacientes porque está claro que el bebé no sabe que eso no se hace. En cuanto el niño puede comunicarse, los padres dan por sentado que el niño debería saber que eso no se hace. ¿Por qué? Porque ya se lo han dicho antes y le han dado una explicación lógica. Los padres suponen que por el mero hecho de poder comunicarse, el niño puede comprender el significado o la razón de la petición.

En algunos casos puede que haya que repetirlo cien veces para que el niño aprenda el comportamiento. Un corredor puede aprenderlo con una petición, pero un saltador puede necesitar cien veces para dominar de repente el comportamiento. Un marchador mostrará sus progresos con cada petición, pero aun así necesitará mucha repetición. Comprender y aceptar la curva de aprendizaje específica de nuestros hijos es esencial para proporcionarles el apoyo afectuoso que necesitan para autocorregirse.

COMPRENDER LA REPETICIÓN

El concepto de repetición es fácil de comprender cuando pensamos en cómo se aprende a golpear una pelota de béisbol. Movemos el bate continuamente de atrás adelante para golpear la pelota y puede que necesitemos cien intentos para enviarla donde queremos.

De modo similar, puede que un niño necesite cien oportunidades para responder automáticamente a una petición en particular como: «Por favor, no tires la comida al suelo; deja la comida en el plato.» Al dar de comer a un niño muy pequeño, la madre coloca sensatamente un plástico en el suelo.

Los padres deben recordar que, aunque un niño pueda comunicarse, su cerebro todavía está en fase de desarrollo y cambia diariamente. El niño no se siente motivado por la razón o la lógica. Hay que motivarlo con peticiones o mandados repetidos para que siga autocorrigiéndose.

Puede parecer que un niño aprende conscientemente de un error, pero no es así. Hasta los 9 años, el niño aprende mediante la imitación y siguiendo las instrucciones. Si usted se siente mal por algo, su hijo también se sentirá mal. Los niños imitan nuestras reacciones pero no las comprenden. No son capaces de pensar con lógica hasta los 9 años.

Si nos disgustamos por los errores de nuestros hijos, se sentirán mal, pero esto no significa que hayan aprendido algo excepto a tener miedo a nuestras reacciones y reprimir su voluntad. La educación positiva nos ayudará a mantener la voluntad de nuestros hijos y reafirmar su disposición a cooperar. Así es como mejor aprenden.

Aprender de los errores

Uno de los grandes errores que cometen los padres es suponer que los niños pueden aprender de sus errores de manera lógica antes de los 9 años. Los padres intentan enseñarles a aprender de los errores en lugar de centrarse en aumentar la cooperación y orientarlos hacia el comportamiento apropiado. Cuando los niños cometen muchos errores, no es de extrañar que simplemente sigan cometiendo errores.

Los niños no pueden aprender y no aprenden de sus errores de manera consciente o lógica hasta los 9 años. Sin embargo, se autocorrigen de manera automática. Aprenden técnicas conductuales como el respeto, ofrecer ayuda, escuchar, cooperar y comunicarse mediante la imitación y dejándose guiar.

> **Si los orientamos una y otra vez para que hagan lo correcto, con el tiempo aprenderán qué es lo correcto.**

Cuando los niños siguen cometiendo errores preocupantes u olvidan qué les hemos pedido, a menudo se debe a que no reciben la estructura, el ritmo o la supervisión que necesitan. Desde esta perspectiva, cuando un niño comete errores, los padres siempre son los responsables. No es correcto hacer que el niño se sienta responsable.

Antes de los 9 años, los niños no tienen capacidad de autosupervisión, porque sin la capacidad de pensar con lógica pueden imitar. Entre los 9 y los 18 años, aprenden a ser responsables. En cuanto pueden ser plenamente responsables, en torno a los 19 años, los dejamos en libertad en un mundo que les hará plenamente responsables de sus actos.

> **Muchos padres esperan equivocadamente que un niño pequeño tenga el sentido de la responsabilidad de una persona de 19 años.**

Los niños aprenden a respetar los objetos o a los demás no cuando se les hace responsables, sino cuando ven que sus padres son respetuosos. No es raro que una madre pegue a su hijo y diga: «No quiero que pegues a tu hermano. Ahora pídele perdón.»

Los niños aprenden mediante la imitación. Si los padres gritan o pegan a sus hijos, estos se gritan y se pegan entre sí. Si los padres son respetuosos y piden perdón en su relación, los hijos con el tiempo se respetarán y estarán mejor preparados para hacerse responsables a partir de los 9 años. Si los niños pueden ser inocentes y no responsabilizarse de sus errores durante nueve años, estarán preparados para aprender de los errores cuando su cerebro se haya desarrollado lo suficiente.

Los niños que no experimentan nueve años de inocencia también pueden aprender de los errores, pero quizá no se perdonen fácilmente sus errores. Tendrán una mayor tendencia a estar a la defensiva y no se autocorregirán. Cuando los niños experimentan nueve años de inocencia, poseen una base firme para hacer frente a los errores de manera saludable. Pueden perdonarse a sí mismos y aprender gradualmente de los errores.

Antes de los 9 años, los niños saben qué hacer porque las peticiones de los padres los guían. Con las técnicas de la educación positiva, los niños se sienten motivados a cooperar no por el miedo al castigo, sino por el instinto innato de complacer y cooperar.

> **Centrarse en los errores no sirve de nada a los niños.**

Cuando los niños cumplen la voluntad y los deseos de sus padres, aprenden qué es lo correcto. Los niños no aprenden qué es lo correcto mediante el análisis de lo que han hecho mal. Es un error dejar a un niño a solas y pedirle que reflexione sobre qué ha hecho mal. Cuando dejamos a los niños a solas, simplemente es para que vuelvan a recobrar el control, no para enseñarles qué es lo correcto.

Cuando los niños cooperan con los padres y reciben comentarios positivos por haber cooperado, aprenden a comportarse de manera responsable. Son «capaces» de «responder» a las necesidades y los deseos de sus padres. De este modo, el niño se hace responsable. Es la única clase de responsabilidad que puede desarrollar un niño menor de 9 años.

APRENDER A REPARAR EL DAÑO CAUSADO

Cuando los niños pueden equivocarse sin temor, pueden concentrarse en lo que hay que hacer después de cometer un error. Cuando los niños cometen un error, los padres tienen que demostrar cómo arreglar o mejorar las cosas. Al imitar su comportamiento, los hijos aprenden gradualmente a arreglar las cosas o reparar el daño causado.

La mejor manera de enseñar esta importante lección es con el ejemplo. Si su hijo hace daño a un amigo durante una pelea, cójalo de la mano y llévelo junto a ese amigo. Asegúrese de que su hijo escucha y diga: «Lamento que haya pasado esto. Vamos a curar esta herida.» Con la ayuda de su hijo, coja hielo y ocúpese de la herida del niño. En lugar de culpar a su hijo por el error cometido, comparta la pesadumbre con él.

Demuéstrele que en la vida siempre existe la posibilidad de volver a «equilibrar la balanza» cuando se ha cometido un error o se ha obrado mal. De este modo, al asumir la responsabilidad de mejorar las cosas, el niño desarrolla gradualmente una buena disposición para arreglar las cosas cuando empieza a reconocer de manera natural sus propios errores.

> **En la vida siempre existe la posibilidad de volver a «equilibrar la balanza» cuando se ha cometido un error o se ha obrado mal.**

Si los padres reconocen regularmente sus propios errores, el niño estará mejor preparado para reconocer los suyos. Una manera de asumir la responsabilidad de un error, además de autocorregirse, es reparar el daño causado. Esto supone mejorar las cosas después de cometer un error. La mayoría de los padres oculta sus errores a los hijos y rara vez se disculpa. Suponen que perderán el poder sobre sus hijos si reconocen que no siempre tienen razón.

Los padres pueden enseñar a sus hijos a ser responsables demostrando responsabilidad. Cuando se retrasan a la hora de recoger a un niño, en lugar de explicarles por qué se han retrasado, deberían escuchar, disculparse y reparar el daño causado. Una manera de hacerse responsable de un error, además de autocorregirse, es reparar el daño de forma adecuada, o sea, mejorar las cosas.

> **En lugar de explicar por qué se han retrasado, los padres deberían escuchar, disculparse y reparar el daño causado.**

Cuando un padre se retrasa a la hora de recoger a un niño, puede reparar el daño haciendo algo muy especial, como desviarse de la ruta para comprar una chuchería. El padre podría decir: «Siento haberme retrasado. Te compraré algo para hacer las paces. Vayamos por un buen helado.» Para compensar su error, los padres incluso podrían ofrecerse a hacer una de las tareas cotidianas que debería hacer el niño o inventar una actividad divertida. Al dar ejemplo de cómo se reparan los daños, preparamos a los niños para ser adolescentes y adultos responsables.

Antes de los 9 años, la capacidad de autocorrección de los niños se alimenta cuando no sufren las consecuencias de sus errores. La capacidad de responsabilizarse de los errores y reparar el daño se desarrolla viendo a los padres reparar el daño causado por sus errores una y otra vez. De este modo, los niños no solo aprenden a ser responsables, sino también a hacer las paces o pagar de manera responsable y apropiada.

> **Los padres pueden enseñar a sus hijos a ser responsables demostrando responsabilidad.**

Cuando un adolescente se retrasa y hace esperar a sus padres, además de aprender a respetar más el tiempo, tiene que reparar el daño causado. El mensaje es sencillo: «Si me haces esperar, ¿qué harás después para facilitarme las cosas?»

Si durante la educación de un hijo los padres han reparado el daño causado, el adolescente será más considerado y reparará el daño causado con mucho gusto. A veces dirá automáticamente: «Lo siento. ¿Cómo puedo pagártelo?» Otras veces sugerirá: «Siento haberte hecho esperar. ¿Quieres que lave el coche para hacer las paces?» Otra respuesta saludable es: «Siento mucho haberte hecho esperar. Te debo una.» Esto significa que los padres pueden pensar en algo especial durante las siguientes semanas y el niño lo hará encantado.

Entretanto, si resulta que el padre se retrasa, podría decir: «Siento haberme retrasado. Como me debías una de la semana pasada, ahora estamos en paz.» Si el adolescente no se ha criado con las técnicas de la educación positiva, el padre tendrá que preguntarle: «¿Cómo quieres pagármelo?» También puede decirle simplemente que le ha causado molestias y que, por lo tanto, «le debe una». Su hijo enseguida lo entenderá y cambiará con mucho gusto la noción de los castigos por la de reparar el daño causado cuando sea pertinente. Los adolescentes tampoco necesitan la vergüenza y el castigo. El hecho de poder cometer errores sin temor preparará el terreno para que los niños sean más responsables independientemente de la edad a la que empiecen.

No castigue, efectúe modificaciones

Las técnicas de la educación positiva no utilizan *ningún* castigo para generar cooperación, pero a veces los padres pueden tener que modificar ciertas libertades concedidas a un niño o un adolescente. Si su hijo de 8 años sigue saltando en el sofá del salón, tal vez tenga que impedirle jugar en el salón a menos que usted esté presente. Antes de efectuar esta modificación, tiene que haber utilizado las cinco técnicas de la educación positiva.

Al efectuar la modificación, hágale saber que puede ganarse otra vez la oportunidad de jugar en el salón. Diga algo así: «Cuando consigas no saltar en el sofá mientras yo esté en el salón contigo, reconsideraré mi decisión y podrás jugar en el salón cuando yo no esté.» En este ejemplo no imponemos un castigo, simplemente adaptamos las normas o las directrices.

Si el fin de semana deja salir a su hija de 16 años hasta la una de la madrugada y sistemáticamente llega tarde, puede que tenga que efectuar una modificación. Su hija tendrá que volver más temprano a casa, no como un castigo sino porque usted se ha dado cuenta de que no es suficientemente responsable para salir hasta tan tarde. Si no es suficientemente responsable para recordar la hora de llegada y respetarla, tampoco lo es para salir hasta la una de la madrugada.

> **Cuando un adolescente llega tarde sistemáticamente, hay que modificar la hora de llegada para que vuelva más temprano.**

Antes de efectuar una modificación hay que perdonar al adolescente, pero también pedirle que repare las molestias causadas. Después de utilizar cada una de las técnicas de la educación positiva, si el adolescente sigue llegando tarde a casa, el padre tendrá que reconocer que se equivocó al dejarle volver tan tarde y tendrá que establecer una hora de llegada más temprano.

El padre podría decir: «Sé que comprendes que esta es la hora de llegada y yo comprendo que pasen cosas y que simplemente te olvides de la hora. Hemos hablado de esto varias veces. Sé que lo intentas, pero creo que tienes demasiada independencia. A partir de ahora la nueva hora de llegada son las doce. Si puedes respetarla tres veces seguidas podrás salir hasta las doce y media, y cuando pueda fiarme de que te acordarás de esta hora, nos plantearemos el que puedas salir otra vez hasta la una. Los fines de semana quiero que estés en casa a las doce.»

Cómo reaccionar cuando los niños se equivocan

Hasta los 9 años, cuando un niño se equivoca deberíamos responder como si equivocarse fuera normal y sucediera a menudo. Antes de los 10 años no deberíamos exigirle que se disculpara o reparara el daño causado. Por ejemplo, cuando un niño rompe algo, en última instancia es responsabilidad de los padres porque no lo estaban supervisando de manera adecuada. No es necesario que el niño se disculpe o repare el daño causado en una situación así.

Cuando un niño pega a otro, no hay que castigarlo ni obligarlo a disculparse. Los padres deberían reorientar al niño. Si alguien tiene la culpa, siempre es responsabilidad de los padres porque en cierto modo no le estaban proporcionando lo que necesitaba. Quizá el niño no tenía bastante comprensión, supervisión, estructura o ritmo.

Cuando dos niños se pelean, en lugar de hacer que se disculpen y se reconcilien, simplemente haga que se reconcilien. Diga: «Está bien, haced las paces y sed amigos. Siento mucho que hayáis recibido un golpe. Juguemos a esto...»

Los niños exigen que el otro niño reciba un castigo solo si ellos han recibido castigos por sus errores. Exigen disculpas solo cuando lo que se esperaría de ellos es que se disculparan. Cuando los padres asumen la responsabilidad, los hermanos no se culpan tanto entre sí ni tampoco exigen disculpas.

Es duro aceptar los errores con tanta facilidad porque la mayoría de los padres no acepta sus propios errores. Consideran que tienen que castigar porque a ellos los castigaron de pequeños y creen que es lo correcto cuando alguien se equivoca. Afortunadamente las técnicas de la educación positiva funcionan incluso cuando los padres se equivocan. Si un padre se disgusta con un hijo porque este ha cometido un error, siempre puede disculparse más tarde y tranquilizar al niño asegurándole que no está mal equivocarse. Podría decir: «Me he equivocado al disgustarme tanto contigo por haber roto el jarrón. No debería haberte gritado. Lo siento. No tiene mucha importancia. Siempre podemos comprar otro jarrón. Ha sido solo un error y los errores son cosas que pasan.» A un niño mayor dígale: «Siento haberme disgustado tanto contigo el otro día. No debería haberme disgustado tanto. Estaba preocupada por otras cosas. No tenía tanta importancia. Siempre podemos comprar otro jarrón.»

Si un niño rompe un jarrón, es natural disgustarse, pero los padres deberían procurar no disgustarse con el niño o consigo mismos. Algunos padres no culpan a sus hijos, sino a sí mismos. Aunque no quieren hacer que los demás se sientan mal, lo consiguen sin darse cuenta. Los padres tienen que demostrar que perdonan los errores de sus hijos además de sus propios errores.

Las técnicas de la educación positiva son nuevas. La mayoría de los padres no tiene idea de cómo reaccionar cuando sus hijos se equivocan. He aquí unas ideas útiles para reaccionar de manera apropiada ante los errores de sus hijos. Reflexione sobre cómo respondería en las siguientes circunstancias.

Si hubiera tenido un día fantástico, se sintiera descansado y creyera que le espera un futuro brillante, ¿cómo reaccionaría cuando su hijo rompiese el jarrón?

Si su hijo fuera amable, estuviera dispuesto a cooperar y siempre le hiciera caso, ¿cómo reaccionaría cuando su hijo rompiese el jarrón?

Si su hijo estuviera intentando limpiar el jarrón para usted y se disparara una alarma, ¿cómo reaccionaría cuando su hijo rompiese el jarrón?

Si el presidente de su empresa tirara el jarrón accidentalmente, ¿cómo reaccionaría usted?

Si usted permitiera que cinco niños jugaran a fútbol en el salón y rompiesen accidentalmente el jarrón, ¿cómo reaccionaría?

Si el jarrón fuera muy barato o estuviera pensando en comprar otro, ¿cómo reaccionaría usted?

Si usted tuviera un invitado ciego que rompiera accidentalmente el jarrón, ¿cómo reaccionaría?

En todos estos ejemplos, probablemente no avergonzaría a nadie y se mostraría comprensivo ante la rotura del jarrón. Podría sentirse un poco disgustado, pero no prestaría demasiada atención al problema. Evidentemente no se disgustaría con su hijo, su jefe, su invitado o consigo mismo. Admitiría que estas cosas suceden. Se preocuparía más de los sentimientos de su hijo, su jefe o su invitado que del jarrón. Sin duda no querría que nadie se sintiera mal. Esta reacción positiva y comprensiva es la respuesta apropiada incluso cuando las circunstancias son diferentes.

Intente poner en práctica esta nueva idea reflexionando sobre distintos errores molestos cometidos por su hijo. Tome un error en concreto, adáptelo a cada una de las siete circunstancias mencionadas más arriba y analice su reacción.

Por ejemplo, si su hijo desordenó algo y luego no lo arregló, pregúntese cómo habría reaccionado usted si hubiera tenido un día fantástico, hubiera estado descansado y hubiera creído que le esperaba un futuro brillante. Luego, ponga a prueba cada una de las siete circunstancias mencionadas para tomar mayor conciencia de cómo reaccionar desde su lado más afectuoso. Cuando sus hijos se equivocan, independientemente de las circunstancias, merecen una respuesta comprensiva.

> **Cuando su hijo rompe un jarrón, independientemente de las circunstancias, merece una respuesta comprensiva.**

Ahora cambiemos las circunstancias y veamos cómo *no* debemos reaccionar cuando nuestro hijo rompe un jarrón. Reflexione sobre cómo respondería en las siguientes circunstancias y reconozca que *no* debería responder así:

Si hubiera tenido un día terrible, estuviera agotado, tuviera que hacer muchas cosas y no dispusiera de tiempo suficiente, y su futuro no le pareciera nada prometedor, ¿cómo reaccionaría cuando su hijo rompiese el jarrón?

Si su hijo siempre estropeara cosas y nunca le hiciera caso, ¿cómo reaccionaría cuando su hijo rompiese el jarrón?

Si pidiera a su hijo que no jugara en el salón y que no tocara el jarrón y aun así lo hiciera, ¿cómo reaccionaría cuando lo rompiese?

Si la mujer de la limpieza tirara el jarrón después de romper accidentalmente otras cosas, ¿cómo reaccionaría usted?

Si el jarrón fuera muy caro o especial para usted, ¿cómo reaccionaría cuando su hijo lo rompiera?

Si pidiera a su pareja que guardara el jarrón, su pareja se olvidara de guardarlo y el jarrón se rompiera accidentalmente, ¿cómo reaccionaría ante su pareja?

A menos que se autocontrolara, probablemente avergonzaría a la persona que hubiera roto el jarrón. Si hubiera tenido un mal día, probablemente descargaría el estrés sobre su hijo. El jarrón roto podría ser simplemente la gota que colmara el vaso. Desafortunadamente los niños se toman nuestras reacciones exageradas como si ellos fuesen los únicos responsables y se sienten desproporcionadamente culpables.

**Los niños asumen demasiada culpa a menos
que otra persona cargue con la responsabilidad.**

Si su hijo habitualmente no le hace caso, probablemente usted se disgustará de verdad y excusará su reacción como un ejemplo de qué sucede cuando no le hace caso. Usted no solo estará disgustado por el jarrón, sino por todas las veces que su hijo no le ha hecho caso y no se lo hará en el futuro. Este mensaje es confuso e ineficaz para su hijo, al igual que lo sería para su pareja.

**Cuando los niños se equivocan, es el peor momento
para recordarles otros errores que hayan cometido.**

Si usted pidió a su hijo que no tocara el jarrón y él no le hizo caso, podría creer que debería castigarlo para enseñarle una lección. Como hemos visto en capítulos anteriores, los mensajes que implican castigo y vergüenza ya no funcionan. Hay otros modos de conseguir que nuestros hijos hagan lo correcto. Cuando un niño se muestra deliberadamente rebelde, los padres tienen que utilizar las cinco técnicas de la educación positiva en lugar del castigo. El castigo únicamente aumentará la rebeldía.

Castigar a los hijos o disgustarse con ellos es una manera anticuada de comunicarse. La mejor manera de reaccionar ante los errores de los hijos es con una mirada de indiferencia. No preste demasiada atención a los errores. Concéntrese en reorientarlo pidiéndole que haga algo. En este ejemplo, simplemente podría pedirle que lo ayudara a recoger los trozos del jarrón.

> **No preste demasiada atención a los errores de sus hijos.**

Cuando la mujer de la limpieza rompe un jarrón, hay que reparar el daño de manera adecuada. Si el problema persiste, habría que despedirla. Ella no es su hija y usted no tiene la responsabilidad de enseñarle nada. En el caso de los hijos, el desafío consiste en enseñarles a ser responsables mediante respuestas comprensivas.

Si el jarrón era muy caro, la mayoría de los padres se disgustarán mucho, pero han de recordar que los niños no tienen pensado equivocarse. Si el jarrón era realmente caro, los padres deberían haberlo protegido, no culpar al niño. Si un adolescente rompiera un jarrón caro, tendría que reparar el daño, pero dentro de lo razonable. Sería muy injusto esperar que el adolescente pagara el jarrón. Los adolescentes no ganan tanto dinero como nosotros. Una medida adecuada podría ser arreglar el desaguisado y colaborar en la compra de otro jarrón, pero sin tener que pagar todo el importe.

Si su hijo adolescente invita a unos amigos a casa y estropean el ordenador, los dos tendrán que encontrar la manera de que su hijo repare el daño causado. Si decide que quiere un reembolso económico, debería ser proporcional a su salario en comparación con el de su hijo. Haga que la reparación sea justa mediante la comparación de recursos. Si el ordenador estropeado vale dos mil dólares y usted gana mil dólares por semana y su hijo cien, él debería aportar doscientos dólares. Si su hijo tiene más dinero en su cuenta de ahorros, no será justo vaciársela a menos que compare lo que él ha ahorrado con lo que usted ha ahorrado.

> **Haga que la reparación sea justa mediante
> la comparación de recursos.**

Además del castigo o el reembolso injusto, los padres pueden cometer el error de suponer que sus hijos no se equivocarán. Si usted pide a su pareja que guarde el jarrón y esta se olvida, podría disgustarse porque cree que ella no hizo lo que le pidió. Usted creería que ella tenía que haberlo guardado. Los padres suelen disgustarse cuando los hijos olvidan hacer algo. Suponen equivocadamente que los niños no olvidan las cosas. Los padres olvidan que es muy normal que los niños olviden las cosas. Algunos niños tienen que oír algo muchas veces antes de poder recordarlo y, si están estresados, pueden volver a olvidarlo.

HACER TODO LO POSIBLE ESTÁ BIEN

Los niños deberían recibir el mensaje de que hacer todo lo posible está bien y que los errores son una parte inherente del proceso de aprendizaje y crecimiento. Al cometer errores, aprendemos qué está bien o qué es lo mejor para nosotros. Simplemente tendríamos que hacer todo lo posible y el resto es un proceso de ensayo y error. Este es un mensaje saludable, pero también puede utilizarse incorrectamente para avergonzar a los hijos.

Los padres suelen estar de acuerdo en que hacer todo lo posible está bien. Cuando sus hijos fallan o se equivocan, los padres suponen equivocadamente que no han hecho todo lo posible. El niño entonces llega a la conclusión de que hacer todo lo posible no es suficiente. Cuando criticamos a los niños por cometer errores o no hacer todo lo posible, empiezan a sentirse mal consigo mismos.

Los padres con frecuencia llegan a la conclusión equivocada de que sus hijos adolescentes deberían tener más memoria. Cuando los adolescentes olvidan hacer algo, los padres suponen equivocadamente que no se han esforzado lo suficiente. Esforzarse no tiene nada que ver con la memoria. O recuerdas o no recuerdas. El hecho de olvidar debe tratarse como cualquier otro error.

Una de las mejores maneras de tratar con un niño o un adolescente que olvida las cosas con frecuencia es pedirlas como si fuera la primera vez. A medida que le pidamos las cosas como si fuera la primera vez, el niño o el adolescente se dará cuenta de que olvida las cosas. Cuando el adolescente se da cuenta de este hecho por sí mismo, su capacidad de recordar mejora. Cuando dejamos de recordar a nuestros hijos lo que han olvidado y empiezan a recordarlo por sí mismos, su memoria mejora.

La mayoría de niños y adolescentes cuanto más estresados están, más olvidan. Darles la lata o disgustarse no resulta eficaz. Solo crea más estrés, lo que bloquea la memoria. Dar un premio es una mejor manera de potenciar la memoria. Si su hijo pequeño o adolescente olvida algo con frecuencia, al final de cada semana dele un premio por lo que haya recordado.

> **Cuando los niños fallan o se equivocan,**
> **los padres suponen incorrectamente**
> **que no han hecho todo lo posible.**

Cuando los niños se equivocan, los padres decepcionados transmiten sin darse cuenta una variedad de mensajes que les avergüenzan y les hacen sentirse mal, incompetentes o indignos. He aquí unos mensajes comunes:

Sabes que esto no se hace.

Puedes hacerlo mejor.

Deberías saber que esto no se hace.

¿Cómo has podido olvidarlo?

Ya te lo dije.

Te advertí.

Si me escucharas...

¿Qué te pasa?

Lo has hecho mejor otras veces.

¿Qué problema tienes?

Simplemente no escuchas.

Los padres suponen incorrectamente que cuando sus hijos se equivocan, no se comportan, no están a la altura de las expectativas o no hacen todo lo posible. Decirles a los niños que pensamos que no están haciendo todo lo posible los avergüenza. Es utilizar la desaprobación para motivarlos. Como hemos visto, utilizar la culpabilidad para manipular a los niños no solo es innecesario, sino que con los niños de hoy no funciona.

La educación positiva reconoce que los niños siempre hacen todo lo posible. Equivocarse forma parte de su proceso de aprendizaje. Cuando están fuera de control, no consiguen lo que necesitan para estar controlados. Independientemente de lo que hagan mal, en ese momento hacen todo lo posible.

> **La educación positiva reconoce que los niños siempre hacen todo lo posible.**

Al despertarse por la mañana, los niños no piensan: «¿Qué es lo peor que puedo hacer hoy? ¿Qué puedo hacer para fallar de verdad? ¿Cómo puedo alterar la vida de mis padres y conseguir que me odien?» Nadie piensa de este modo a menos que esté profundamente dolido y herido. Aun así, un niño estaría haciendo todo lo posible, aunque de manera equivocada, para satisfacer sus necesidades.

Hacer todo lo posible no significa poner de manifiesto la capacidad plena de una persona. Solo significa que, basándonos en nuestros recursos en ese momento, hicimos todo lo posible. Veamos un ejemplo sencillo.

Ayer hice todo lo posible. Escribí treinta páginas en un día. Para muchos escritores esto es fantástico. Cuando empecé a escribir este libro hacía todo lo posible, pero escribía tres páginas al día. Hoy estaba cansado pero he hecho todo lo posible y he escrito cinco páginas. Un día escribí tres páginas. Luego, en un día escribí treinta. Al día siguiente escribí cinco. Sin embargo, cada día hacía todo lo posible.

Si analiza este ejemplo verá que el resultado no es un indicador exacto de qué significa hacer todo lo posible en mi caso. De modo similar, es un error determinar qué significa hacer todo lo posible en el caso de nuestros hijos a partir de su rendimiento. El secreto para hacer que equivocarse no esté mal radica en reconocer que los hijos siempre hacen todo lo posible.

CUANDO EQUIVOCARSE ESTÁ MAL

Cuando no es aceptable equivocarse, los niños reaccionan de manera poco saludable. La siguiente lista contiene cuatro reacciones comunes de los niños cuando sus errores no se aceptan:

1. Ocultar los errores y no decir la verdad.

2. No exigirse lo suficiente o no asumir riesgos.

3. Defenderse justificando los errores o echando la culpa a los demás.

4. Tener poca autoestima y castigarse a sí mismos:

Estas cuatro reacciones pueden evitarse cuando los niños reciben el mensaje claro de que no está mal equivocarse. Los niños llegan a este mundo con la capacidad de querer a sus padres, pero no pueden quererse o perdonarse a sí mismos. Los niños aprenden a quererse por la manera como los padres los tratan y reaccionan ante sus errores. Cuando no les avergonzamos o castigamos por sus errores, se dan cuenta de que no tienen que ser perfectos para ser queridos. Gradualmente aprenden la técnica más importante: la capacidad de quererse a sí mismos y aceptar sus imperfecciones.

> **Los niños aprenden a quererse a sí mismos por la manera como los padres los tratan y reaccionan ante sus errores.**

Cuando los padres se disculpan por sus propios errores, los niños automáticamente perdonan. Los niños están programados para perdonar a sus padres, pero no a sí mismos. Si los padres no cometen errores y se disculpan, los niños nunca aprenderán a perdonar. Si los padres cometen errores y no se disculpan, los niños se culparán a sí mismos. Si no tienen bastante práctica para perdonar a sus padres, no aprenderán a perdonarse a sí mismos.

Perdonarse a sí mismo disipa la culpabilidad. Los niños aprenden a perdonarse a sí mismos con la oportunidad de experimentar una y otra vez que los padres se equivocan y aun así son adorables. Cuando los niños consideran que sus padres son imperfectos y aun así adorables, a los 10 años, cuando de repente toman mayor conciencia de su propia identidad y, por lo tanto, de sus propias imperfecciones, los niños no son tan duros consigo mismos.

Aproximadamente a los 9 años, los niños empiezan a pasar vergüenza cuando sus padres hacen cosas que ellos consideran extrañas, por ejemplo, si la madre canta en el supermercado. A medida que toman mayor conciencia de su propia identidad, de repente son más conscientes de lo que piensan los demás. Cuando los niños se han criado con una actitud comprensiva, son más comprensivos con sus propias imperfecciones. Estudiemos con más detalle las cuatro reacciones de los niños cuando se les inculca que está mal equivocarse.

Cuando los niños tienen miedo al castigo o la pérdida de amor en respuesta a sus errores, aprenden a ocultar sus errores. Antes que hacer frente al castigo, ocultarán lo que han hecho y confiarán en que no les pillen. Esto les lleva a mentir. La tendencia a ocultar los errores produce gradualmente una ruptura interior. El niño tiene que vivir en dos mundos. En un mundo puede que reciba el amor de sus padres y, en el otro, cree que si sus errores se descubrieran perdería ese amor. La consecuencia de esto es la invalidación del amor que recibe.

Cuando los niños hacen algo malo y ocultan su error, se sienten indignos del amor de sus padres. Incluso cuando los padres quieren, apoyan, elogian o expresan su reconocimiento al niño, en el fondo este piensa: «Sí, pero no diríais esto si supierais lo que he hecho.» Este sentimiento de falta de valía perjudica el amor y el apoyo que los padres le ofrecen. Aunque hay amor disponible para apoyar al niño, este es incapaz de abrirle la puerta. En la medida en que los niños tienen que ocultar sus errores, invalidarán el amor y el apoyo que se les ofrece.

> **Cuando los niños se equivocan y lo ocultan, son incapaces de abrir la puerta al amor de los padres.**

Los niños dependen del apoyo de sus padres para sentirse seguros de sí mismos. Cuando este apoyo se interrumpe, el niño se vuelve cada vez más inseguro. Resulta muy hiriente que a un niño le digan: «No se lo digas a tus padres. Será nuestro secreto.» Si el niño no puede revelar a sus padres todo lo relativo a sus errores o los errores de los demás, se levanta una barrera que lo separará del apoyo de sus padres.

Es más hiriente cuando el padre pide al niño que guarde un secreto y se lo oculte a la madre o viceversa. Incluso puede tratarse de algo trivial: «De acuerdo, te daré el helado. Pero no se lo digas a tu padre.» Este mensaje acerca demasiado al niño y a la madre y lo aparta del padre.

Resulta incluso más hiriente cuando la amenaza del castigo respalda la petición de guardar el secreto. Por ejemplo, cuando un padre maltrata a un hijo, el padre puede decir: «Te arrepentirás si se lo dices a tu madre.» A menos que el niño se lo diga a su madre, ocultar los hechos resulta más hiriente que la amenaza recibida. Los errores ocurren y pueden solucionarse, pero si el niño cree que no puede ser sincero con sus padres, entonces no tienen solución.

Hijos de padres divorciados

Los hijos de padres divorciados con frecuencia se sienten incapaces de comunicar sus sentimientos y experiencias. Cuando viven en casas diferentes, los niños deben saber que no está mal hablar de lo que sucede en la otra casa. Si no pueden hablar sin temor, se produce una ruptura: solo pueden revelar cierta parte de sí mismos en casa de su madre y otra parte en casa de su padre.

Los niños reciben el mensaje de que no pueden hablar sin temor cuando explican algo a mamá sobre papá, porque mamá se disgusta o tiene celos y viceversa. Cuando el niño cuenta cuánto se divirtió con su padre en la feria, la madre echa humo por dentro porque no le hizo hacer los deberes. Los niños pueden intuir estos mensajes de desaprobación y sencillamente dejan de explicar cosas. Para colmo de males, mamá telefonea a su ex marido y se queja. La próxima vez que el niño haga algo divertido con su padre, quizá este le pida directamente que no se lo diga a mamá.

Es difícil conseguir que los niños puedan contar sin temor los detalles de sus vidas. Si los padres desarrollan una actitud negativa, crítica o de desaprobación, los niños dejarán de contarles cosas. En ese momento no solo se vuelven más inseguros, sino que el padre o la madre también pierde parte de la capacidad de imponer su autoridad.

Cuanto más libre se siente un niño o un adolescente de contárselo todo a sus padres sin sentirse dolido o causar dolor, más dispuesto está a cooperar con ellos. No olvide que cuando los niños pueden ser ellos mismos sin temor, automáticamente se sienten motivados a cooperar. Los padres tienen que evitar dar opiniones y soluciones si quieren que sus hijos sigan acudiendo a ellos y contándoles sus cosas.

No exigirse lo suficiente o no asumir riesgos

Cuando los niños reciben mensajes que los avergüenzan de sus errores, con frecuencia temen cometer más errores. Para protegerse de las consecuencias dolorosas que comporta equivocarse, fallar o decepcionar a los padres, van a lo seguro. En lugar de exigirse un nivel que quizá no puedan alcanzar, hacen lo que es previsible y seguro. Se instalan en una zona cómoda y no solo no se hacen valer, sino que también se aburren porque nada les supone un desafío.

> **Al instalarse en una zona cómoda, los niños no solo no se hacen valer, sino que también se aburren.**

La reacción de algunos niños ante los mensajes que los avergüenzan es desarrollar al máximo su potencial. No soportan el dolor de no estar a la altura de lo que se espera de ellos o decepcionar a sus padres, de modo que se esfuerzan más de lo necesario. Pueden obtener buenos resultados, pero nunca son felices. Lo que hacen nunca les parece suficientemente bueno y nunca se consideran suficientemente buenos. No es raro que estos niños saquen sobresalientes y notables en la escuela y lleguen a casa y oigan esta frase hiriente: «¿Por qué has sacado un notable?»

Cuando pierde la pelota en un partido de fútbol, el padre de uno de estos niños puede decirle: «Si no hubieras perdido esa pelota, tu equipo habría ganado.» Los padres con frecuencia no hacen caso del comportamiento positivo y se centran en el negativo. Es frecuente oír esta clase de mensajes negativos en la consulta de un consejero al ayudar a los adultos a hacer frente a la ansiedad y la depresión. En la mayoría de casos no es que sus padres no los quisieran, si no que simplemente no sabían demostrar su amor de otra manera. No sabían qué les estaban haciendo a sus hijos. Muchos padres pensaban equivocadamente que los estaban motivando saludablemente para que se esforzaran más.

> **Los padres piensan equivocadamente que están ayudando cuando transmiten mensajes que avergüenzan a sus hijos.**

Cuando los niños creen que es peligroso equivocarse, tienden a evitar asumir riesgos naturales y saludables. Los niños tienen que asumir riesgos para desarrollar su personalidad. Si no pueden equivocarse sin temor, se contienen y con frecuencia no saben por qué. Necesitan una red de seguridad. Incluso los niños que desarrollan al máximo su potencial creerán que es peligroso asumir riesgos en otros ámbitos de su vida.

Sin esta seguridad interior, pueden decir: «No me gustan las fiestas», pero bajo la aversión se esconde el miedo de ser rechazados. Antes que arriesgarse a sentir el dolor de creerse incompetentes, preferirán no salir y no relacionarse. Bajo su razonamiento se esconde el miedo de perder lo que tienen si se equivocaran o fallaran.

El miedo y la inseguridad no siempre son la causa de la resistencia. Algunos niños son tímidos por naturaleza y tardan más tiempo en entablar relaciones o no están dispuestos a asumir riesgos. Los niños receptivos suelen ser tímidos y resistirse al cambio. Los sensibles temen ser rechazados y por naturaleza tardan más tiempo en abrirse a posibles amigos. Sin duda esta tendencia a contenerse se exagera cuando reciben el mensaje de que está mal equivocarse.

> **La tendencia natural a contenerse se exagera cuando los niños reciben mensajes implacables.**

Para evitar el dolor de la desaprobación, a algunos niños simplemente dejará de importarles lo que piensan sus padres. Esto es lo que suele suceder con el adolescente que no cuenta nada a sus padres. Está acostumbrado a que siempre lo corrijan y critiquen. Ahora que es más libre y no necesita tanto a sus padres, acude a sus amigos en busca de aceptación. Se rebela y no necesita más la aprobación de sus padres. Detrás de esta tendencia hay años de ocultamiento y contención para ser aceptado.

A pesar de lo que hayan hecho con anterioridad los padres que han herido a sus hijos, pueden compensarlo a cualquier edad mediante las cinco técnicas de la educación positiva y los cinco mensajes positivos. Los padres deben recordar que no está mal que ellos también se equivoquen. Todos los padres hacen todo lo posible con los recursos de que disponen.

Justificar los errores o culpar a los demás

Crecer en un entorno implacable hace que los niños se pongan a la defensiva. O bien se defienden activamente mediante la justificación de sus errores, o bien culpan a otra persona. Cuando pedimos a un niño que deje de pegar a su hermano, como tiene miedo de que lo castiguen, culpa al hermano. Dice: «Él me pegó primero.» Esta actitud defensiva es natural, pero se exagera con el castigo. Cuando un niño no tiene miedo al castigo y un padre le pide que deje de pegar a su hermano, se mostrará dispuesto a escuchar y cooperar. No siente una gran necesidad de culpar a los demás o justificar sus actos.

De adultos, la única manera de aprender a corregir nuestro comportamiento es asumiendo la responsabilidad de nuestros errores. Mientras justifiquemos nuestros errores culpando a otra persona, no podremos corregirnos. Aunque somos adultos, nos comportamos como niños criados en un entorno inseguro.

> **Mientras justifiquemos nuestros errores culpando a otra persona, no podremos autocorregirnos.**

Carol acudió a mí en busca de orientación psicopedagógica. No sabía si seguir con su nuevo marido, Jack, o dejarlo. En varias ocasiones Jack se había enfadado y puesto violento. El motivo que la llevó a mi consulta fue que en un arranque él había cogido todas las pertenencias de ella y las había sacado de casa. Más tarde, Jack se arrepintió y pidió a Carol que volviera. Él la quería cuando no estaba disgustado, pero probablemente no estaba preparado para mantener una relación adulta o no era capaz de mantenerla.

Le dije a Carol que tendría que hablar con él. Cuando vinieron juntos a una sesión, pregunté a Jack si volvería a hacerlo. Su respuesta fue muy categórica: «Lo que hice estuvo mal, pero lo que ella hizo también. Mientras no diga las cosas que dijo, nunca volveré a ponerme violento.»

Después de mucho discutirlo, Jack no cambió de opinión. Intenté ayudarlo a comprender que su actitud había estado mal independientemente de lo que ella hubiera hecho para provocarla. Jack no podía aceptarlo y, en consecuencia, Carol comprobó que era demasiado inmaduro para estar casado. Jack estaba convencido de que su comportamiento violento y grosero estaba justificado por ciertos comentarios de Carol. Mientras el comportamiento de ella justificara el suyo, él no podría autocorregirse de verdad. Está claro que Jack no creció en un entorno comprensivo. Nunca aprendió a ser responsable y autocorregirse; aprendió en cambio a defenderse culpando a los demás.

Cuando los niños creen que es peligroso cometer errores, se desperdicia mucho tiempo, energía y conversación en defender lo sucedido y explicar por qué ha sucedido y qué debería ocurrir ahora. Todo este sufrimiento para los niños y los padres puede evitarse si dejamos que se cometan errores sin temor. Cuando no está mal equivocarse, en lugar de defenderse los niños se muestran dispuestos a prestar atención a lo que los padres quieren que hagan. Mirar atrás y tratar de enseñar a los niños en qué se han equivocado es un callejón sin salida: no lleva a ninguna parte.

> **Cuando es aceptable equivocarse, en lugar de defenderse
> los niños están dispuestos a escuchar.**

Cuando justificamos nuestros errores y culpamos de nuestros problemas a los demás, reafirmamos la noción equivocada de que no podemos hacer nada para solucionar los problemas. Cuando responsabilizamos a los demás de nuestros problemas, perdemos nuestra capacidad de cerrar las heridas, aprender de los errores y seguir adelante con nuestras vidas para conseguir lo que queremos.

ADOLESCENTES EN SITUACIÓN DE RIESGO

Una vez me pidieron que desarrollara un programa de formación en Los Ángeles para adolescentes en situación de riesgo que habían sufrido graves abusos sexuales o malos tratos. Estos jóvenes mostraban diversos problemas conductuales y escasa autoestima como resultado de los malos tratos sufridos. Para impartir el primer taller de una semana de duración, seleccioné un grupo variado. Para mí era bueno mezclar a adolescentes de familias disfuncionales con otros de familias más afectuosas y que prestaban apoyo.

No se señaló a los adolescentes que procedían de familias disfuncionales o habían sufrido malos tratos o abusos sexuales. Gradualmente, a medida que los adolescentes pudieron hablar de los mensajes negativos que recibieron durante su infancia, descubrieron que sufrían el mismo dolor. Sin señalar las «experiencias realmente abusivas» sufridas por algunos, se dieron cuenta de que el 90 por ciento de sus problemas eran los mismos. Todos se sentían incomprendidos, poco importantes, poco valorados y tratados injustamente.

Con frecuencia los terapeutas y los padres bienintencionados hacen demasiado hincapié en una experiencia negativa y abusiva, y el paciente llega a la conclusión de que sus problemas son consecuencia de esa experiencia. Achacar la infelicidad de uno a una circunstancia individual induce a error. Esta ilusión se disipó en presencia de adolescentes más afortunados, que gradualmente se mostraron dispuestos a revelar sus sentimientos íntimos de miedo, ira, decepción, dolor, pena, rechazo, injusticia, culpabilidad, pesar, pérdida, rencor y confusión. Aunque los adolescentes en situación de riesgo se hallaban en circunstancias desafortunadas, descubrieron que buena parte de su dolor era el resultado de ciertos métodos de educación equivocados.

Puesto que los adolescentes no son conscientes de que hay otras personas que sienten lo mismo que ellos, siguen culpando de sus sentimientos negativos al pasado. Hoy en día, muchos adultos siguen culpando de su dolor o su desgracia actual al pasado. Esta necesidad de culpar les impide encontrar la capacidad para cambiar sus vidas.

Los talleres, la orientación psicopedagógica y los grupos de apoyo pueden ayudar a cerrar las heridas del pasado, pero, para minimizar la herida en primer lugar, los padres pueden luchar a fin de crear un entorno seguro en que los hijos puedan cometer errores. En cuanto un niño desarrolla una tendencia a defenderse culpando a los demás, los padres pueden ayudar con la aplicación de las técnicas de la educación positiva y convirtiéndose en modelos de conducta de cómo se asume la responsabilidad de los errores del pasado. Cuando los padres se vuelven más responsables de los errores y no culpan tanto a los demás, los niños automáticamente se ponen menos a la defensiva y culpan menos a los demás.

TENER ESCASA AUTOESTIMA Y CASTIGARSE A SÍ MISMO

Los niños aprenden a respetarse según el trato que reciben. Abandonar a los niños hiere claramente su autoestima. Cuando los niños no consiguen lo que necesitan, empiezan a sentirse indignos. Incluso cuando no son abandonados, pueden empezar a sentirse indignos e incompetentes. Cuando los padres preocupados sienten frustración, ira, dolor, vergüenza o inquietud por el comportamiento o los errores de sus hijos, estos consideran que no son dignos de amor o son incompetentes.

En lugar de tener una autoestima saludable, estos niños creen que no están a la altura de las circunstancias. Al tratar de estarlo, intentan desesperadamente ser perfectos para complacer a sus padres. Nunca lo consiguen, porque nadie es perfecto. Pueden tener un comportamiento muy bueno, pero a expensas de su autoestima. Al ser incapaces de complacer a sus padres, se sienten inferiores o incompetentes.

> **Los niños pueden tener un comportamiento muy bueno, pero a expensas de su autoestima.**

Los padres manifiestan emociones negativas cuando los niños no están a la altura de lo que esperaban. Por mucho que los padres digan que quieren a un hijo, cuando se disgustan por sus errores o sus deficiencias, el hijo recibe el mensaje. Los niños solo pueden evaluarse a sí mismos a través de las reacciones de los padres. Si queremos que se sientan bien consigo mismos, tendremos que modificar continuamente nuestras expectativas para que dejen de aflorar las emociones negativas.

> **Los niños están bien cuando los padres consideran que todo está bien.**

Cuando los padres son felices, respetuosos, comprensivos, cariñosos, confiados y muestran aceptación, los niños reciben el mensaje claro de que son suficientemente buenos. Se sienten bien consigo mismos. Creen que pueden experimentar y desarrollar plenamente su personalidad sin peligro. Confían en sí mismos y tienen mayor seguridad. Están más relajados, porque no siempre tienen que estar a la altura de circunstancias inalcanzables. Creen simplemente que son quienes tienen que ser y hacen lo que tienen que hacer. La libertad para equivocarse sin que ello tenga importancia durante los primeros nueve años de vida genera un reconfortante sentimiento de seguridad.

Imagínese ahora mismo cómo se sentiría usted si pudiera hacer cualquier cosa sin meterse en líos, o si cualquier cosa que tratara de hacer estuviera bien. ¿Cómo cambiaría su vida si el miedo y la culpabilidad no lo obligaran a contenerse? Sienta la libertad y la tranquilidad de que dispondría para ser usted mismo, y la alegría y la confianza que sentiría al hacer cosas nuevas.

Este es el don que puede conceder a sus hijos durante la edad de la inocencia. Si permitimos que este sentimiento florezca durante nueve años, nunca desaparece. Aunque los niños crecen y aprenden a ser responsables de sus errores, los sentimientos de inocencia siguen siendo la base. De adultos, cuando se equivocan, se perdonan a sí mismos y se autocorrigen fácilmente. Tienen mayor compasión y respeto por los demás porque no necesitan defenderse de nada.

> **Cuando se experimenta la inocencia durante nueve años,**
> **este sentimiento nunca desaparece.**

Cuando los padres se responsabilizan de los errores de un niño pequeño, ese niño aprende que es inocente. Si lo castigamos o avergonzamos por sus errores, empieza a sentirse incompetente, que no es digno de amor. Si se le castiga por sus errores, gradualmente aprende que para ser digno de amor después de cometer un error tiene que recibir un castigo.

Muchos adultos evitan asumir riesgos, porque son muy duros consigo mismos cuando se equivocan. Sufren ansiedad porque temen al sufrimiento que experimentarán después de cometer un error. Con frecuencia tienen un miedo incorrecto que los amenaza siempre que se encuentran ante la posibilidad de cometer un error. Estos adultos a menudo fueron castigados en su infancia por sus errores y, en consecuencia, aún tienen miedo al castigo. Aunque sus padres ya no están a su lado, aún tienen miedo. Cuando se equivocan, suelen ser más exigentes consigo mismos que los demás.

> **Cuando castigamos a los niños por sus errores,**
> **tienen miedo a lo largo de toda su vida.**

En algunos casos, para evitar ser tan duros consigo mismos, lo son con los demás. Para protegerse del castigo, culpan y castigan a los demás. Esta tendencia también puede darse en sentido contrario. Una persona puede aceptar perfectamente que los demás la maltraten, porque no se siente digna de un trato afectuoso y bueno. En cierto modo cree que merece que la maltraten. Puede ser muy comprensiva con los demás, porque tiene poca autoestima y cree que merece el castigo.

Castigo que entra, a la larga castigo que sale, ya sea en los demás o en sí mismos. Las chicas en particular se castigan a sí mismas, mientras que los chicos creen que está más justificado maltratar o castigar a los demás. Una chica puede castigarse a sí misma por relacionarse con alguien que le hace daño o simplemente puede torturarse con pensamientos negativos y autocrítica después de cometer un error. Un chico suele culpar a los demás de sus errores y castigar a los demás. Los chicos y las chicas pueden presentar cualquiera de estas tendencias. Independientemente de si se trata de un chico o una chica, cuando castigamos a un niño por cometer un error, el resultado es que el niño no puede perdonarse a sí mismo ni a los demás por ese error.

HACER QUE NO ESTÉ MAL EQUIVOCARSE

Si no se comprenden las cinco técnicas de la educación positiva y la importancia de hacer que esté bien equivocarse, la vergüenza y el castigo son las únicas herramientas que poseen los padres para controlar y proteger a sus hijos. En el pasado, los padres pensaban que un exceso de elogios debilitaba la autoestima y volvía egoístas a los niños. Creían que si no castigaban a sus hijos por sus errores, estos no podrían distinguir lo que está bien de lo que está mal. Aunque actualmente estas nociones resultan obsoletas y son abusivas, hubo una época en que eran las únicas herramientas que funcionaban.

Al poner en práctica las nuevas ideas de la educación positiva, es importante recordar que los padres también se equivocan.

Nuestros hijos tienen una capacidad increíble de adaptarse y realizarse plenamente a pesar de los errores de sus padres. La vida es un proceso que implica cometer errores y encontrarse con los errores de los demás. A través de este proceso nuestros hijos pueden realizarse plenamente.

Si reconoce cómo ha herido a sus hijos, en lugar de sentirse culpable perdónese a sí mismo, del mismo modo que haría que sus hijos se perdonaran a sí mismos por sus errores. No olvide que usted siempre hace todo lo posible con los recursos de que dispone. Y alégrese, porque ahora dispone de un método nuevo y mejor.

En lugar de malgastar energía culpando a sus padres de sus errores, perdónelos, del mismo modo que querría que sus hijos lo perdonaran, y utilice esa energía para seguir aprendiendo a ser mejor padre. Utilice este libro como un recurso didáctico de consulta. Inscríbase en talleres de educación de los hijos y participe en algún grupo de apoyo de padres para trabajar con otros padres utilizando el método de la educación positiva. A medida que avance por su propia curva de aprendizaje, automáticamente aceptará más la curva de aprendizaje específica de su hijo.

11

Es aceptable expresar emociones negativas

Todos los niños reaccionan con emociones negativas ante los desafíos y las limitaciones de la vida. Las emociones negativas son una parte innata e importante del desarrollo del niño. Los ayudan a modificar sus expectativas para aceptar los límites de la vida. Las técnicas de la educación positiva, como escuchar con empatía y los momentos a solas, proporcionan la oportunidad de que los niños a la larga aprendan a expresar de manera adecuada sus emociones negativas.

Los antiguos métodos de educación intentaban controlar a los niños mediante la represión de los sentimientos. Avergonzarles o castigarlos por estar disgustados reprime sus pasiones y los doblega. Darles permiso para sentir el mensaje positivo de que «es aceptable expresar emociones negativas» les otorga poder. Despierta y fortalece su fuerza de voluntad y les proporciona un norte. A menos que el padre conozca las técnicas de la educación positiva para generar cooperación, este poder adicional puede ser contraproducente.

> **Avergonzar o castigar a los niños por estar disgustados reprime sus pasiones y los doblega.**

Cuando respetamos y escuchamos los sentimientos de los niños, estos desarrollan una conciencia más arraigada de sí mismos, pero también pueden desarrollar una falsa sensación de poder. Si un niño tiene una pataleta y se sale con la suya, el permiso para expresar los sentimientos negativos no solo lo convierte en un malcriado, sino que le provoca inseguridad interior.

Los padres deben procurar no apaciguar a un niño solo para evitar enfrentarse a una pataleta. El permiso para expresar emociones negativas debe tener como contrapeso unos padres firmes que no se sientan amenazados por las pataletas. Cuando los padres aprenden a manejar las pataletas de un niño con las cinco técnicas de la educación positiva, el permiso para expresar sentimientos negativos se convierte en un don muy especial.

> **Los padres deben procurar no apaciguar a un niño solo para evitar enfrentarse a una pataleta.**

Cuando los niños tienen una pataleta, la mayoría de los padres llega a la conclusión equivocada de que sus hijos son malos o ellos no son buenos padres. Aprender a expresar, sentir y liberar las emociones negativas es una técnica esencial que deberían aprender todos los niños. Aprender a controlar los sentimientos negativos de este modo despierta el potencial creativo interior y prepara a los niños para enfrentarse con éxito a los desafíos de la vida.

La importancia de controlar los sentimientos

El elemento más importante para aprender a controlar las emociones negativas es hacer que sean aceptables. Aunque no siempre son oportunas o agradables, forman parte del proceso de crecimiento. Al aprender a expresar, sentir y liberar las emociones negativas, con el tiempo los niños adquieren una conciencia interior de sus sentimientos y pueden sentir y liberar con más facilidad las emociones negativas sin tener que exteriorizarlas de ningún modo.

> **El elemento más importante para aprender a controlar las emociones negativas es hacer que sean aceptables.**

Al aprender a sentir y comunicar las emociones negativas, los niños aprenden de manera muy eficaz a diferenciarse de sus padres como individuos (desarrollan conciencia de sí mismos) y descubren gradualmente en su interior una abundancia de creatividad, intuición, amor, dirección, confianza en sí mismos, alegría, compasión y capacidad de autocorregirse después de equivocarse.

Todas las técnicas prácticas que hacen que una persona destaque en este mundo, alcance el éxito y se sienta realizada surgen del hecho de ser conscientes de los sentimientos y ser capaces de liberar las emociones negativas. Las personas de éxito sienten sus pérdidas plenamente, pero se recuperan porque tienen la capacidad de liberar los sentimientos negativos. Estas personas pueden controlarlos sin tener que reprimirlos o dejarse absorber por ellos.

La mayoría de las personas que no alcanzan el éxito personal es indiferente a sus sentimientos íntimos, toman decisiones basándose en los sentimientos negativos o simplemente mantienen unos sentimientos y actitudes negativos. En todos los casos impiden que sus sueños se hagan realidad. Para tener conciencia de nuestra pasión íntima y nuestra capacidad de conseguir lo que queremos en la vida es esencial sentir plenamente. Las técnicas de la educación positiva enseñan gradualmente a nuestros hijos a controlar sus emociones íntimas negativas y generar emociones positivas.

> **Las personas que no tienen éxito son indiferentes a sus sentimientos íntimos o mantienen sentimientos y emociones negativos.**

La pasión es un sentimiento intenso. Podemos conservar la pasión en la vida si somos capaces de controlar nuestras emociones negativas. Si aprendemos a reprimirlas, gradualmente perderemos la capacidad de sentir también emociones positivas. Perderemos la capacidad de sentir amor, alegría, confianza en nosotros mismos y paz interior.

Cuando los adultos toman decisiones o medidas basándose en las emociones negativas, inevitablemente fracasan en la vida. Un adulto de éxito tiene que aprender a sentir emociones negativas y luego liberarlas. Como consecuencia de este proceso, recupera los sentimientos positivos y está preparado para tomar decisiones saludables y satisfactorias.

Aprender a controlar los sentimientos

Nunca está mal tener emociones negativas, pero deben expresarse en el momento y el lugar apropiados. No es aceptable que un niño domine a la familia con pataletas emotivas y exigentes. Los padres deben ser fuertes, pero al mismo tiempo tienen que crear oportunidades para que los niños tengan las pataletas que necesitan.

Los niños pequeños tienen que ser expresivos y comunicar sus emociones negativas. Los padres sensatos que muestran empatía y aplican los momentos a solas proporcionan a sus hijos oportunidades frecuentes para sentir y expresar plenamente sus emociones negativas. Los padres tienen la responsabilidad de controlar el comportamiento del niño y al mismo tiempo permitirle expresar sin temor sus sentimientos negativos. Cuando los padres escuchan y aplican los momentos a solas, los niños aprenden gradualmente a regular y controlar cuándo, cómo y dónde expresar y comunicar sus emociones.

> **No olvide que Dios hizo pequeños a los niños para que podamos cogerlos y llevarlos a su habitación a fin de dejarlos un rato a solas.**

Aunque está muy bien expresar emociones negativas, no es aceptable exteriorizarlas o expresarlas en cualquier lugar o situación. Es adecuado expresar emociones negativas cuando un padre puede escuchar y está dispuesto a hacerlo, o cuando el niño se queda a solas. Poco a poco los niños aprenden a regular la necesidad de expresar las emociones negativas.

Con frecuentes momentos a solas entre los 2 y los 9 años, los niños aprenden a regular cuándo y cómo pueden comunicar los sentimientos negativos. Aunque puede parecer una larga espera, no lo es. La mayoría de los adultos que acude en busca de orientación psicopedagógica (y muchos que no acuden) todavía no ha aprendido a controlar las emociones satisfactoriamente.

Para regular las pataletas de los niños los padres tienen que aplicar los momentos a solas con regularidad. Si los padres no los utilizan lo suficiente, inevitablemente los niños exteriorizarán sus sentimientos en ocasiones en que no será fácil dejarlos a solas. Cuando los padres son conscientes de la importancia de expresar las emociones para liberarlas, están más dispuestos a prestar atención a las emociones negativas de sus hijos y aplicar los momentos a solas con regularidad. Reconocen que los niños deben tener pataletas en el contexto apropiado de un momento a solas. Ya no sienten la necesidad de apaciguarlos para evitar el enfrentamiento.

Cuando se utilizan las técnicas de la educación positiva, los niños descubren que no está mal expresar emociones negativas, pero aun así papá y mamá mandan. Cuando el padre o la madre decide poner fin a una negociación, es hora de dejar de expresar los sentimientos. Si un niño no puede dejar de expresar sus sentimientos, al quedarse a solas en una habitación podrá liberarlos. Como ya hemos visto en el capítulo 8, al cabo de unos minutos el niño expresará las emociones necesarias de ira, tristeza y miedo y automáticamente volverá a estar controlado y dispuesto a cooperar.

HACER FRENTE A LA PÉRDIDA

Los niños suelen tener emociones más intensas que los adultos, porque no desarrollan la capacidad de razonar hasta los 9 años. No pueden razonar para entender sus emociones. Si alguien los trata mal, creen momentáneamente que todo el mundo los tratará mal siempre o que en cierto modo merecen que los traten mal y siempre los tratarán así.

No tienen la capacidad de razonar que el hecho de que una persona sea mala no significa que todo el mundo lo sea. No pueden llegar a la conclusión de que si una persona los trata mal puede que este hecho no tenga nada que ver con ellos. Tal vez esa persona simplemente tenga un mal día. Puesto que no poseen la capacidad de razonar, sus sentimientos de pérdida son más intensos.

A menudo los padres hieren a sus hijos sin darse cuenta al minimizar sus sentimientos de pérdida. Una de las mejores maneras de establecer lazos de empatía consiste en aceptar que cuando los niños están disgustados, existen motivos válidos desde su perspectiva. No es necesario intentar que hablen abiertamente de sus sentimientos. Al permitir que los niños expresen sus emociones, se sentirán mejor y estarán abiertos a unas palabras tranquilizadoras y razonables.

**Cuando los niños están disgustados,
siempre existen motivos válidos desde su perspectiva.**

La mayoría de los adultos de hoy en día comprende que para hacer frente a una gran pérdida, los sentimientos de ira, tristeza, miedo y pesar no solo son naturales, sino que nos hacen bien. Cuando no conseguimos lo que queremos o perdemos a alguien o algo especial, a veces lo único que necesitamos es llorar a gusto. Sentir y luego liberar las emociones negativas nos ayuda a aceptar las limitaciones de la vida. Asimismo, para aprender a aceptar los límites que imponen los padres, los niños necesitan tener una buena pataleta. A través de las pataletas frecuentes los niños pequeños expresan —y de ese modo sienten— sus emociones negativas. Con el tiempo aprenden a sentirlas sin expresarlas o exteriorizarlas.

Las pataletas frecuentes son normales y naturales hasta los 9 años. Si a los niños no se les da la oportunidad de tener suficientes pataletas, en lugar de dejar atrás esta fase del desarrollo siguen teniendo pataletas de por vida. Los niños de hoy son más sensibles y tienen una necesidad incluso mayor de expresar sus sentimientos. Muchos de los nuevos problemas que observamos en los niños, desde la hiperactividad y la violencia hasta la baja autoestima y el suicidio, se solucionarán cuando los niños reciban este apoyo y aprendan a controlar sus emociones satisfactoriamente.

POR QUÉ AYUDA EXPRESAR LAS EMOCIONES

Expresar las emociones negativas permite a los niños sentir. Al expresar las emociones negativas toman conciencia de sus sentimientos. Sentir es la capacidad de saber qué sucede en nuestro interior. Tener conciencia de los sentimientos nos hace más conscientes de quiénes somos y qué necesitamos, deseamos y queremos. La capacidad de sentir nos ayuda a reconocer y respetar también lo que necesitan, desean y quieren los demás. Prestar atención a nuestros hijos cuando expresan emociones negativas los ayuda a desarrollar su capacidad de sentir.

Tener conciencia de los sentimientos nos hace más conscientes de quiénes somos y qué necesitamos, deseamos y queremos.

Crear oportunidades seguras para que nuestros hijos expresen y experimenten sentimientos de ira, tristeza y miedo los vuelve conscientes de la necesidad básica de conseguir el amor de los padres. De repente, la obtención del amor de los padres es más importante que el motivo del disgusto. Cuando un niño sufre una pataleta porque no puede conseguir una galleta, este niño olvida momentáneamente quién manda y la importancia del amor por encima de la obtención de la galleta. Prestarles apoyo al expresar emociones negativas siempre hace que vuelvan a sentir la necesidad de obtener el amor de los padres y un fuerte deseo de cooperar y complacerlos.

> **Cuando los niños tienen pataletas,**
> **olvidan momentáneamente quién manda**
> **y la importancia de ser queridos.**

Con una mayor conciencia de su necesidad de amor, de repente la necesidad de conseguir una galleta disminuye, la pataleta se desvanece y el niño está dispuesto a cooperar. De este modo, los niños vuelven a ser ellos mismos de verdad, es decir, felices, afectuosos, seguros de sí mismos y tranquilos. Son conscientes otra vez de la necesidad de obtener el amor de sus padres y de su buena disposición innata para cooperar y complacerlos. Todo esto surge de fomentar oportunidades seguras para que los niños no se salgan con la suya, tengan una pataleta y aun así no se expongan a un castigo o la pérdida de amor.

Escuchar con empatía y utilizar los momentos a solas son los métodos más poderosos que poseen los padres para transmitir el mensaje de que no está mal expresar sentimientos negativos. Incluso cuando los niños se resisten a quedarse a solas no importa. Quizá se enfaden y digan mezquindades. No importa. Quedarse un momento a solas es una oportunidad para que se resistan con todas sus fuerzas y, finalmente, se rindan al control de sus padres. Es importante que los niños sepan que no son malos por resistirse a quedarse a solas o por tener que quedarse un momento a solas. Esto es simplemente una parte natural del proceso de crecimiento.

Tenemos que asegurarnos de que no apaciguamos al niño para evitar una pataleta, si no, las pataletas se producirán cuando no tengamos la posibilidad de dejar a nuestro hijo a solas para ocuparse de sus sentimientos. Los niños deben tener la sensación de que están bajo el control de sus padres. Si dejan de sentirse bajo el control de sus padres o notan que estos no pueden controlarlos, se vuelven más exigentes o tienen una pataleta para tratar de encontrar el control.

Para ayudar a nuestros hijos a expresar sus emociones negativas, tenemos que aprender a desarrollar empatía. No basta con quererlos; también debemos saber transmitir ese amor de manera significativa. Aunque el amor es muy importante, la manera de demostrarlo influye mucho. Transmitir empatía es uno de los mayores dones que los padres pueden conceder.

La empatía pone de manifiesto las emociones negativas de los niños y hace que desaparezcan. La empatía transmite el mensaje de que los sentimientos son válidos. Los padres siempre tienen prisa por tranquilizar a sus hijos y asegurarles que todo va bien. Antes de que los niños puedan asimilar este mensaje, tienen que sentir que los escuchamos. Los niños deben sentir que comprendemos su perspectiva para luego poder asimilar nuestra perspectiva tranquilizadora.

> **La empatía es un dispositivo mágico que permite que los niños se abran a las palabras tranquilizadoras y la orientación.**

Cuando un niño está disgustado porque no ha conseguido lo que quería, muchos padres se apresuran a hacerlo sentir mejor. Esta manera de actuar evita que el niño tenga conciencia de sus sentimientos de pérdida. Cuando un niño siente su pérdida, está muy dispuesto a obtener la empatía que necesita. No olvide que quizá solo se requieran unos segundos. Tras recibir la empatía sus emociones cambian. O bien pasa a un nivel más profundo de emociones negativas (de la ira a la tristeza y de la tristeza al miedo), o bien se siente mejor. El niño no solo recibe lo que necesita para sentirse mejor, sino que también siente que puede liberar las emociones negativas para sentirse mejor.

> **Transmitir empatía a veces solo requiere unos segundos adicionales de cariño y comprensión silenciosos.**

Cuando los padres dan soluciones rápidamente para que el niño se sienta mejor, el niño pierde la oportunidad de aprender a liberar las emociones negativas y encontrar los sentimientos positivos. Cuando los padres dan soluciones, los niños dependen de las soluciones para sentirse mejor y no aprenden a aceptar los reveses de la vida con una actitud positiva. La felicidad de nuestros hijos dependerá de si consiguen o no lo que quieren, y no aprenderán a ser felices cuando hay amor, sean cuales sean las circunstancias externas.

Cuando los padres proporcionan empatía en lugar de soluciones, los niños desarrollan la capacidad de adaptarse a cualquier circunstancia negativa o decepción sin tener que arreglar las cosas. Al transmitirles empatía antes de ayudarlos a solucionar su problema, los niños aprenden a liberar las emociones negativas y sentirse mejor, y luego pasan a solucionar el problema. La mayoría de los adultos todavía no ha desarrollado esta capacidad, porque de pequeños no consiguieron la empatía que necesitaban. Cuando los niños solo reciben soluciones a sus problemas, dejan de acudir a sus padres en busca de ayuda.

> **Lo que más necesitan nuestros hijos es comprensión y cariño silenciosos y una pequeña expresión de validación.**

LA PAUSA DE CINCO SEGUNDOS

A veces basta simplemente con tomarse las cosas con calma y no intentar solucionar los problemas de nuestros hijos. Cuando están enfadados, tristes, decepcionados o preocupados, en lugar de decirles cómo pueden sentirse mejor, la táctica de la educación positiva es no hacer nada, sino sentir durante cinco segundos lo que probablemente sienten ellos en ese momento. Cuando el niño está decepcionado, en lugar de intentar animarlo es mejor dejar que se sienta decepcionado y sentir lo que él siente en ese momento.

Haga una pausa de cinco segundos y simplemente sienta lo que usted cree o intuye que el niño está sintiendo.

En lugar de ofrecer una solución, sienta su decepción con él y al cabo de cinco segundos diga algo sencillo como: «Lo sé, es realmente decepcionante.» Esto transmite al niño el mensaje claro de que la decepción forma parte de la vida. No ha sucedido nada realmente malo. El estado de ánimo del niño empezará a cambiar enseguida. Los niños necesitan recibir el mensaje inequívoco de que para que la vida esté bien no es necesario que siempre ocurran cosas positivas.

Cuando ofrecemos una solución rápida, no solo minimizamos sus sentimientos, sino que también reafirmamos la sensación de incompetencia. Si a usted le resulta tan fácil resolver los problemas de sus hijos, o bien se sienten mal por haberse disgustado, o bien sienten que son unos incompetentes por no haber tratado la situación como usted sugirió con su solución rápida. Sin duda una solución se ofrece con amor, pero, si es demasiado rápida, puede tener el efecto contrario al deseado. Las soluciones están muy bien en cuanto el niño empieza a sentirse mejor o pregunta cómo puede arreglar el problema.

Cuando los hijos dejan de escucharnos, está claro que es porque les hemos aconsejado demasiado.

A veces, cuando un niño pide una solución, aún no está preparado para recibirla, sino que realmente necesita más empatía. El niño podría decir con enfado: «No sé qué hacer.» En este momento la mayoría de los padres se apresura a ofrecer una solución. A menudo el padre se enzarza en una lucha de poder o una discusión. Su hijo responde inevitablemente a la «solución» con la resistencia del «pero»: «Pero esto no vale» o «Pero esto no funciona porque...» o «Pero es que tú no lo entiendes».

Cuando un niño dice «Tú no lo entiendes», por lo general los padres se ponen a la defensiva y, en lugar de estar a disposición del hijo, a la larga es este quien tiene que estar a disposición del padre. El padre empieza a exigirle que entienda por qué tiene razón él. Esto no es adecuado. El padre es responsable del niño y no a la inversa.

Cuando un niño diga «Tú no lo entiendes», deténgase inmediatamente. Aguántese. Muéstrese de acuerdo con el niño. Él tiene razón. En ese momento usted no entiende o no siente lo que él siente. En lugar de volver sobre sus pasos y explicarle que entiende qué ha dicho o su situación, simplemente deténgase y muéstrese de acuerdo con él. Diga: «Tienes razón, no lo entiendo. Vuélvemelo a explicar.» Esta vez, evite dar soluciones y concéntrese en transmitir empatía.

He aquí unos ejemplos de soluciones que papá o mamá podrían ofrecer y de otras expresiones para transmitir empatía.

Ofrecer una solución	*Transmitir empatía*
No llores.	Haga una pausa de cinco segundos y luego diga: Lo sé... es decepcionante.
No te preocupes.	Haga una pausa de cinco segundos y luego diga: Es difícil. Sé que estás preocupado.
Mañana estarás bien.	Haga una pausa de cinco segundos y luego diga: Es duro. Sé que estás decepcionado.
No tiene mucha importancia.	Haga una pausa de cinco segundos y luego diga: Sé que estás dolido. Déjame abrazarte.
No puedes pretender ganarlas todas.	Haga una pausa de cinco segundos y luego diga: Sé que estás triste. Yo también lo estaría.
¡Vamos! La vida es así.	Haga una pausa de cinco segundos y luego diga: Tienes derecho a estar enfadado. Yo también lo estaría.

Podría ser peor.	Haga una pausa de cinco segundos y luego diga: Veo que tienes miedo. Yo también lo tendría.
Lo harás muy bien... todo irá bien.	Haga una pausa de cinco segundos y luego diga: Sé que estás asustado. Da miedo.
De todas formas no es muy importante.	Haga una pausa de cinco segundos y luego diga: No está mal tener celos. Yo también los tendría.
Tendrás otra oportunidad.	Haga una pausa de cinco segundos y luego diga: Si esto me pasara a mí, yo también estaría decepcionado.

CUANDO LOS NIÑOS SE RESISTEN A LA EMPATÍA

Cuando un padre transmite un mensaje de empatía, el niño puede resistirse y decir: «No siento eso», y a continuación explica cómo se siente. Aunque crea que usted tenía razón, es importante no interrumpir al niño para defender su observación. La cuestión no es tener razón, sino ayudar al niño a expresar sus sentimientos.

Cuando un niño está disgustado, siempre alberga distintos sentimientos. Si usted señala uno de los sentimientos que el niño puede tener, él enseguida pasará a otro y dirá: «No, no estoy enfadado, estoy triste.» Aunque pueda parecer que no nos escucha, intente recordar que en ese momento necesita que usted lo escuche. Es bueno que los sentimientos de un niño cambien y avancen.

Cuando los niños se resisten, recuerde que en ese momento necesitan que los escuchemos.

Con una mayor conciencia de sus distintos sentimientos, los niños pueden liberarlos más rápidamente. Si un niño rechaza su empatía o corrige su observación con un comentario como «No me siento así», no se enzarce en una discusión. Simplemente acepte la resistencia y siga escuchando. Si el niño continúa hablando de sus sentimientos, habrá conseguido ayudarlo.

Si un niño no ha tenido muchas oportunidades de expresar sus sentimientos, el establecimiento de lazos de empatía con sus sentimientos actuales puede abrir la caja de Pandora. Pueden empezar a salir todas las cosas que han preocupado al niño durante los últimos meses o incluso años. Esto es bueno. Dejemos que suceda.

Limítese a escuchar. En cuanto salgan esas cosas, el niño enseguida se sentirá mejor. Los padres a menudo cometen el error de intentar interrumpir a sus hijos para señalar que se equivocan o se desvían del tema. No es necesario decirlo. Deje que hablen y a la larga podrán olvidar el pasado y agradecerle que los haya escuchado.

CUANDO LOS PADRES EXPRESAN EMOCIONES NEGATIVAS

Las emociones negativas suelen estimular reacciones emocionales en los demás. Cuando alguien está triste, nos sentimos tristes. Cuando alguien se enfada con nosotros, a menudo nosotros también nos enfadamos. Si alguien está realmente asustado, puede que de repente nos sintamos inquietos o preocupados. Si ya estamos disgustados, las emociones de otra persona estimularán nuestros propios sentimientos.

Esto ayuda a explicar por qué puede resultar tan difícil escuchar a un niño llorar o por qué transmitir empatía unas veces es fácil pero otras es difícil. Si ha tenido un mal día y se siente emocionalmente inestable, escuchar a sus hijos puede resultar más difícil. Basta con que su hijo se disguste para que sus sentimientos pendientes surjan de repente en respuesta a los de su hijo.

Por ejemplo, si usted está frustrado porque tiene demasiadas cosas que hacer y no dispone de tiempo suficiente, tenderá a reaccionar de manera exagerada ante sus hijos. Si su hijo está disgustado y frustrado con sus deberes y usted intenta ayudarlo, esto desencadenará sus propios sentimientos de frustración. De repente empezará a arremeter contra su hijo con frustración. Lo que empezó como un gesto cariñoso de ayuda acaba en una discusión dolorosa.

Cuando los padres reaccionan ante las emociones negativas de sus hijos con más emociones negativas, los niños creen que es peligroso expresar emociones negativas. Cuando los padres expresan emociones negativas, son mayores, más fuertes y más poderosos. Las emociones intensas de los adultos intimidan a los niños y les impiden expresar sus propias emociones negativas. Con el tiempo los niños se vuelven indiferentes a sus sentimientos si no pueden expresarlos sin temor.

> **Cuando expresan emociones negativas,**
> **los padres son mayores, más fuertes y más poderosos,**
> **e intimidan a los niños.**

Algunas madres recuperan el control de sus hijos con un grito agudo cargado de emoción. Instantáneamente sus hijos se ponen firmes. Pero lo hacen porque es peligroso sentir emociones negativas y se vuelven obedientes porque tienen miedo. Aunque este método surte efecto a corto plazo, hace que los niños sean indiferentes a sus sentimientos íntimos e inhibe su fuerza de voluntad.

> **Las emociones intensas de los adultos hacen que los niños**
> **no puedan sentir sin temor.**

Los padres imponen su control y su dominio con gritos de ira y malhumor. De repente sus hijos se vuelven momentáneamente obedientes porque tienen miedo. Los niños a menudo reprimen la ira, porque los padres a su vez se enfadan. Aunque esta clase de control amedrentador antes surtía efecto, hoy en día no funciona. Los niños criados con esta clase de intimidación o bien se vuelven rebeldes más adelante y se resisten a cooperar, o bien se vuelven sumisos y no tienen un norte.

Si queremos ayudar a nuestros hijos a controlar sus sentimientos, primero debemos controlar los nuestros. Para superar la tendencia a descargar sentimientos pendientes sobre nuestros hijos, tenemos que tomarnos tiempo para hacer frente al estrés y procesar nuestros problemas emocionales pendientes. A menos que nos tomemos tiempo para hacer frente al estrés, impediremos que nuestros hijos aprendan a controlar sus sentimientos.

> **Para ayudar a los niños a controlar sus sentimientos, primero debemos controlar los nuestros.**

Los padres no pueden prestar atención pacientemente a los sentimientos de ira, tristeza y miedo de sus hijos si reprimen sus propios sentimientos de ira, decepción, frustración, preocupación o miedo. Si los padres se resisten a asumir sus propios sentimientos, serán incapaces de asumir los sentimientos negativos de sus hijos.

Los niños no pueden obtener la empatía que necesitan cuando los padres se resisten a lo que oyen. Cuando los niños reciben el mensaje de que sus emociones y sus necesidades de comprensión y afecto son una molestia, empiezan a reprimir sus sentimientos y perder la conciencia de su verdadera personalidad y de todos los dones derivados del hecho de ser uno mismo.

Mientras los padres no asuman sus propios sentimientos, no podrán ayudar eficazmente a sus hijos a controlar los suyos. Sin embargo, si dedican tiempo a hacer frente al estrés y alimentar sus propias necesidades de conversación, romance e independencia, pueden recuperarse y dar más a sus hijos. Cuando los padres se ocupan de sus propias necesidades primero, luego son perfectamente capaces de poner en práctica las cinco técnicas de la educación positiva.

En la década de los setenta, los adultos empezaron a darse cuenta de la importancia de tener conciencia de los sentimientos. Del mismo modo que los adultos necesitaban tener conciencia de sus sentimientos, los padres reconocieron que sus hijos también tenían que descubrir los sentimientos. Al intentar enseñar a los niños a tener conciencia de los sentimientos, los padres «progresistas» empezaron a comunicar sus propios sentimientos a sus hijos. Aunque el objetivo era correcto, el proceso no era tan eficaz.

Los sentimientos deben comunicarse entre iguales y los niños no son los iguales de sus padres. Cuando alguien comunica un sentimiento negativo, existe la necesidad subyacente de ser escuchado. La persona que escucha responde con empatía, compasión y ayuda. El problema de comunicar las emociones negativas a los niños es que no pueden responder sin sentirse responsables de sus padres. Está muy bien que los niños comuniquen sus sentimientos a otros niños o sus padres, pero no está bien que los padres comuniquen sus emociones negativas a los niños.

Los niños quieren complacer a sus padres por naturaleza. Si los padres comunican emociones negativas, los hijos se sienten responsables de consolarlos. Esto significa que el niño empieza a sentirse responsable de proporcionar cariño a los padres. El niño, que es quien necesita recibir cariño, asume una responsabilidad que no le corresponde. Esta inversión de papeles es muy poco saludable para el niño. Las chicas tenderán a perder la conciencia de sus sentimientos y sus necesidades y sentirán más cariño por los padres. Los chicos tenderán a rechazar esta responsabilidad y dejarán de escuchar o sentir cariño.

> **Es muy poco saludable para los niños sentirse responsables de los sentimientos de sus padres.**

Cuando una madre está disgustada después de una pelea y luego se disgusta con sus hijos, estos no pueden comprender que no son responsables de los sentimientos de sus padres. Si la madre a continuación le cuenta sus problemas al padre, los niños se sentirán incluso más responsables de solucionar el problema. A los adultos casados ya les resulta bastante difícil escucharse sin sentirse culpables o responsables. Es imposible que los niños puedan prestar atención a las emociones negativas de los padres sin asumir demasiada responsabilidad. A la larga, esta mayor conciencia de los sentimientos de sus padres hará que sean indiferentes a sus propios sentimientos. Cuando sean adolescentes, a la larga se distanciarán y dejarán de hablar con sus padres.

Por ejemplo, decirle a un niño «Me preocupa que te hagas daño» o «Estoy triste porque no me has telefoneado» hace que gradualmente el niño se sienta manipulado y controlado por los sentimientos negativos. Un adulto debería decir: «Quiero que tengas más cuidado» o «Quiero que la próxima vez me telefonees».

Esto no solo resulta más eficaz, sino que también enseña a los niños a no tomar decisiones basándose en las emociones negativas. El niño no coopera para proteger a los padres del desasosiego que les supone sentir miedo, sino porque los padres le han pedido que haga algo.

> **Los niños nunca deberían recibir el mensaje de que son responsables de los sentimientos de los padres.**

La mejor manera de ayudar a los hijos a desarrollar una mayor conciencia de los sentimientos no es comunicando nuestros sentimientos, sino mediante el establecimiento de lazos de empatía, el reconocimiento y la escucha. La utilización de las cinco técnicas de la educación positiva pondrá de manifiesto automáticamente los sentimientos de nuestros hijos.

Así como los niños no deberían sentirse responsables de los sentimientos de los padres, tampoco los niños deberían pensar que sus emociones y necesidades les otorgan el control. No hay nada malo en preguntar a un niño cómo se siente o qué quiere, pero debería hacerse con moderación. Si está pensando hacer algo y pregunta a su hijo qué le parece, puede que reciba el mensaje de que sus sentimientos determinan su decisión. Esto centra la atención en sus sentimientos y las necesidades y transmite el mensaje equivocado de que el niño tiene el control.

Preguntar directamente a los niños cómo se sienten o qué quieren les da demasiado poder. Los niños necesitan que sus padres tengan el control, pero también deben sentir que la resistencia, los sentimientos, los deseos y las necesidades que expresan reciben atención y se tienen en cuenta.

En lugar de decir «¿Qué te parece si vamos a visitar al tío Robert?» es mejor decir «Preparémonos para ir a visitar al tío Robert». Si el niño prefiere ir a nadar, se lo hará saber.

Preguntar directamente a nuestros hijos cómo se sienten a veces puede tener el efecto contrario al deseado. Una pregunta directa los presiona demasiado para saber cómo se sienten cuando todavía no han desarrollado una conciencia de su propia identidad. Un exceso de preguntas puede despertar la conciencia de la propia identidad demasiado pronto.

Por lo general, en torno a los 9 años, las cosas empiezan a darles vergüenza y son más recatados respecto a su cuerpo. Con esta mayor conciencia de su propia identidad, están preparados para responder a preguntas más directas sobre los sentimientos. En lugar de preguntarle a un niño cómo se siente, los padres pueden expresar empatía con una frase como: «Veo que te sientes frustrado.» En este momento estimulamos los sentimientos y la buena disposición del niño para hablar de los sentimientos.

La mejor manera de enseñar a tener conciencia de los sentimientos es escuchar y ayudar a identificarlos a través de la empatía. Los padres también pueden crear un entorno de comprensión para los sentimientos contando historias. Pueden comunicar satisfactoriamente que ellos también tienen sentimientos a través de historias sobre cómo se sintieron en ciertos desafíos de su infancia y su adolescencia. De esta manera, el niño no se siente responsable de ayudar a los padres o de mejorar las cosas.

> **Los padres pueden comunicar satisfactoriamente que ellos también tienen sentimientos a través de historias sobre su pasado.**

Después de que un niño hable del miedo que le da rendir un examen, el padre podría explicar una historia divertida de su infancia sobre una ocasión en que tenía que rendir un examen y también sintió miedo. Contar estas historias no solo debería validar los sentimientos del niño, sino también transmitir un mensaje tranquilizador.

LOS HIJOS EXPRESAN LO QUE NOSOTROS REPRIMIMOS

Incluso cuando los padres no comunican sus sentimientos, los niños pueden verse afectados por ellos. Hay padres que se dan cuenta de que no es apropiado comunicar sus sentimientos a los hijos, pero no saben liberarlos de manera eficaz. Por consiguiente, en particular en las situaciones estresantes, sus emociones pendientes se acumulan en su interior. Aunque las ocultan, pueden afectar a sus hijos.

Cuando los padres reprimen sus sentimientos negativos, los de los niños se intensifican. Los hijos suelen expresar lo que sus padres reprimen. A menudo el hijo más sensible carga con los problemas emocionales de la familia. Actualmente los terapeutas reconocen que cuando un niño tiene un problema, a menudo está relacionado con los problemas que tienen los padres.

> **A menudo el hijo más sensible carga con los problemas emocionales de la familia.**

Si nos preocupa la falta de tiempo, puede que nos encontremos con que nuestros hijos siempre se quejan de que tienen demasiadas cosas que hacer y no disponen de tiempo suficiente. Si nos sentimos emocionalmente abandonados o faltos de apoyo, uno de nuestros hijos se quejará de que se siente abandonado. En estos ejemplos el hijo absorbe y siente lo que nosotros reprimimos.

Es como si fueran esponjas. Si rebosamos de amor y empatía, los niños absorben nuestro amor para cerrar sus propias heridas. Si rebosamos de ansiedad, depresión, ira, tristeza, miedo, agitación, rencor o frustración, absorberán estos sentimientos. Cargan literalmente con nuestros sentimientos negativos y luego los exteriorizan.

> **Los niños cargan con nuestros sentimientos negativos y luego los exteriorizan.**

Esto explica por qué cuando nos sentimos frustrados o abrumados nuestros hijos estallan emocionalmente o se vuelven muy exigentes. Cuando los padres no se ocupan de sus propias necesidades, los niños absorben esas necesidades y las expresan. Exteriorizan sus sentimientos en los momentos más inoportunos.

Los niños tienen sus propios problemas y emociones, pero cuando además tienen que cargar con los de sus padres se sienten abrumados y estallan con una pataleta. (No obstante, no olvide que los niños tendrán pataletas aunque sus padres se ocupen satisfactoriamente de sus propias emociones.)

Un modo de determinar si un hijo exterioriza nuestros sentimientos o los suyos es la prueba de la resistencia. Si nos resistimos a los sentimientos de los hijos, está claro que expresarán una parte de aquello a lo que nos resistimos. Si sabemos escuchar pacientemente con empatía, es evidente que no exteriorizan nuestros sentimientos conflictivos.

> **Si nos resistimos a los sentimientos de nuestros hijos, está claro que expresarán una parte de aquello a lo que nos resistimos.**

Sentir resistencia a los sentimientos de los hijos no significa ser malos padres, sino un indicio de que necesitamos satisfacer nuestras propias necesidades. Cuando no podemos estar a la disposición de nuestros hijos, podemos recurrir a los momentos a solas. A pesar de lo que usted reprima y el niño exprese, los momentos a solas ayudarán al niño a ocuparse de los sentimientos que debe expresar.

A menudo, después de dejar al niño a solas los padres también se sienten mejor, porque su hijo ha expresado todas sus emociones negativas. Por este motivo con frecuencia dar un azote o una paliza antes servía para crear un entorno de tranquilidad temporal en la familia: no solo el niño sentía y expresaba su dolor, sino que los padres también expresaban sus sentimientos reprimidos y su dolor. Así, todo el mundo experimentaba un alivio temporal.

LA OVEJA NEGRA DE LA FAMILIA

Cuando los padres no han aprendido a liberar las emociones negativas y reprimen sus sentimientos íntimos, como mínimo uno de sus hijos tenderá a cargar con ellos, por lo general el niño más sensible. Este niño a menudo se considera la oveja negra de la familia. Sin un entorno que acepte y dé salida a las emociones negativas, estos niños o bien exteriorizan estos sentimientos y empiezan a causar problemas, o bien se los guardan y tienen baja autoestima. Con frecuencia se producen ambas reacciones.

Estas «ovejas negras» no consiguen el apoyo y la empatía que necesitan, y los problemas empeoran. Expresarán justo los sentimientos que sus padres rechazan en su interior. En lugar de recibir amor, comprensión y aceptación, reciben resistencia, rencor y rechazo. No pueden conseguir el amor y el apoyo requerido para procesar sus intensas emociones.

> **Las «ovejas negras» no consiguen el apoyo que necesitan y creen que algo les pasa.**

A menudo no saben por qué están tan disgustados y a la larga llegarán a la conclusión de que algo les pasa. La verdad es que están perfectamente bien. Pero se comportan de manera inadecuada y mantienen actitudes y sentimientos negativos porque no consiguen el apoyo que necesitan. Estos niños a menudo pueden conseguir ese apoyo de personas comprensivas que no pertenecen a la familia.

Si uno de sus hijos tiende a ser la oveja negra, dedique más tiempo a prestar atención a sus sentimientos. Recuerde que todos los niños son distintos y nunca los compare. Este niño tiene que recibir mucho apoyo a través de actividades fuera del entorno familiar, donde no se sentirá presionado para cargar con los problemas y sentimientos irresueltos de los demás y exteriorizarlos.

HACER QUE NO ESTÉN MAL LAS EMOCIONES NEGATIVAS

Esta es una manera totalmente distinta de educar a los hijos. El desafío de hacer que las emociones negativas no estén mal es formidable. Lo cierto es que hemos sido educados por unos padres que no sabían cómo manejar y alimentar la libre expresión de las emociones. Pero con los nuevos conocimientos y técnicas de la educación positiva tendremos éxito.

Por consiguiente, nuestros hijos no se verán limitados por la vida, sino que serán creativos y capaces de crear la vida que quieren vivir. Con una mayor conciencia de los sentimientos, a la larga sabrán realmente quiénes son y para qué han venido a este mundo. Seguirán enfrentándose a desafíos, a veces incluso más formidables que los de sus padres, pero poseerán unos recursos nuevos y poderosos para alcanzar sus objetivos y hacer realidad sus sueños.

12

Es aceptable querer más

Cuando los niños no saben qué quieren, se vuelven vulnerables a las necesidades y los deseos de los demás. Pierden la oportunidad de descubrir y desarrollar su personalidad y, en cambio, se transforman en lo que los demás quieren que sean. Si no saben qué quieren, asumen las necesidades de los demás y pierden su capacidad, su pasión y su norte. Si no tienen conciencia clara de sus deseos y necesidades, no pueden reconocer qué es lo más importante en la vida.

> **Si no saben qué quieren, los niños asumen las necesidades de los demás.**

Con frecuencia los niños reciben el mensaje de que algo les pasa, son egoístas o son unos mimados porque quieren demasiado y se disgustan cuando no lo consiguen. Antiguamente los niños tenían que contentarse con las migajas. Tenían que estarse quietos y callados y no se les hacía caso ni se les tenía en cuenta. No se les permitía pedir más o ni siquiera querer más.

La represión del deseo era una técnica importante de la educación de los hijos, porque los padres no sabían cómo ocuparse de los sentimientos negativos que surgían cuando no podía satisfacerse un deseo. El permiso para querer más otorga a los niños un poder que antiguamente los padres no podían controlar.

Hoy en día, con las técnicas de la educación positiva para controlar las emociones negativas, no está mal que los niños quieran más. Al querer más desarrollan una conciencia más firme de su personalidad y de para qué han venido a este mundo.

LOS TEMORES DEL DESEO

Con frecuencia se piensa que autorizar a los niños a querer más los convertirá en demasiado exigentes o difíciles de controlar. Sin duda es más fácil educar a un niño que se adapte a todos nuestros deseos, pero este niño no tendrá la oportunidad de explorar y desarrollar una conciencia de sí mismo, un estilo específico y un norte. Cuando los niños consiguen el amor y el apoyo que necesitan para controlar sus sentimientos, el hecho de dar permiso para querer más no hace que se vuelvan exigentes o difíciles de controlar. Al querer más y no conseguirlo, aprenden la importante técnica de la gratificación aplazada y la autodisciplina.

A algunos padres les preocupa que su hijo se vuelva demasiado egoísta. Esto ocurre si los padres ceden a todas sus necesidades y deseos. Lo que convierte a los niños en unos mimados no es el hecho de conseguir lo que quieren, sino el poder de manipular a los demás queriendo más y con pataletas como medio de chantaje.

> **Los niños se convierten en unos mimados no por el hecho de querer más, sino cuando los padres se dejan chantajear.**

Cuando los padres tratan de apaciguar a los hijos satisfaciendo todos sus deseos para evitar las pataletas, los niños se vuelven unos mimados. Para darles permiso para querer más, los padres deben ser fuertes cuando los niños tienen una pataleta y luego deben dejarlos a solas de manera adecuada. Si les damos la oportunidad de modificar sus deseos de conseguir más y aceptar los límites de la vida, los niños valoran cada vez más lo que ya tienen.

Con el uso de momentos a solas frecuentes y unas buenas técnicas de comunicación para ayudar a los hijos a ocuparse de los sentimientos intensos que surgen ocasionalmente, los padres que les dan permiso para ser ambiciosos y querer más criarán a unos hijos seguros de sí mismos, dispuestos a cooperar y compasivos.

Al concentrarse en generar cooperación en lugar de obediencia ciega, la educación positiva alimenta la voluntad y el deseo de los niños, al tiempo que mantiene el control en manos de los padres. Para generar cooperación no es necesario doblegar al niño. Aunque no quieran irse a dormir, se acostarán de acuerdo con la voluntad y los deseos de sus padres. Aplicando las cinco técnicas de la educación positiva, los padres permiten a sus hijos tener sus propios deseos y necesidades, pero se reservan la última palabra.

El problema de darles permiso para querer más es que a veces hace que las cosas vayan más lentas. Los niños no siempre obedecen a la primera. Puede que quieran hacer otra cosa y nos lo harán saber. Al dedicar ese tiempo a escuchar y considerar las ventajas de la voluntad y los deseos del niño, los padres alimentan la personalidad del hijo. Si un niño siente que lo escuchan la mayor parte del tiempo, cuando los padres no dispongan de tiempo, el niño será comprensivo.

La personalidad puede manifestarse a través de la voluntad. Cuando no doblegamos a un niño, este tiene la posibilidad de respirar y crecer. Nuestra voluntad nos motiva. Dedicar tiempo a alimentar la voluntad de un niño aumentará su vínculo afectivo con los padres y generará una buena disposición para cooperar.

Todos los niños sienten un gran entusiasmo innato. Es su fuerza de voluntad. Cuando se acepta el hecho de que quieren más, esta voluntad se alimenta y puede crecer en armonía con los padres y los demás. Pero cuando no se deja crecer, los niños pierden gradualmente esa chispa especial que vemos en los más pequeños. El niño deja de mostrar entusiasmo por la vida, el amor, el aprendizaje y el crecimiento.

> **Alimentar la voluntad de un niño hace que mantenga su entusiasmo por la vida, el amor, el aprendizaje y el crecimiento.**

Al aprender a sentir sus necesidades y satisfacer las necesidades de sus padres, los niños desarrollan las importantes técnicas del respeto, la comunicación, la cooperación, el compromiso y la negociación. Si no tienen permiso para querer más y pedir más, los niños aprenden a sacrificarse por los demás. Cuando los niños tienen permiso para querer más, no necesitan rebelarse durante la adolescencia para encontrarse a sí mismos.

LAS VIRTUDES DE LA GRATITUD

Los padres enseñan rápidamente las virtudes de la gratitud en lugar de dar permiso a sus hijos para querer más. Cuando un niño quiere más, los padres suelen responder: «Da las gracias por lo que ya tienes.» Muchos adultos no se dan permiso para querer más en la vida porque tienen miedo de que parezca que no agradezcan lo que ya tienen.

Antiguamente el sacrificio formaba parte de la espiritualidad. Ser bueno, santo o espiritual significaba sacrificarse en nombre de Dios. El sacrificio era un medio válido para sentirse vinculado a Dios, porque era una manera de empezar a sentir. Renunciar a algo por Dios obligaba a sentir más profundamente. Hoy en día no tenemos que sacrificarnos para sentir. Simplemente necesitamos permiso para querer más y los sentimientos aparecerán en abundancia.

> **Antiguamente era adecuado sacrificarse por Dios, pero hoy en día nuestro desafío es vivir para Dios.**

Nuestro desafío es crear una vida de abundancia. Actualmente disponemos de más recursos que nunca. Nuestros hijos pueden hacer realidad sus sueños, pueden disfrutar del éxito interior y exterior. La base de este éxito es el permiso para querer más. A menos que tengan permiso para querer más, dejarán de soñar, y sin sueños solo pasará lo que ya ha pasado.

El secreto del éxito, tanto interior como exterior, consiste en valorar lo que tenemos y querer más. Un corazón que rebosa de gratitud y amor por lo que tenemos y una fuerte pasión por conseguir y tener más es la llave del éxito de nuestros hijos en la vida. Cuando los niños pueden controlar los sentimientos negativos que comporta el hecho de no conseguir siempre lo que quieren, volverán a valorar el amor y el apoyo que reciben. Al agradecer el amor y el apoyo de sus padres, los niños tienen la base necesaria para sentir sus propios deseos y no el deseo equivocado que pueden tener otras personas.

Permiso para negociar

Cuando les damos permiso para querer más, puede significar más trabajo para nosotros. A cambio, los niños aprenden a negociar para conseguir más en la vida. Aunque la negociación lleva más tiempo, a veces me sorprende la capacidad de mis hijas para moverme a hacer cosas. Estoy orgulloso de su fuerza, su determinación y su resistencia a doblegarse pasivamente.

Como mis hijas tienen libertad para pedir lo que quieren, su capacidad interior de conseguirlo tiene la posibilidad de florecer. No siempre aceptarán un no por respuesta. Negocian rápidamente y con frecuencia me motivarán para que les dé lo que quieren. No está mal que me convenzan de que cambie de opinión. Esto no significa ceder para evitar la pataleta. Existe una gran diferencia entre ser manipulado por un niño quejica y ser motivado por un buen negociador. Los padres deben mantener el control a lo largo de toda la negociación estableciendo claramente sus límites.

> **Existe una gran diferencia entre ser manipulado
> por un niño quejica y ser motivado por un buen negociador.**

Muchos adultos no saben pedir lo que quieren, porque no practicaron mucho de pequeños. Cuando finalmente lo piden, no saben negociar. Si obtienen un no por respuesta, o bien ceden o bien sienten rencor. Muchos problemas de adultos desaparecerían si la gente aprendiera a negociar para conseguir lo que quiere. El mundo está lleno de abogados simplemente porque la gente es incapaz de resolver y negociar sus diferencias.

Los niños que han negociado durante su infancia y su adolescencia no ceden ni se vuelven rencorosos. Saben que un no solo es inapelable si no se les ocurre otra buena razón para conseguir lo que quieren. También saben que un no hoy no significa un no mañana. La negociación requiere una creatividad y una perseverancia que aparecen siempre que los niños tienen permiso para pedir más.

Los niños necesitan permiso para pedir más; si no, nunca sabrán cuánto pueden conseguir. Incluso los adultos tenemos dificultades para determinar qué y cuánto podemos pedir sin ofender o parecer demasiado exigentes o desagradecidos. Si los adultos tienen dificultades, está claro que no deberíamos esperar que nuestros hijos no las tengan.

> **Los niños necesitan permiso para pedir más; si no,
> nunca sabrán cuánto pueden conseguir.**

Al dar permiso a un niño para pedir más, los padres deben comprender y aceptar que a veces querrá demasiado o parecerá muy egoísta. En estas ocasiones, en lugar de juzgar o desaprobar, los padres tienen que proporcionar aceptación y comprensión. No podemos esperar que un niño siempre sepa cuánto puede pedir. Es un proceso de ensayo y error.

Que los niños tengan permiso para pedir más no significa que siempre vayamos a consentirlos. Mientras aprenden a pedir más, los padres deben practicar para aprender a decir no sin sentirse incómodos. Cuando los padres no pueden decir no, los niños enseguida pedirán cosas poco razonables. Querrán cada vez más hasta llegar al límite.

Si los padres no son capaces de establecer límites razonables, los niños pedirán cosas poco razonables. Un niño insistirá y pedirá hasta llegar a un límite claro. Cuando llegue a ese límite, a menudo necesitará quedarse a solas para ocuparse de sus intensos sentimientos de decepción, rabia, ira, tristeza y miedo. Cuantas más veces consiguen lo que quieren, más se disgustan en las ocasiones en que no lo consiguen.

> **Si los padres no son capaces de establecer límites razonables, los niños pedirán cosas poco razonables.**

Cuando los niños negocian para conseguir lo que quieren, los padres deben establecer claramente la duración de la negociación. Los padres tienen tiempo y deseos limitados de seguir negociando. Cuando creemos que ya hemos oído bastante y no estamos dispuestos a cambiar de opinión, es el momento de decir: «Comprendo que estés decepcionado, pero se acabó la negociación.»

Si el niño insiste, el padre debería repetir esta frase y mandarle callar. Y podría añadir: «Se acabó la negociación. Quiero que dejes de pedírmelo.»

Si el niño se obstina, significa que está fuera de control y necesita quedarse a solas. Después de que este proceso se repita varias veces, el niño se mostrará muy respetuoso cuando le pidamos que ponga fin a la negociación. Recuerde que cuando un padre pasa a la modalidad de mando y repite un mandato, un no es un no.

> **Cuando un padre pasa a la modalidad de mando
> y repite un mandato, un no es un no.**

La mayor parte del tiempo, para poner fin a una negociación, en particular con un niño pequeño, los padres pueden utilizar la reorientación. Una madre podría decir: «Comprendo que estés decepcionado. Me gustaría tener una varita mágica y darte lo que quieres, pero no puedo. En lugar de esto hagamos...»

Existen dos situaciones distintas en que es necesario decir no. La primera es cuando el niño se resiste a nuestra petición. Por ejemplo, queremos que se prepare para salir, pero el niño quiere seguir jugando. En este caso tenemos que poder decir no con claridad y firmeza y repetir nuestra petición. En la segunda situación tenemos que decir no a una petición directa: el niño quiere que juguemos con él, pero tenemos otros planes. En ambos casos lo mejor es responder con firmeza y brevedad. No dé razones para justificar el no, simplemente diga no. Si el niño cuestiona su decisión, simplemente repita la misma respuesta con más firmeza. He aquí unos ejemplos sencillos:

DIEZ MANERAS DE DECIR NO

1. No, ahora estoy ocupado.

2. No, tengo otros planes.

3. No, pero tal vez en otro momento.

4. No, ahora estoy haciendo otra cosa.

5. No, vamos a hacer esto.

6. No, ahora quiero que...

7.   No, pero en lugar de esto hagamos...

8.   No, ahora es hora de...

9.   No, el plan es...

10. No, ahora necesito estar un momento solo.

Además de darles a los niños la oportunidad de desarrollar sus habilidades negociadoras al decirles claramente no, los niños también aprenden a decir no en sus vidas. Los padres no deben disgustarse con un niño por pedir más. El permiso para pedir más implica la oportunidad de pedir. Cuando los padres saben que no es necesario decir sí siempre, pueden decir no sin sentirse culpables. Además de atender sus propias necesidades, los padres que pueden decir no sin sentirse incómodos proporcionan un modelo de conducta importante para sus hijos. Si un niño sigue cuestionando un no, los padres tienen que decir: «Se acabó la negociación.»

PEDIR MÁS

Un día, aproximadamente a los 6 años, mi hija Lauren me pidió que la acompañara al pueblo a comprar un helado. Era un ritual que solíamos hacer juntos. Ese día le dije que no y empezó a suplicar y negociar. Dio la casualidad de que había un vecino presente e inmediatamente la interrumpió con un mensaje que la avergonzó. El vecino dijo: «Lauren, no insistas. ¿No ves que tu padre está ocupado? No podrá negarse si no dejas de pedírselo.» Inmediatamente mis tres hijas, Shannon, Juliet y Lauren, dijeron al unísono: «Desde luego que puede.» Fue una ocasión memorable. Me sentí muy orgulloso. Mis hijas habían comprendido claramente que Lauren tenía derecho a pedir y yo tenía derecho a decir no y era capaz de hacerlo.

Cuando los padres hacen grandes sacrificios para satisfacer

todas las peticiones de sus hijos, esto hace que el niño cargue con la responsabilidad de averiguar hasta dónde es razonable pedir. Esto no es saludable. Con el tiempo el niño se sentirá inseguro para pedir cualquier cosa. Los padres en cambio deberían dar permiso a los niños para pedir y darse permiso a sí mismos para decir no. En nuestra casa a menudo decimos: «Si no pides, no consigues nada, pero cuando pides, no siempre consigues algo.»

> **Si no pides, no consigues nada, pero cuando pides,
> no siempre consigues algo.**

Además de dar permiso a los niños para pedir más, los padres también tienen que enseñarles a pedir. La mejor manera de hacerlo es con el ejemplo. Cuando los padres piden de manera respetuosa, los niños aprenden gradualmente a pedir.

Enseñar a pedir con el ejemplo

Para enseñar a los niños esta importante conducta, la técnica principal consiste en enseñar con el ejemplo. Como hemos visto en el capítulo 3, en lugar de limitarse a exigir o mandar, asegúrese de que al pedir utiliza «quieres», «querrías», «por favor» y «gracias». Cuando los niños exigen o mandan, en lugar de decirles que no sean irrespetuosos, simplemente enséñeles con el ejemplo cómo podrían haber expresado mejor su petición.

Cuando un niño de 4 años dice «¡Papá, dame eso!», simplemente responda: «Papá, ¿querrías darme eso? Te lo daré encantado.» Luego dele lo que ha pedido como si él hubiera dicho esas palabras.

Esta técnica me facilitó mucho la educación de mis hijas. Cuando se mostraban demasiado exigentes o irrespetuosas, en lugar de enzarzarme en una lucha de poder para corregirlas, simplemente decía lo que yo quería que dijeran y luego respondía como si lo hubieran dicho ellas.

El único motivo por el cual los niños no se expresan de modo más respetuoso es que todavía no han aprendido a hacerlo. No tenemos que corregirlos, solo demostrarles cómo funciona. Como padres, nos corresponde enseñarles. A medida que vean que les gusta y funciona, seguirán nuestro ejemplo.

Si mi hija estuviera enfadada y dijera «Papá, sal de mi habitación», yo diría: «Papá, ¿querrías salir de mi habitación, por favor? Lo haré encantado.» Y luego me marcharía.

Esto les da una idea clara de cómo pedir para que funcione. Sería una pérdida de tiempo y energía discutir con mi hija y decir: «No me digas qué tengo que hacer. Pídemelo educadamente o no me iré.» Esta táctica genera más resistencia.

Los niños deben poder pedir libremente sabiendo que no los avergonzaremos. Aunque no lo expresen de manera perfecta, deberíamos respetarlos. También tienen que saber que el simple hecho de pedir no significa que vayan a conseguirlo. Un padre no debería basar el no en la manera de pedir del niño. Cuando un niño pide, siempre lo hace lo mejor que puede. Si falla es que necesita más ejemplos, más apoyo o quedarse a solas.

EL PODER DE PEDIR

Al dar permiso a nuestros hijos para pedir más, les damos el don de la dirección, la determinación y el poder en la vida. Hoy en día, muchas mujeres se sienten impotentes porque nunca les dieron permiso para pedir más. Les enseñaron a preocuparse más de las necesidades de los demás y se las avergonzaba por disgustarse cuando no conseguían lo que ellas querían.

Una de las técnicas más importantes que un padre o una madre puede enseñar a una hija es a pedir más. La mayoría de las mujeres no aprendieron esta lección de pequeñas. Piden más indirectamente, dando más y confiando en que alguien se lo devolverá sin tener que pedir. Esta incapacidad de pedir directamente impide que consigan lo que quieren en la vida y en sus relaciones.

> **La mayoría de las mujeres tienen problemas en sus relaciones porque de pequeñas no aprendieron a pedir más.**

Mientras que las chicas necesitan más permiso para querer más, los chicos necesitan una clase especial de apoyo cuando no consiguen más. Los chicos se proponen a menudo objetivos difíciles de alcanzar y los padres intentan convencerlos de que los olviden, porque quieren protegerlos de la decepción. No se dan cuenta de que poder enfrentarse a la decepción para reponerse y avanzar hacia sus objetivos es más importante que alcanzar los objetivos.

Del mismo modo que las chicas necesitan mucho apoyo para poder pedir lo que quieren, los chicos necesitan apoyo adicional para identificar sus sentimientos y avanzar a través de ellos. En el caso de los chicos, lo mejor es preguntarles sobre lo sucedido procurando *sobre todo* no ofrecer consejos o «ayuda». Un exceso de empatía «para ayudarlos» puede hacer que desconecten y no quieran hablar de lo sucedido.

A menudo las madres hacen demasiadas preguntas. Cuando presionamos a los chicos para que hablen, muchos se callan. Cuando les sugerimos cómo hacer frente a una situación, los chicos en particular se echan atrás. A veces, cuando un chico ya se siente derrotado, no necesita que nadie le haga sentirse peor explicándole cómo solucionar el problema o qué hizo para contribuir a causarlo.

Dar demasiado

Siempre que los padres dan demasiado, los niños se lo hacen saber: se vuelven demasiado exigentes y dejan de valorar lo que tienen. Cuando les damos algo y quieren más, generalmente esto indica que les damos demasiado.

> **Cuando los padres dan demasiado, la solución consiste en dejar de hacer sacrificios por sus hijos.**

Veamos un ejemplo. Un día, mi hija Lauren me pidió un helado. Yo estaba haciendo varios recados, pero ella insistía. En lugar de hacer lo que tenía que hacer, accedí a ir a comprarle uno. Aunque no me di cuenta, le estaba dando demasiado. La interrupción me molestó, pero aun así fui a comprarle el helado.

En la tienda, después de hacer cola un buen rato, decidió que no quería el helado, sino otra cosa. Me pidió que yo fuera a buscarla. Si lo hacía, perdería mi sitio en la cola y desperdiciaría mucho tiempo. En ese momento me molestó que Lauren se mostrara tan exigente. Ella estaba confusa y me preguntó si estaba enfadado. Le dije que simplemente estaba enfadado porque aquello nos estaba llevando mucho tiempo.

En el fondo, por un lado estaba enfadado con ella, pero ella solo puso a prueba el límite y pidió lo que quería. Yo era el adulto y tenía que decidir hasta dónde podía darle. Ese día comprendí claramente que yo tenía que decidir a qué podía acceder y a qué no. Su deber era seguir pidiendo hasta llegar al límite. No era justo dejar que me llevara al límite y luego culparla por haberse mostrado tan exigente. Si en el futuro no le daba demasiado y establecía límites más claros, no me molestaría hacer cosas por ella.

Cuando mis hijas se comportaban ocasionalmente de manera exigente en público, esto me indicaba que les estaba dando demasiado. Siempre que los padres dan demasiado para hacer feliz a un niño, el resultado es que este se vuelve demasiado exigente. A veces los padres no saben si los apaciguan o complacen demasiado. Están tan contentos de complacer a sus hijos que no se dan cuenta de que ceden con excesiva frecuencia y les dan demasiado poder.

LOS NIÑOS SIEMPRE QUERRÁN MÁS

Cuando les damos permiso para querer más, los niños siempre querrán más. A veces parecerá que no podemos hacerles felices. Este es un componente saludable del proceso de crecimiento. Para desarrollar plenamente su capacidad de ser felices, los niños necesitan sentir que no pueden conseguir todo lo que quieren.

Después de no conseguir lo que quieren en el mundo exterior, vuelven a sentir lo que necesitan de verdad. Cuando sienten la necesidad de recibir amor, de repente empiezan a darse cuenta de que pueden ser felices sin conseguir todo lo que quieren. No tienen que tenerlo todo inmediatamente. Así es como aprenden a aplazar la gratificación.

Los niños también querrán más tiempo y atención de lo que podemos darles. Los padres deben saber que otorgarles permiso para querer más significa que siempre querrán más. Los niños tienen que aprender a ser felices en ese momento, a pesar de no conseguir lo que quieren.

> **La gratificación aplazada es aprender a ser felices**
> **en ese momento a pesar de no conseguir lo que queremos.**

Por este motivo es tan importante aprender a controlar los sentimientos negativos. Los padres tienen que procurar no tratar de animar siempre al hijo o solucionar su problema. El niño es como una mariposa que lucha para salir del capullo; necesita esa lucha para reforzar sus alas a fin de volar libremente.

Una de las técnicas más importantes para ser feliz en la vida es la gratificación aplazada. Aprender a querer más y aun así estar contentos con lo que tenemos es una gran virtud. Este equilibrio se desarrolla cada vez que nuestros hijos no pueden conseguir lo que quieren y se disgustan. Al ayudarles a sentir y luego liberar los sentimientos negativos, sienten una y otra vez que pueden estar tranquilos y contentos en ese momento, a pesar de que la vida no es perfecta.

Hijos de padres divorciados

Estos hijos tienen una gran necesidad de procesar la pérdida que comporta la separación de sus padres. Todos los niños desean que papá y mamá se quieran. Del mismo modo que los padres tienen que llorar la pérdida de su matrimonio, sus hijos también tienen que hacerlo. Los niños a menudo no empiezan a llorar la pérdida hasta que papá o mamá empieza a salir con alguien otra vez. Por ese motivo, en cuanto un padre o una madre pasa por este proceso, tiene que empezar a salir con otras personas.

> **Los niños a menudo no empiezan a llorar la pérdida hasta que se dan cuenta de que papá o mamá ha empezado a salir con alguien otra vez.**

A veces los padres separados no quieren salir con otras personas porque sus hijos no quieren que lo hagan. Sus hijos se vuelven tan exigentes y se disgustan tanto que los padres se quedan en casa para evitar la pataleta. Este intento de apaciguar al niño no solo lo convertirá en un malcriado, sino que también le privará de la oportunidad de llorar la separación de sus padres.

En otros casos los padres separados no empiezan a salir con otras personas porque quieren compensar a sus hijos. La lógica es clara: puesto que mi hijo solo tiene un padre activo y un niño necesita un padre y una madre, tengo que darle más. Esta lógica es correcta, pero la premisa es errónea. Los niños siempre querrán más de lo que podemos darles. Si intentamos darles más, nos sacrificaremos demasiado por nuestros hijos. No olvide que los niños vienen del cielo. Si usted hace todo lo posible, Dios hará el resto. Usted solo puede hacer lo que puede hacer. El secreto es estar a disposición de sus hijos cuando se resistan a que usted haga lo que tiene que hacer para sí mismo. En lugar de protegerlos del hecho de no conseguir lo que quieren, ayúdeles a ocuparse de los sentimientos que surgen en respuesta al hecho de no conseguir lo que quieren.

> **No olvide que los niños vienen del cielo; si usted hace todo lo posible, Dios hará el resto.**

Cuando una madre separada vaya a salir con un hombre, puede que su hijo se queje tanto que ella desista. En este caso la madre debe decidir qué puede dar sin renunciar a su vida personal. Al tomarse tiempo para sí misma, puede dar a su hijo el tiempo y la clase de atención que él necesita.

EL VIVO REFLEJO DEL ESPÍRITU HUMANO

Los deseos de conseguir más son el vivo reflejo del espíritu humano. Cuando los niños pueden controlar sus deseos de conseguir más, pero aceptan y valoran pacientemente lo que tienen, están preparados para hacer frente a los mayores desafíos de la vida. Las personas que triunfan en la vida son las que perseveran. Los fracasados son los que tiran la toalla y dejan de luchar, soñar y querer. Cuando los niños abren su mente y su corazón y tienen fuerza de voluntad, nada puede detenerlos.

Los niños que se crían con una sólida fuerza de voluntad no cederán a la voluntad de un tirano ni tratarán de doblegar a los demás ejerciendo su dominio. Mostrarán una nueva manera de interactuar. La cooperación será su experiencia habitual y, por tanto, desarrollarán técnicas para conseguir la cooperación de los demás.

Los niños que han crecido con permiso para querer más son ambiciosos y hacen grandes planes. Confían en su capacidad de conseguir más. Entre sus capacidades más profundas, se encuentra la seguridad en sí mismos y el conocimiento intuitivo de cómo conseguir lo que quieren.

Al dar permiso a los niños para querer más, se despierta esta conciencia creativa e intuitiva, lo que les proporciona una ventaja en la vida que pocas personas experimentan. Con esta confianza y este norte, sus hijos serán capaces de avanzar en la vida con determinación y pasión. Conseguirán y superarán lo que los padres de generaciones anteriores solo podían soñar para sus hijos.

13

Es aceptable decir no, pero no olvides que papá y mamá mandan

La base de la educación positiva es la libertad. Cada uno de los cinco mensajes positivos otorga a los niños mayor libertad para desarrollar su pleno potencial. Este nuevo modo de educar les proporciona la fuerza suficiente para avanzar en la vida sin renunciar a su identidad. Con este apoyo, los niños crecen y aprenden que es aceptable ser diferentes, equivocarse, expresar emociones negativas, querer más y, aún más importante, decir no.

> **La capacidad de resistirse a la autoridad es la base de una conciencia de sí mismo verdadera y positiva.**

A primera vista la educación positiva puede parecer permisiva, pero de hecho impone un mayor control. Sus técnicas imponen control sin miedo ni culpabilidad. Dar permiso a los niños para decir no no significa que los padres cedan a la resistencia de los niños. Los padres prestan atención a la resistencia y la tienen en cuenta. En lugar de obedecer ciegamente a sus padres, los niños tienen la oportunidad de decidir cooperar.

Dejar que los niños digan no les da la posibilidad de expresar sus sentimientos, descubrir qué quieren y luego negociar. Esto no quiere decir que vayamos a hacer siempre lo que el niño quiera. Aunque los niños pueden decir no, esto no equivale a que se salgan siempre con la suya. Prestaremos atención a lo que siente y necesita el niño, y esto en sí mismo a menudo conseguirá que esté más dispuesto a cooperar. Y, aún más importante, permitirá que esté dispuesto a cooperar sin tener que reprimir su verdadera personalidad.

> **Dejar que un niño diga no no significa que el padre vaya a hacer siempre lo que el niño quiera.**

Existe una gran diferencia entre modificar y negar las necesidades. Modificar las necesidades significa cambiar lo que los niños quieren por lo que los padres quieren. Negarlas significa reprimir necesidades y sentimientos y someterse a los de los padres. La sumisión acaba por doblegar al niño.

Sin carecen de fuerza de voluntad, los niños se dejan influir fácilmente por las tendencias negativas de la sociedad o la presión de adolescentes que estén fuera del control de sus padres. Cuando una persona no tiene una arraigada conciencia de sí misma, es presa fácil para la manipulación y el abuso a manos de los demás. Incluso se verá atraída por las relaciones y las situaciones abusivas, porque se sentirá indigna y tendrá miedo de reafirmar su propia voluntad. Sin fuerza de voluntad, a los preadolescentes y los adolescentes les resulta difícil defender sus ideales y se dejan influir por la presión de sus compañeros.

Modificar la voluntad de uno se denomina cooperar; la negación a través de la sumisión es la obediencia. Las prácticas de la educación positiva tratan de crear niños dispuestos a cooperar, no niños obedientes. No es bueno que los hijos cumplan la voluntad de sus padres ciegamente.

Dar permiso a los niños para sentir y expresar con palabras su resistencia no solo los ayuda a desarrollar una conciencia de sí mismos, sino que también les vuelve más dispuestos a cooperar. Los niños obedientes se limitan a cumplir órdenes; no piensan, no sienten ni participan en el proceso. Los niños dispuestos a cooperar participan con todo su ser en todas las interacciones y, por tanto, pueden desarrollarse.

Cuando los niños tienen permiso para resistirse, esto proporciona más control a los padres. Cada vez que un niño se resiste y luego se doblega ante sus padres, el niño experimenta que papá y mamá mandan. Tener conciencia del control de sus padres proporciona la base de la educación positiva.

> **Cuando los niños tienen permiso para resistirse, los padres adquieren más control.**

El hecho de tener conciencia del control de los padres hace que los niños mantengan una buena disposición para imitar su comportamiento y cooperar con su voluntad, al mismo tiempo que les da libertad para descubrir quiénes son, equivocarse y autocorregirse, sentir y liberar emociones negativas, querer más y adaptarse a lo que es posible, y negociar para conseguir más. El permiso para decir no o resistirse a la autoridad hace que los niños sean conscientes de que están controlados. Proporciona una red de seguridad esencial que apoya cada fase del desarrollo del niño.

Cómo influyen los padres

Para tener éxito en la vida, un adulto se nutre de una variedad de recursos interiores. Estos recursos son el amor, la sabiduría, el poder, la confianza en sí mismo, la integridad, la moral, la creatividad, la inteligencia, la paciencia y el respeto, por mencionar unos pocos. La suma de todos estos recursos constituye la perspectiva o la conciencia específica de una persona. La decisión o la reacción de un adulto ante una situación se basa en la conciencia del adulto. Cuando los niños sienten una conexión interior con sus padres, pueden beneficiarse de la conciencia de estos. En cierto sentido están «enchufados» a ellos y la perspectiva de su conciencia influye en todo lo que el niño dice y hace.

> **Los niños «conectados» a sus padres se benefician
> automáticamente de la conciencia de sus padres.**

Esta conciencia de los padres proporciona a los hijos la seguridad y la confianza necesarias para ser ellos mismos y la capacidad de autocorregirse después de equivocarse. Siempre que los niños sientan esta conexión, se corregirán sin largos sermones o la amenaza del castigo. Al beneficiarse de la conciencia de sus padres, los niños se autocorrigen automáticamente mediante el proceso de ensayo y error.

El mero hecho de estar en presencia de un adulto proporciona a los niños la conciencia adicional que necesitan para comportarse en armonía y de manera creativa. Los niños siempre aprenden de manera más eficaz en presencia o bajo la supervisión de los padres o un profesor. Cuanto más conectados estén los niños, más podrán beneficiarse de esta supervisión.

HACER FRENTE A LAS EMOCIONES NEGATIVAS

Los niños pueden expresar y luego liberar emociones negativas debido a la presencia tranquilizadora de la conciencia de sus padres. Antes de los 9 años los niños no pueden razonar, pero con el apoyo de los padres que muestran empatía pueden beneficiarse de la capacidad de razonar de sus padres y luego liberar las emociones negativas. Llorar en los brazos de un padre o una madre afectuoso cura el dolor de un niño asustado.

Llorar a solas sin que nadie escuche o muestre cariño reafirma la sensación de abandono y el miedo no se libera. En ese caso, los niños viven en un eterno presente; sin la capacidad de razonar, suelen malinterpretar la realidad.

> **Simplemente porque los niños pueden imitar
> y comunicarse, los padres suponen equivocadamente
> que también pueden razonar.**

Cuando alguien es malo, los niños suponen que esa persona siempre será mala. Si alguien recibe más amor, suponen que siempre recibirá más amor. Si en las noticias informan que alguien ha sido víctima de un robo, el niño concluye que él podría ser el siguiente. No puede comprender que está a salvo en su casa, ya que esta conclusión exige poder pensar con lógica. Puede sentirse a salvo si papá o mamá presta atención a su miedo y luego lo tranquiliza.

Recuerdo que cuando buscaba una buena escuela para mis hijas un padre hizo el siguiente comentario: «En el fondo no importa la clase de profesores o alumnos que haya en la escuela. Los niños tienen que darse cuenta algún día de que el mundo es una jungla. Es mejor que descubran ahora a qué tienen que enfrentarse.» Aunque esto puede parecer compasivo y astuto, no lo es.

Habría que proteger a los niños de la negatividad del mundo hasta que desarrollen la capacidad cerebral de interpretar la realidad de manera correcta. Cuando el feto está en el útero, necesita la protección y el apoyo del cuerpo de la madre. Asimismo, durante los siguientes nueve años, los niños necesitan protección contra la negatividad del mundo. Los niños no se preparan para una experiencia negativa haciéndoles pasar por una experiencia negativa.

Un niño es como una semilla que brota y necesita protección contra el clima riguroso hasta que tiene oportunidad de fortalecerse. Hay que proteger a los niños contra un mal profesor, una pandilla violenta en la escuela, las noticias de la noche, etc. Unos padres y una familia afectuosos, los amigos que prestan apoyo y los profesores son el útero ideal para el niño en fase de desarrollo.

EL DESARROLLO DE LAS CAPACIDADES COGNITIVAS

Las capacidades cognitivas se desarrollan posteriormente. El cerebro tarda nueve años en desarrollar la capacidad para la interpretación lógica de la realidad. Lo ideal sería protegerlos de la dura realidad y la negatividad del mundo hasta aproximadamente los

9 años. Antes de los 14 años un niño no puede pensar coherentemente de forma abstracta, comprender o proponer situaciones hipotéticas, pensar con lógica por sí solo y considerar los problemas desde otro punto de vista. Puede que los preadolescentes posean las bases de estas capacidades cognitivas unos años antes, pero todavía no se han desarrollado plenamente. Sin estas capacidades cognitivas, los niños experimentan el mundo de manera muy diferente a los adultos.

Los adultos olvidamos cómo se ve el mundo sin estas capacidades mentales. Desde la perspectiva de los niños, el mundo es un lugar grande que puede causar disgustos, confusión y mucha ansiedad. El mundo de hoy es incluso más negativo y agresivo que el de las generaciones anteriores. Con los avances tecnológicos, continuamente se bombardea a los niños con información y estimulación negativas.

> **Actualmente se bombardea a los niños más que nunca con información y estimulación negativas.**

Cuando secuestran, violan o asesinan a un niño en otra región u otro país, nos topamos con la noticia en cada esquina. Aparece en la televisión, la prensa, la radio e Internet. Cuando la noticia entra en casa, desde la perspectiva de nuestros hijos es como si la tragedia hubiera ocurrido en casa del vecino y pudiera sucederles a ellos. Una exposición excesiva a los abusos y desgracias que aparecen en las noticias anula la sensibilidad innata de los niños y hace que sean menos conscientes del control de sus padres.

> **La exposición reiterada a la violencia y el crimen normaliza falsamente lo que no es normal o natural en la vida.**

Antiguamente nunca se forzó a los niños a hacer frente a tantas realidades dolorosas y negativas del mundo real. Incluso a los adultos les cuesta hacer frente a demasiadas noticias sobre el mundo real, pero al menos tienen la capacidad cerebral de interpretarlas de manera más correcta; los niños no. Todo lo que puedan hacer los padres para proteger a sus hijos de esta intrusión los ayudará a sentirse a salvo, seguros de sí mismos y protegidos.

La necesidad de que los tranquilicen

Antes de desarrollar la capacidad de pensar con lógica, los niños necesitan que los tranquilicen asegurándoles que todo va bien. Sin la capacidad de razonar o aplicar la lógica, los niños se forman ideas y conclusiones incorrectas. He aquí unos ejemplos:

> Cuando los niños no se sienten queridos, suponen que nunca los querrán.

> Si algo se pierde, suponen que tal vez nunca vuelva a aparecer o se reponga.

> Si no pueden conseguir una galleta inmediatamente, suponen que nunca la conseguirán.

Comprender esto ayuda a los padres a entender por qué los niños tienen reacciones emocionales tan intensas.

Los niños son seres sensibles y obstinados sin la ventaja de una mente lógica.

Cuando los padres se van de viaje, los niños pueden suponer que nunca regresarán. Las explicaciones no los tranquilizan, pero el hecho de escucharlos sí. Una respuesta empática a los sentimientos afectuosos de los niños transmite un mensaje tranquilizador, aunque todavía no puedan razonar por sí solos.

Las explicaciones no tranquilizan a los niños, pero el hecho de escucharlos sí.

Los padres saben que ellos regresarán y que no pasa nada. Este conocimiento se transmite directamente desde la conciencia de los padres cuando escuchan con calma y afecto al niño y lo tranquilizan asegurándole que no pasa nada. Al sentirse conectado a sus padres, el niño se beneficia de su conciencia y experiencia.

LOS NIÑOS TIENEN UNA MEMORIA DIFERENTE

Hasta aproximadamente los 9 años, los niños tienen una clase diferente de memoria. Pueden recordar palabras, pensamientos y acciones concretas. Puesto que todavía no han desarrollado la capacidad de pensar con lógica, viven más en el presente. No es realista pedirle a un niño menor de 9 años que recuerde llevar su bocadillo a la escuela o guardar algo. Puede aprender a hacerlo mediante la orientación reiterada y la repetición, pero no habría que esperar que lo recordara simplemente porque tiene sentido.

Una madre explica equivocadamente: «Si te olvidas el bocadillo, pasarás hambre en la escuela.» Un niño no puede comprender esta explicación. Lo mejor que puede hacer la madre es preguntar: «¿Querrías ir a buscar tu bocadillo, por favor?» o «Querrías guardar esto, por favor?».

Esperar demasiado de un niño reafirma la sensación de que el padre está fuera de control y el niño es malo porque se resiste o en cierto sentido es incompetente. Ninguna de estas conclusiones es correcta. El niño simplemente no está preparado para recordar cosas porque tengan sentido o sean razonables.

Un niño se siente herido cuando su padre o su madre se exaspera y dice: «¿Cómo has podido olvidarlo?» Lo cierto es que el niño no lo olvidó, porque para empezar no podía recordarlo. Si alguien lo olvidó son los padres, porque no sabían qué cabe esperar de un niño menor de 9 años.

Cuando quieren más, los niños tenaces a la larga podrán aceptar qué es posible y qué no lo es, porque sus padres ya habrán aprendido a aceptar. El niño se beneficia del hecho de que los padres ya han experimentado que no siempre es posible conseguir lo que se quiere inmediatamente, pero que si no se tira la toalla, con el tiempo se conseguirá. Cuando los niños sienten el dolor de la pérdida, el aplazamiento o la decepción, pero se sienten comprendidos, conectan con la madurez o la mayor conciencia del padre que escucha.

> **Cuando los niños se sienten comprendidos,
> conectan automáticamente con la madurez
> del padre que escucha.**

Los niños tenaces tendrán pataletas, pero gradualmente también se mostrarán dispuestos a cooperar. Los que se resisten recuperan su buena voluntad interior para cooperar con sus padres, porque la resistencia en sí misma crea la fricción necesaria para aumentar su sensación de conexión. Los hijos tienen que resistirse a sus padres de vez en cuando para sentir esa conexión. Cuando vuelven a sentir esa conexión, de repente se muestran abiertos y receptivos a la autoridad y la orientación paterna. Comprender esto cambia nuestro modo de ver sus actitudes o conductas negativas.

Cuando los niños son revoltosos o no están dispuestos a cooperar, no es que sean malos, simplemente están fuera de control. No necesitan un castigo o mostrarse más disciplinados. Simplemente tienen que volver a estar controlados. ¿Controlados por quién? Por sus padres. Cuando estos aplican las cinco técnicas de la educación positiva, los niños vuelven a estar controlados y encantados de complacer y cooperar.

> **Los niños nunca son malos, simplemente
> están fuera de control.**

Con la educación positiva, los niños no solo están controlados, sino que se les otorga la capacidad de sentir ese control. Por este motivo la educación positiva no se descubrió antes. Los niños de las generaciones anteriores no nacían con suficiente sensibilidad para sentir el control de sus padres. Sin la capacidad de sentir, los niños no hubiesen respondido a la educación positiva. Hoy en día, debido al cambio en la conciencia colectiva, estas técnicas funcionan para todos los niños y adolescentes, aunque no se hayan criado con ellas. Los niños y los adolescentes de todas las edades empezarán a responder enseguida.

> **Las técnicas de la educación positiva funcionan porque los niños de hoy poseen mayor capacidad de sentir.**

Otros enfoques permisivos más comunes de la educación de los hijos han fracasado porque no eran completos. No basta con dejar que nuestros hijos sean y hagan lo que quieran. Para darles mayor libertad, los padres deben mostrar una autoridad firme. Las técnicas de la educación positiva tienen éxito cuando se aprende a encontrar el equilibrio entre la libertad y el control.

ENCONTRAR EL EQUILIBRIO DESEADO

Al alimentar la conexión emotiva entre padre e hijo, la educación positiva proporciona un equilibrio entre la libertad y el control. Los niños tienen libertad para ser únicos y diferentes, pero también sienten una gran necesidad de imitar a sus padres y aprender de ellos. La libertad para resistirse de hecho reafirma la conciencia de sí mismo del niño, al mismo tiempo que lo conecta con la voluntad y la conciencia de sus padres.

El permiso para decir no ayuda a los niños a identificar sus propios deseos, pero a la larga reafirmará sus deseos más profundos de cooperar y conseguir el amor y el apoyo de los padres. Sin la conciencia emotiva de que están conectados a sus padres, los niños olvidan rápidamente sus deseos primarios de cooperar. Con el uso de las cinco técnicas de la educación positiva, la conexión entre el padre y el hijo se restablece y el niño vuelve a estar dispuesto a cooperar.

> **Cuando los niños son revoltosos, no necesitan la amenaza del castigo; simplemente necesitan volver a conectar con los padres.**

El permiso para decir no y querer más genera intensas emociones negativas cuando no se consigue más. La expresión de estas emociones no solo proporciona al niño la oportunidad de aprender a controlarlas, sino que también aumenta su capacidad de mirar en su interior o sentir. Al hacer que no esté mal expresar emociones negativas, se genera la conciencia emotiva necesaria para conectar al niño con sus padres.

La conciencia emotiva ayuda a los niños a identificar sus necesidades interiores. Con una mayor sensibilidad, los niños son más conscientes de la necesidad de obtener el amor y la orientación de sus padres. Automáticamente se activa su buena disposición para cooperar y aprender de ellos. En lugar de ser avergonzados o castigados, estos niños se autocorrigen aprovechando la conciencia innata de sus padres acerca de lo que está bien o mal, es inteligente o estúpido. Aunque los niños no saben directamente lo que saben sus padres, pueden beneficiarse de sus conocimientos para autocorregirse y efectuar los cambios necesarios.

Cada uno de los cinco mensajes de libertad tiene como contrapeso el respeto. No está mal resistirse, pero está claro que papá y mamá mandan. Las cinco libertades no pueden funcionar a menos que los padres mantengan una autoridad firme. Dar libertad a los niños sin autoridad es una especie de abuso permisivo. Los niños necesitan que sus padres detenten el control. El uso de las técnicas de la educación positiva basadas en el amor permite que esto sea posible.

Dos problemas de la pérdida del control

Cuando los niños pierden su buena disposición para cooperar con el control de sus padres, surgen dos problemas muy significativos. O bien exteriorizan o bien interiorizan el dolor y la agitación interiores que les causa el hecho de estar fuera del control de sus padres. Aunque algunos niños harán ambas cosas o alternarán una y otra, por lo general los chicos exteriorizan y las chicas interiorizan. En la medida en que los niños no obtengan el apoyo que necesitan a través del control de los padres, seguirán mostrando síntomas de estar fuera de control.

> **Por lo general, los chicos exteriorizan**
> **y las chicas interiorizan su dolor y su confusión.**

Los chicos en concreto se vuelven revoltosos, se resisten a la autoridad y se portan mal. Sin el apoyo de la familia y los padres, empiezan a depender de sus compañeros. Una manzana podrida puede echar cien a perder: un chico bueno se deja influir fácilmente por otros que no son tan buenos. Cuando los preadolescentes y los adolescentes desconectan de sus padres, corren un mayor riesgo de «echarse a perder» a manos de unos compañeros que aún están más descontrolados.

Cuando los chicos están fuera del control de los padres, tienden a perder su capacidad de concentración. Se vuelven hiperactivos, lo que da lugar a un aumento de la agresividad, la violencia, el consumo de sustancias, el sexo irresponsable, la mezquindad y la crueldad individuales o relacionadas con las bandas juveniles. A medida que el control de los padres se debilita, las notas empeoran y se reducen las actividades escolares y relacionadas con la familia. Sin el control de los padres, los chicos son incapaces de desarrollar su verdadero potencial.

> **A medida que el control de los padres se debilita,
> las notas empeoran y se reducen las actividades escolares
> y relacionadas con la familia.**

Aunque las chicas pueden padecer algunos de estos problemas, tienden a interiorizar la confusión y el dolor inevitables que comporta el no recibir el apoyo de los padres. Las chicas en concreto pierden la seguridad en sí mismas y la autoestima. En lugar de acudir a sus padres en busca de apoyo, algunas recurren a los chicos y utilizan su sexualidad de manera inapropiada para recibir atención y sentirse especiales.

Mientras que los chicos se vuelven hiperactivos e incapaces de concentrarse o disciplinarse, las chicas tienden a concentrarse en sus deficiencias y sus puntos flacos. Esto lleva a un exceso de chismorreos, problemas de peso, comportamiento mezquino con otras chicas, mala imagen de sí mismas, embarazos en la adolescencia, tendencias suicidas, relaciones abusivas, adicción a las drogas, depresión y hablar de sí mismas de manera negativa. Sin el apoyo de sus padres, las chicas no pueden desarrollar su verdadero potencial.

LAS ETAPAS DE NUEVE AÑOS DEL PROCESO DE MADURACIÓN

Los niños tienen que pasar por las tres etapas de nueve años del proceso de maduración para llegar a ser adultos saludables y de éxito. Durante los primeros nueve años, los niños se desarrollan mejor a través de la adquisición de confianza y al mismo tiempo la dependencia total. En los segundos nueve años (de los 9 a los 18 años), los preadolescentes y los adolescentes se desarrollan al aprender a confiar en sí mismos y al adquirir cada vez más independencia. En la tercera etapa del proceso de maduración (de los 18 a los 27 años), el joven se desarrolla al volverse autónomo.

Durante la primera etapa el desafío de los padres consiste en responsabilizarse completamente del niño. En la segunda etapa consiste en mantener una sensación de control, pero darles al preadolescente y al adolescente libertad e independencia crecientes. El proceso para aflojar el control es gradual. Los niños no pueden aprender a confiar en sí mismos a menos que les demos la oportunidad de ser más responsables. Los preadolescentes y los adolescentes necesitan una libertad creciente para desarrollar un sentido saludable de la responsabilidad. Al igual que en la primera etapa, los padres no deberían esperar la perfección; los niños se equivocan a todas las edades.

> **Los preadolescentes y los adolescentes necesitan una libertad creciente para desarrollar el sentido de la responsabilidad.**

En la tercera etapa, los padres tienen que ceder territorio y dejar de ser responsables de sus hijos, aunque conservan la importante función de prestar apoyo. Este apoyo viene determinado principalmente por lo que el hijo pide y cree que necesita, no por lo que los padres creen que necesita. Por ejemplo, está muy bien dar consejos, alojamiento o dinero al hijo si este lo quiere o lo pide.

Los padres afectuosos tienen que dejar de preocuparse por su hijo adulto y admirar en cambio sus esfuerzos para alcanzar el éxito. Preocuparse por un adulto simplemente transmite el mensaje de que creemos que algo le pasa o no confiamos en él. Los padres bienintencionados que quieren compensar los errores del pasado empeoran las cosas al ofrecer ayuda a un hijo mayor de 18 años sin que este la haya pedido.

El desarrollo de la responsabilidad

Durante la primera etapa, los niños dependen completamente del apoyo de sus padres para obtener dirección. Sin el control absoluto de los padres, los hijos se ven forzados a crecer demasiado deprisa y perderse ciertos aspectos del desarrollo. Aprender a confiar y depender de los demás es la base para ser capaces de confiar en nosotros mismos.

Nunca podríamos aprender a caminar por la cuerda floja si tuviéramos que practicar a mucha altura sin una red de seguridad. Al principio aprendemos a caminar cerca del suelo. Luego elevamos la cuerda, pero colocamos una red de seguridad debajo. Si no sabemos con certeza que podemos caer, es imposible aprender una nueva técnica. Saber que podemos depender de los demás y que merecemos su apoyo es una base sólida para desarrollar a la larga independencia y autonomía.

En la primera etapa, a menos que los padres transmitan mensajes claros de que tienen el control, los niños asumen automáticamente demasiada responsabilidad. El cerebro de los niños aún no puede razonar o considerar los problemas desde el punto de vista de otra persona. Cuando los niños reciben amor, suponen que se debe a que son adorables. Asumen responsabilidad. Creen que se hacen querer. Cuando los niños no reciben amor, suponen que son antipáticos y que no se hacen querer.

> **Los niños asumen la responsabilidad de todo cuanto les sucede o sucede en su entorno.**

Los niños son egocéntricos, el mundo gira alrededor de ellos. Cuando ocurren cosas buenas, suponen que son ellos quienes hacen que ocurran. Cuando ocurren cosas malas, suponen que también son responsables de ellas. Al ser incapaces de razonar o considerar los problemas desde otro punto de vista, asumen equivocadamente demasiada responsabilidad.

Por ejemplo, cuando un padre está de malhumor, un niño no puede comprender que quizá otras cosas sean responsables de su malhumor. El niño supone inmediatamente que el responsable es él. Esta tendencia a asumir responsabilidad puede corregirse si el padre asume la de su malhumor.

Aunque el padre se porte bien con el niño, a menos que haga algo para cuidar su malhumor, el niño se sentirá responsable. Si el padre se disgusta con el niño, las cosas empeoran: el niño se siente incluso más responsable y supone que es malo e indigno. Cuando los padres arremeten contra sus hijos, después tienen que disculparse. Si no, los niños llegan a creer que son responsables de que sus padres griten, discutan o se peleen.

> **Los niños asumen la responsabilidad
> siempre que sus padres gritan, discuten o se pelean.**

Cuando los padres discuten, siempre deberían hacerlo en otra habitación; si no, los niños asumirán culpabilidad. Lo ideal sería que los padres no tuvieran que pelearse, pero si lo hacen, ha de ser discretamente y en otra habitación u otro lugar. Cuando los niños ven que una persona recibe malos tratos, asumen la responsabilidad. Además de necesitar que sus padres los controlen, los hijos necesitan que sus padres tengan el control de sí mismos.

Comprender la línea generacional

Padres e hijos están separados por una generación. Esta brecha debe respetarse siempre. Los padres están por encima de la línea generacional y los hijos por debajo. Estar por encima significa ser responsable y tener el control. Estar por debajo significa depender y estar bajo control.

Cuando los padres son serenos, cariñosos, comprensivos, respetuosos, compasivos y están dispuestos a cooperar, tienen el control de sí mismos y están por encima de la línea. Cuando los niños dependen de sus padres para estar controlados, están por debajo. En ese lugar son realmente niños. Cuando los padres están por encima de la línea, los niños pueden beneficiarse de los recursos y la conciencia de sus padres.

Cuando los padres están por encima, los niños tienen la oportunidad de cumplir positivamente todas las etapas del proceso de crecimiento. Los niños nacen con el potencial de respetar a los demás, cooperar, perdonar, autocorregirse, comunicarse, querer, persistir y adaptarse, pero necesitan la orientación y el apoyo de alguien que ya haya aprendido estas técnicas. Cuando los padres están por encima de la línea y los niños por debajo, estos utilizan la sabiduría de sus padres como recurso.

Cuando los padres se comportan de manera irresponsable, ya sea entre sí, con los demás o con sus hijos, estos no pueden valerse de su apoyo. Si los padres no tienen el control y se comportan como niños, se sitúan por debajo de la línea. Cuando ocurre esto, los niños se sitúan por encima y se vuelven demasiado responsables.

> **Cuando los padres se sitúan por debajo
> de la línea generacional, puede que los niños
> tengan que crecer demasiado pronto.**

Por este motivo gritar y chillar a nuestros hijos puede hacer que recuperen el control de inmediato. Cuando los padres gritan y chillan, dan un azote, pegan o castigan, a menudo es porque han perdido el control y se comportan como niños situándose por debajo de la línea generacional. El niño pasa a situarse por encima de la línea y momentáneamente se comporta como un adulto responsable. Aunque el niño deja de hacer lo que estaba haciendo, ahora está solo, sin el apoyo de unos padres controlados.

Si papá o mamá se descontrola, el niño se queda solo y de repente pasa a la modalidad de supervivencia. El problema de esta modalidad es que se ve obligado a crecer a marchas forzadas. Sin un padre o una madre, el niño tiene que convertirse en su propio padre o madre. En este proceso de crecimiento rápido, los niños reprimen aspectos de su personalidad y su desarrollo. Cuando los padres se descontrolan, los niños enseguida recobran el control, pero no de manera saludable. En lugar de aprender a controlar las emociones negativas y los deseos imposibles, hacen frente a la situación mediante su represión.

Esto es similar a lo que sucede cuando los niños son abandonados. Por ejemplo, cuando un adolescente se va de casa a los 12 años, ciertos aspectos de su personalidad nunca se desarrollarán. Puede que sea capaz de funcionar como un adulto, pero ciertas técnicas, como el control emocional saludable o la capacidad de depender de los demás y pedir ayuda, no se han desarrollado. Puede ser muy afectuoso, pero le cuesta mucho tener relaciones íntimas o mantener una relación duradera con alguien. Esto no significa que no pueda funcionar en la vida, simplemente significa que le faltará algo.

Para darles a nuestros hijos la oportunidad de desarrollarse plenamente, tienen que estar por debajo de la línea generacional durante dieciocho años. Deben sentir que sus padres tienen el control y que pueden contar con nosotros para todo, y que nosotros no contamos con ellos para todo.

El divorcio y la línea generacional

Cuando los padres se divorcian, esto también afecta a la línea generacional. En ausencia del padre o la madre, el niño con frecuencia se situará por encima de la línea generacional para consolar y apoyar al padre o la madre herido. Es necesario que haya un padre y una madre por encima de la línea para criar a unos hijos situados por debajo. Cuando falta el padre o la madre debido a una separación, un divorcio o simplemente un abandono, los niños situados por debajo de la línea tenderán a situarse por encima y sustituir al padre o la madre ausente.

Además, cuando un padre busca apoyo emocional equivocadamente en un niño, este se sitúa por encima de la línea generacional. Cuando un padre necesita apoyo emocional, debería buscarlo en otro adulto. No es bueno buscarlo en nuestros hijos.

> **Cuando un padre necesita apoyo emocional,
> debería buscarlo en un adulto situado
> por encima de la línea generacional.**

Por este motivo, se anima a los padres separados a rehacer su vida. No es bueno esperar que los hijos llenen nuestra vida. Recurrir principalmente a nuestros hijos puede gustarnos, pero les impedimos crecer con normalidad. Crecerán demasiado deprisa. Tenderán a asumir demasiada responsabilidad en la vida y entonces padecerán culpabilidad y baja autoestima.

He aquí unos ejemplos de los síntomas que comporta asumir demasiada responsabilidad:

> Los niños sensibles suelen sentirse víctimas y que no pueden hacer nada para conseguir lo que quieren.

> Los niños despiertos a menudo acaban complaciendo a todo el mundo y se privan de sus propios deseos.

> Los niños receptivos se vuelven sumisos, pasivos y poco creativos.

> Los niños activos desarrollan al máximo su potencial, pero a menudo son irrespetuosos, demasiado controladores o abusivos con los demás.

Cuando los padres se comportan de manera responsable y se mantienen por encima de la línea generacional, los hijos pueden desarrollarse de manera saludable. Aun así, se equivocan y tienen pataletas, pero desarrollan las técnicas necesarias para convertirse en adultos. Los adultos tienen que buscar lo que necesitan en otros adultos si quieren apoyar acertadamente a sus hijos.

Los padres separados que comprendan esto se liberarán de la culpabilidad que a menudo les impide salir con otras personas o buscar el amor romántico en la vida. Aunque puede que nuestros hijos se resistan a que salgamos, es muy importante que lo hagamos. Los hijos necesitan mensajes claros de que tenemos una vida independiente de la suya y necesitamos que otras personas nos hagan sentir bien y alimenten nuestras necesidades de compasión, amistad, comunicación, romance y diversión. A menos que busquemos en otro lugar lo que necesitamos, cargaremos demasiada responsabilidad sobre nuestros hijos.

CONTROLAR A LOS PREADOLESCENTES Y LOS ADOLESCENTES

Algunos padres intentarán controlar demasiado las actividades de los adolescentes, mientras que otros les darán demasiada libertad. No existen normas o límites estrictos para cada edad. Se requiere sentido común y un proceso de ensayo y error para determinar cuánta libertad puede manejar nuestro hijo y cuándo. Establecer límites al comportamiento es una cuestión exclusiva entre padres e hijos; independientemente de si se trata de ver la televisión, el tiempo que pasa al teléfono, las actividades extraescolares, los idiomas, la comida y la dieta, el tiempo dedicado a los deberes, la hora de llegada, salir con chicos o chicas, los amigos, la conducta sexual, las tareas cotidianas, las finanzas, el aspecto y los modales.

Dar a los niños una libertad creciente es un complejo proceso que se basa en la existencia de una comunicación fluida entre padres e hijos, así como con otros padres y los profesores en relación con lo que consideran apropiado. Aunque los preadolescentes y los adolescentes tienen más libertad para decidir, las cinco técnicas de la educación positiva siguen siendo necesarias para mantener el control.

Si un adolescente de 16 años está fuera de control y se opone a nosotros de manera irrespetuosa, será necesario dejarlo un momento a solas. Cuando los adolescentes contestan mal, necesitan saber que su comportamiento es inaceptable y que queremos que sean más respetuosos. Aun así, los padres deben recordar que no deben respaldar sus peticiones con la amenaza del castigo o explicaciones.

Si su hijo adolescente se resiste a sus peticiones, recurrir a los premios o los mandatos es lo que mejor funciona. Simplemente transmita su mensaje y dele tiempo para que lo asimile. Hasta que sus hijos se vayan de casa, necesitarán que usted mande, pero no necesitarán castigos. A medida que maduran, necesitan cada vez más libertad.

> **Hasta que sus hijos se vayan de casa,
> necesitarán que usted mande.**

Los adolescentes, al igual que los niños, necesitan supervisión. Aunque no estemos físicamente presentes, el simple hecho de saber que sabemos dónde están y qué están haciendo les ayuda mucho a tener conciencia de nuestro control. Este control a menudo se distiende cuando el adolescente se vuelve más independiente en el instituto. Llegan a casa y los padres preguntan cómo ha ido el día, pero los adolescentes no dicen mucho. A veces, antes de poder hablar de su día, necesitan tiempo para olvidar lo sucedido o hablar con un amigo por teléfono. Para conseguir que los adolescentes hablen, es esencial mantenernos presentes en ese aspecto de sus vidas.

Los padres con frecuencia están tan ocupados que puede resultarles difícil participar en las actividades del instituto y mantenerse informados. Para la mayoría de los padres, el vínculo principal son sus hijos, pero sus hijos no hablan. Los hijos necesitan que sus padres estén informados de las actividades escolares y así hablarán con más facilidad. Afortunadamente ciertos avances tecnológicos facilitan esta comunicación.

El uso de Internet para mejorar la comunicación

Para estar mejor informados de la vida y las actividades escolares de los hijos, los padres ahora pueden utilizar Internet. Los centros de enseñanza utilizan cada vez más la informática para conectar con los padres que están en casa. A través de Internet los padres ahora pueden tener acceso a las notas, las asignaturas diarias, los acontecimientos, los proyectos, las tareas y los informes sobre el progreso de sus hijos, además de enviar mensajes a los profesores e incluso comunicarse con otros padres.

> **A través de Internet los padres ahora pueden tener acceso directo a información sobre las actividades escolares de sus hijos.**

La informática facilita una mejor comunicación entre padres e hijos. Cuando los padres preguntan «¿Cómo te ha ido hoy?», realmente no pueden esperar una respuesta exhaustiva. Pero cuando formulan una pregunta informada y directa, queda la puerta abierta a una mejor comunicación. En lugar de formular preguntas generales, los padres pueden ser más concretos. He aquí unos ejemplos:

¿Cuánto has avanzado en tu proyecto de ciencia?

¿Cómo ha ido el entrenamiento de fútbol de hoy?

¿Cómo se ha portado Jessica contigo hoy?

¿Cómo ha reaccionado el profesor a tu exposición oral de hoy?

Estoy muy orgulloso de que hayas sacado un sobresaliente en el examen sorpresa de matemáticas.

Los hijos pueden hablar y hablarán de su vida escolar si los padres tienen mayor conocimiento de lo que sucede en el colegio. Cuanto más participen los padres en las actividades escolares y más sepan qué estudian sus hijos actualmente y con quién pasan el tiempo, más se abrirán y les hablarán sus hijos. Es esencial que exista un diálogo fluido sobre qué sucede en la vida de nuestros hijos y en el colegio para mantener el control y ejercer influencia sobre ellos. A medida que los padres pierden influencia, los niños se vuelven más vulnerables a la influencia de otros niños.

> **Es esencial que exista un diálogo fluido sobre qué sucede en el colegio para ejercer influencia sobre los hijos.**

Mientras los padres no se comuniquen entre sí, los niños tendrán mucho poder. Por ejemplo, un niño llegará a casa y dirá que es el único que tiene que volver a casa a las once de la noche, y usted se sentirá presionado para ampliar la hora de llegada. Pero normalmente solo hay un padre que deja volver a su hijo a las once de la noche, mientras que todos los demás quieren que estén en casa a las diez. Los padres no lo sabrán a menos que estén en contacto. Hablar con otros padres ayuda a fijar los límites apropiados para nuestros hijos y ayuda a los padres a mantener el control.

Organice un grupo de apoyo mensual, lea en voz alta algunos pasajes de este libro y exponga los problemas que tiene con sus hijos. Hablar de sus problemas y escuchar los de los demás no solo aporta mayor claridad, sino que facilita la educación de los hijos. Educar a los hijos es innecesariamente difícil cuando uno se siente solo. Los padres necesitan apoyo, al igual que los niños. Cuando conseguimos el apoyo de otros padres, nuestros hijos se benefician.

Cuando sentimos el apoyo de otros padres, resulta más fácil mantener un control y una autoridad firmes, al mismo tiempo que damos permiso a nuestros hijos para resistirse. Con el apoyo de otros padres que comparten nuestro compromiso y nuestros conocimientos, pondremos en práctica los cinco mensajes de la educación positiva de la manera más eficaz.

14

La puesta en práctica de los cinco mensajes

En lo más profundo de cada niño existe un botón. Cuando lo pulsamos, les recuerda que están dispuestos a cooperar y complacer a sus padres. Los cinco mensajes y las cinco técnicas de la educación positiva se centran principalmente en este botón. Al aprender a pulsarlo una y otra vez, los padres adquieren el control que necesitan para guiar a sus hijos. Los niños de todas las edades aprenden mediante la cooperación y la imitación. A menos que los padres pulsen este botón mágico, los niños verán limitada su capacidad de aprender y crecer.

> **Los niños de todas las edades aprenden mediante la cooperación y la imitación.**

La educación positiva funciona incluso con niños o adolescentes que no se han criado con los cinco mensajes de la educación positiva. Nunca es demasiado tarde para ser un gran padre y estimular la cooperación de los hijos. Empiece cuando empiece, al aplicar los cinco mensajes tendrá la posibilidad de mejorar la comunicación, generar cooperación y lograr que sus hijos den lo mejor de sí.

La relación más tensa o difícil a menudo se produce entre las madres y las hijas adolescentes, porque con frecuencia la madre aún trata de controlar todos los aspectos de la vida de su hija. Para añadir leña al fuego, puede que las hijas se resistan aún más a sus madres porque de pequeñas fueron muy complacientes.

Para desarrollar una conciencia de sí mismas, las adolescentes sienten una mayor necesidad de luchar, desobedecer o rebelarse contra el control de la madre. Cuando sucede esto, la utilización de los cinco mensajes de la educación positiva enseñará a la madre a mantener el control de manera más saludable, sin tener que alzar la voz, exigir, expresar sentimientos o recurrir a la amenaza del castigo. Las madres generan resistencia sin darse cuenta al colmar a los hijos de motivos para actuar o comportarse de manera distinta a la esperada.

Padres e hijas

Los padres a menudo hacen que sus hijas se distancien de ellos al darles soluciones y no plantearles suficientes preguntas. Los hombres no suelen comprender que las mujeres necesitan hablar y comunicarse, incluso cuando no buscan consejos o ayuda. Los hombres suponen equivocadamente que siempre les corresponde arreglar las cosas, cuando la mayoría de las veces una niña, una adolescente o una mujer simplemente necesitará hablar y que la escuchen.

Puesto que los padres suelen preocuparse más por mantener a la familia, con frecuencia participan menos en los detalles cotidianos de la educación de los hijos. A menudo esto transmite a las niñas el mensaje de que a su padre simplemente no le importa nada.

Lo cierto es que al padre le preocupa el bienestar de su hija y este es uno de los motivos por los cuales trabaja tanto. Al mismo tiempo, como no participa en los detalles cotidianos, no se preocupa mucho por las cosas nimias. Le preocupa el bienestar general de la hija, pero no le importa tanto si lleva vaqueros y una coleta o una falda con un clip para el pelo a juego.

Sin embargo, debe tener en cuenta que si no se preocupa por los detalles de la vida de su hija, esta recibe el mensaje de que él no se preocupa por ella. Para establecer vínculos afectivos con su hija, el padre tiene que dedicar tiempo a formular preguntas concretas y aprender a escuchar sin aconsejar siempre.

MADRES E HIJOS VARONES

Las madres a menudo pierden el respeto de sus hijos porque les dan demasiadas órdenes y luego ceden cuando los chicos no están dispuestos a cooperar. Las madres se quejan de que sus hijos no las escuchan, pero esto se debe a que dan demasiados consejos e instrucciones.

Los chicos necesitan más independencia y espacio para experimentar que las chicas. Tienen una mayor necesidad de demostrar lo que pueden hacer por sí solos. Demasiada ayuda se interpreta como una falta de confianza y, a la larga, el chico desconectará y dejará de escuchar.

> **Los chicos necesitan más independencia y espacio para experimentar que las chicas.**

Las madres suelen utilizar emociones de disgusto o largos sermones para controlar a los chicos. Este error común hará que un chico desconecte rápidamente, y la madre tendrá menos control. Cuando un chico se resiste o no está dispuesto a cooperar en respuesta a lo que su madre le ha pedido o mandado, esta debe estar preparada para enfrentarse a su pataleta y dejarlo a solas. Si tira la toalla o espera a que papá llegue a casa, cederá el control.

La manera en que un marido trata a su mujer también influye mucho en el respeto del hijo por su madre. Por ejemplo, si la madre ha preparado la cena y el padre no reacciona inmediatamente cuando la madre dice que es hora de cenar, los niños aprenden que tampoco tienen que hacerlo.

Los niños miran e imitan siempre. Cuando el padre no satisface las peticiones de la madre, se transmite el mensaje de que los hijos tampoco tienen que hacerle caso. Este es otro motivo por el cual es importante resolver las desavenencias de la pareja en privado. Cuando mamá se queja de la falta de respeto de papá delante de los niños, sin darse cuenta les está enseñando que ellos tampoco tienen que respetarla.

Padres e hijos varones

Los padres establecen vínculos afectivos con sus hijos sobre todo a través de la acción. Al hacer cosas juntos, el hijo tiene la posibilidad de sentir la valoración, la admiración y la ayuda de su padre. Aunque puede que padres e hijos no necesiten hablar tanto, tienen que establecer vínculos afectivos. Los padres deben procurar no ser demasiado críticos o exasperarse con sus deficiencias. Un hijo necesita que su padre le transmita el mensaje claro de que es normal y aceptable tal como es.

Los padres deben procurar no exigir demasiado a sus hijos.

Los chicos por naturaleza tienden a dar más importancia a los objetivos. Cuando un chico fracasa, debe saber que puede acudir a su padre en busca de comprensión, consuelo y el reconocimiento de que hizo todo lo posible. Los padres deben evitar decirle al niño siempre cómo podría haberlo hecho mejor. No deben olvidar que todos los niños son diferentes y aprenden a ritmos diferentes. Su deber es descubrir las virtudes de los niños y reconocerlas con elogios, orgullo y admiración.

Cuando los padres aprenden a controlar a sus hijos sin la necesidad del castigo, les dan la posibilidad de establecer vínculos afectivos con ellos. Ya no tienen que exponerse a sufrir el castigo por haberse equivocado. Son libres de acudir a sus padres en busca de consejo y autoridad durante todos los años que permanezcan en la casa paterna.

LOS ADOLESCENTES AGRADECEN LOS LÍMITES

Ser el jefe no es lo mismo que ser el mejor amigo de nuestro hijo. A los adolescentes no siempre les gusta nuestra decisión final, pero la respetarán y la aceptarán y en el fondo nos la agradecerán. Para los adolescentes, la presión de sus compañeros es fuerte, pero pueden salvarla amparándose en sus padres: pueden decir que no quieren tener problemas con sus padres.

> **Los adolescentes pueden resistirse a la presión de sus compañeros diciendo que no quieren tener problemas con sus padres.**

Solo porque la educación positiva no castigue a los niños, estos no son libres de portarse mal impunemente. Para adquirir más libertades, los adolescentes tienen que ganarse la confianza. Si demuestran que son incapaces de respetar los límites de su nueva libertad, se les dará menos libertad. Un padre puede privarlos temporalmente de cierta libertad para modificar una situación, pero no para castigar.

> **Un padre puede privar temporalmente de cierta libertad para modificar una situación, pero no para castigar.**

Por ejemplo, Tom, de 16 años, tenía permiso para salir hasta la una de la madrugada los fines de semana, pero llegaba a casa sistemáticamente alrededor de las dos. Decía que se olvidaba de la hora y que no comprendía por qué tenía tanta importancia. Su madre, Sarah, le decía que por la noche había menos seguridad y que había que ser más maduro y responsable. Si no podía acordarse de que tenía que estar en casa a la una, no era suficientemente maduro o responsable para salir hasta tan tarde.

Sarah le dijo que tendría que telefonear a casa sobre las doce. Este acto de responsabilidad lo ayudaría a recordar la hora de regreso. Tom siguió olvidándose de la hora. Después de varios intentos para resolver el problema, su madre al final se dio cuenta de que se había equivocado al darle tanta libertad demasiado pronto.

Entonces Sarah le dijo: «Veo que me he equivocado al dejarte salir hasta la una de la madrugada. Sé que haces todo lo posible, pero creo que aún no estás preparado. A partir de ahora puedes salir hasta las doce y si llegas a casa a esa hora durante un tiempo, estudiaré la posibilidad de que puedas salir otra vez hasta la una.»

De este modo, Sarah le privó temporalmente de una libertad hasta que se ganara la confianza necesaria. Quitar un privilegio solo debería utilizarse como último recurso. Los adolescentes deben recibir claramente el mensaje de que hemos intentado colaborar con ellos de varias maneras y que finalmente hemos llegado a la conclusión que no están preparados para gozar de una mayor libertad o más privilegios.

> **Los padres deben procurar no efectuar una modificación para castigar, amenazar o hacer que su hijo adolescente esté más dispuesto a cooperar.**

Esta clase de modificaciones solo deberían efectuarse porque los padres se han dado cuenta de que han dado demasiada libertad y que deben ir más despacio. De este modo, un adolescente puede ganarse gradualmente su confianza para gozar de más privilegios. No olvide que los privilegios de un adolescente solo deberían modificarse después de haber probado otras estrategias. Recuerde que si castiga a sus hijos adolescentes, no acudirán a usted abiertamente en busca de apoyo.

> **La educación positiva no castiga, sino que modifica los privilegios cuando es necesario.**

Para mantener el control, los padres tienen que saber dónde están sus hijos, con quién pasan el tiempo, qué hacen y quién vigila su comportamiento. Sin embargo, los adolescentes a menudo no saben dónde van a ir. Quieren salir, estar juntos y hacer lo que sea. Si tienen edad para conducir, el simple hecho de dar una vuelta en coche les basta para sentirse felices. Los padres quieren saber dónde van a estar y puede que los adolescentes realmente no lo sepan. Para este problema, al igual que los demás, pueden encontrarse soluciones creativas mediante el establecimiento de nuevas normas.

Si un adolescente tiene permiso para salir con sus amigos, la nueva norma puede ser telefonear a casa a las diez de la noche o incluso llevar un buscapersonas. Si el adolescente olvida telefonear o llevarse el buscapersonas, se le quitará la nueva libertad para salir hasta que se acuerde de llevar el buscapersonas o telefonear a una hora determinada.

> **Aunque los adolescentes se resisten a estas normas, por un lado agradecen que mantengamos el control y seamos responsables.**

Durante el mes siguiente, se exigirá al adolescente que sepa de antemano adónde va a ir, pero también se le dará la oportunidad de telefonear a casa a las diez de la noche o llevar un buscapersonas. En cuanto demuestre que puede acordarse de estas cosas, se le volverá a dar libertad para salir sin más.

> **A medida que los adolescentes se ganan la confianza, deberían tener mayor libertad.**

Algunos padres hacen que sus hijos les telefoneen a cierta hora para asegurarse de que están bien cuando los dejan salir hasta más tarde. A los adolescentes les resulta útil saber que sus padres pueden telefonear y hablar con ellos en cualquier momento. Es otra medida para disuadirles de tomar drogas o meterse en líos.

QUÉ HACER CUANDO UN HIJO TOMA DROGAS

Si sorprendemos a un hijo tomando drogas o tenemos motivos para suponerlo, pero él lo niega, habría que plantearse el realizar una prueba para detectar el posible consumo de drogas. Las pruebas al azar han resultado muy eficaces para asegurarse de que los hijos no toman drogas. Cualquier consejero escolar nos enseñará a realizar la prueba. La presión de los compañeros para tomar drogas es tan fuerte que la posibilidad de que le pillen a uno al realizar la prueba es una medida disuasoria muy eficaz. Poder decir que sus padres pueden hacerles la prueba, da más apoyo a los adolescentes para decir no a las drogas.

Nunca es apropiado castigar a un niño prohibiéndole salir durante días, semanas o meses. Cuanto más tiempo esté castigado, menos querrá cooperar. En lugar de ser el padre, usted se convertirá en su enemigo. Al enfrentarse a comportamientos difíciles, los padres tienen que escuchar más y conseguir que sus hijos hablen. En lugar de explicarles por qué están equivocados, formule preguntas perspicaces como:

¿Por qué crees que no quiero que tomes drogas?

¿Qué opinas de esto?

¿Cuál es tu experiencia con las drogas?

¿Qué sabes de los efectos de las drogas?

¿Qué opinas al respecto?

¿Qué crees que podría hacer para ayudarte a no tomar drogas?

¿Qué más quieres de mí?

Hacer hablar a los adolescentes ayuda a descubrir qué piensan. Cuando los niños tienen la oportunidad de expresar sus opiniones, son más respetuosos con los padres. Aunque su opinión no coincida con la del padre, este tiene que aceptarla, pero aun así mandarle a hacer lo que el padre quiere. A todas las edades, los niños tendrán distintas necesidades y, a la larga, cuando se les presta atención, los niños estarán dispuestos a seguir nuestro ejemplo. Puede que no les guste, pero cooperarán.

EL LENGUAJE IRREVERENTE

Una madre me preguntó durante cuánto tiempo debería castigar sin salir a su hija de 16 años por haberle hablado de manera grosera. La madre quería saber si dos semanas era justo. Le dije que la próxima vez que volviera a suceder la dejara un rato a solas. Puesto que la adolescente no se había criado con momentos a solas y solo podía controlarla con el castigo, la madre pensó que su hija se reiría de ella.

Como la chica no estaba acostumbrada a la educación positiva, sugerí a la madre que los primeros momentos a solas fueran más prolongados. En lugar de dieciséis minutos, le sugerí dos horas. Aun así, la madre pensaba que su hija se burlaría de ella. Dijo: «Dos horas no es nada comparado con lo que se merece.»

Le recordé que su hija nunca merecía ser castigada. La madre pensaba de ese modo porque se había criado de esa forma y no conocía otro método para controlar a su hija y enseñarle el comportamiento y los modales correctos. Al final se mostró dispuesta a intentarlo, aunque seguía convencida de que fracasaría.

Le expliqué que su hija era irrespetuosa porque estaba fuera de control. Para aprender a mostrar un comportamiento respetuoso, tenía que recobrar el control. Al dejarla a solas, la hija tendría la oportunidad de sentirse controlada.

> **Para aprender a mostrar un comportamiento respetuoso,
> un adolescente solo necesita recobrar el control.**

La próxima vez que la madre discutió con su hija, en lugar de permitir que la cosa fuera a peor la madre hizo una pausa y dijo: «No está bien que me hables así. Soy tu madre y quiero que me respetes. Quiero que estés un rato a solas. Quiero que vayas a tu habitación y te quedes allí dos horas. Además, durante esas dos horas no puedes telefonear a tus amigos.»

La madre se sorprendió de que la hija reaccionara con indignación: «¿Cómo te atreves a decirme qué tengo que hacer? No me quedaré a solas. No puedes decirme qué tengo que hacer. Te odio. Eres una...»

La madre, que no podía cogerla en brazos y llevarla a la habitación para dejarla a solas, se limitó a seguir mandando a su hija. Repitió su mandato unas veces más. Al final la hija se fue a su habitación, dando patadas a las paredes y sin dejar de blasfemar. Cuando la hija hizo un último intento por seguir discutiendo, la madre simplemente repitió su mandato: «Quiero que te quedes a solas durante dos horas y durante ese tiempo no puedes utilizar el teléfono.»

La madre no daba crédito a sus ojos. No podía imaginar que dejarla a solas dos horas suscitaría tanta resistencia. Al cabo de las dos horas, su hija salió de la habitación y se disculpó por haber sido tan grosera y mala. La utilización de los momentos a solas funcionó inmediatamente en su familia.

Una vez más, este método surtió efecto porque la madre solo tuvo que imponerse para que la hija pudiera sentir su vínculo afectivo y su conexión. Los padres no necesitan dejar sin salir a un niño durante días o semanas para imponer el control. Cuando se castiga a un niño, los padres pierden todo el control. Para los niños de hoy, los castigos son contraproducentes y debilitan la influencia y el control de los padres.

En torno a los 12 años mi hija Lauren empezó a decir palabrotas. Cada vez que lo hacía, yo le pedía con calma que utilizara un lenguaje más apropiado. Un día me planteó resistencia. Me respondió que yo a veces utilizaba palabrotas. ¿Por qué no podía ella? Le expliqué que como era un adulto sabía cuándo y dónde podía utilizarlas, pero que como ella era pequeña no lo sabía. Antes de ser libre de utilizarlas, tendría que aprender a contenerse hasta encontrar el lugar y el momento adecuados.

Al principio opuso mucha resistencia. Dijo que todo el mundo decía palabrotas en la escuela y que ella también debía poder decirlas. Sintiendo la nueva libertad de una adolescente, cuestionó mi decisión. Dijo: «No quiero dejar de decir palabrotas.» Contesté limitándome a repetir mi petición: «Comprendo que todos los demás niños digan palabrotas, pero no es correcto.»

LAUREN: No dejaré de decir palabrotas y no puedes obligarme a hacerlo.

YO: Sé que no puedo controlar qué haces cuando no estoy contigo. No puedo evitar que digas palabrotas con tus amigos, pero puedo evitar que lo hagas delante de mí. Cuando yo esté presente, quiero que utilices un lenguaje correcto.

L.: Y si no lo hago, ¿qué harás?

Y.: Simplemente te pediré que dejes de decir palabrotas y te recordaré que no quiero que las digas. Quiero que utilices un lenguaje correcto.

L.: ¿Y si no lo hago?

Y.: Si continúas, tendrás que quedarte a solas.

Ahí se terminó la discusión. Fuimos poco afectuosos el uno con el otro durante el resto de la tarde, pero luego lo olvidamos. Sin duda Lauren estaba poniendo a prueba los límites del nuevo poder y libertad que le otorgaba el hecho de estar en una escuela para niños de 12 a 14 años y se estaba acostumbrando a esa parte de su personalidad que quería cuestionarme.

Unos días después, volvió a decir palabrotas. Para entonces

ambos habíamos tenido tiempo de reflexionar sobre este nuevo desafío. Cuando subió al coche, empezó a decir palabrotas sobre alguien que le resultaba exasperante. Mi respuesta fue la misma: «Lauren, no quiero que digas palabrotas delante de mí.» Ella respondió: «Es difícil no decirlas. Todos los niños lo hacen. Siento que algo se acumula dentro de mí y tengo que sacarlo. No sé qué hacer.» Le dije: «He reflexionado y tomado una decisión que considero aceptable para los dos. Quiero que hagas todo lo posible para mostrarte educada. Si a veces sientes la necesidad de sacarlo, te daré permiso para decir palabrotas cuando lo necesites, pero para asegurarnos de que aprendes a controlar este hábito, tendrás que pedir permiso. ¿Sabes que en la película *Star Trek* la tripulación pide permiso al capitán para hablar con libertad? Si primero me lo pides, yo decidiré si es el momento apropiado para hablar con tanta libertad.»

Desde entonces, esta solución creativa ha funcionado maravillosamente. Cuando cree que tiene que decir algo malo o no muy bonito, me susurra al oído con una sonrisa: «¿Permiso para hablar con libertad?» Si accedo, suelta encantada sus palabrotas o sus comentarios desagradables. De este modo, aprendió a controlar sus sentimientos íntimos y hablar correctamente cuando era necesario.

TOMAR DECISIONES

Otro caso en que los padres ceden el control es cuando dejan que sus hijos tomen demasiadas decisiones. Cuando los padres dan a los hijos demasiada independencia antes de los 9 años, las elecciones o decisiones equivocadas los hieren con facilidad. Cuando los padres dejan que los hijos tomen sus propias decisiones, si el resultado no es el deseado, los niños se vuelven inseguros. Esta inseguridad puede durar toda la vida y hace que un adulto sea indeciso o incapaz de comprometerse de manera duradera.

Cuando los padres tienen el control, antes de los 9 años los niños nunca deberían ser responsables de elegir o tomar decisiones. Sin duda los niños pueden expresar sus necesidades, deseos y sentimientos, pero los padres deberían tomar la decisión. Los padres deberían tomar la mayoría de las decisiones incluso hasta la pubertad. Cuando un niño dice «¿Tengo que ir?», la respuesta normalmente debería ser sí.

> **Antes de los 9 años, los niños nunca deberían ser responsables de elegir o tomar decisiones.**

Cuando los padres preguntan a sus hijos qué quieren o qué sienten, aunque los padres tomen la decisión final, los niños pueden tener la sensación de que ellos tienen el control. Las técnicas de la educación positiva fomentan que se preste atención a los sentimientos y las necesidades de los hijos y que se tengan en cuenta, pero no animan a los padres a preguntar de manera directa qué sienten y qué necesitan.

Sin duda está muy bien preguntar de vez en cuando, pero es mejor que los niños expresen sus sentimientos cuando están solos o se resisten a nuestro control. En lugar de preguntar «¿Qué sientes al no poder ir al parque?», un padre sensato dice: «Pareces disgustado por no poder ir al parque.» Al no preguntar, el padre no transmite el mensaje de que los sentimientos del hijo controlan la situación y toda la atención se centra en el niño. Los niños no están preparados para esta clase de control hasta los 9 años.

LOS CICLOS DE SIETE AÑOS

Durante los primeros siete años, los niños dependen principalmente de los padres o la persona que los cuida para desarrollar una conciencia de sí mismos. Durante los siguientes siete años (de los 7 a los 14 años), los niños todavía dependen de los padres, pero se produce un cambio y empiezan a depender más de los hermanos, los familiares y los amigos para establecer una conciencia positiva de sí mismos. Durante el tercer ciclo de siete años (de los

14 a los 21 años), los adolescentes y los jóvenes esperan que sus compañeros y otras personas con objetivos similares o experiencia para alcanzar sus objetivos los ayuden a definir y desarrollar una conciencia de sí mismos.

En la primera etapa los niños consiguen lo que necesitan de sus padres o las personas que los cuidan. En la segunda, desarrollan una conciencia de sí mismos mediante la interacción con los demás en un entorno seguro. La mayor necesidad de los niños es jugar y divertirse. En esta etapa los padres deberían tratar de hacer que las cosas fueran lo más divertidas, seguras y fáciles posible. Cuando los niños aprenden a conseguir lo que necesitan durante los primeros siete años y a divertirse en la segunda etapa, están preparados para trabajar mucho y disciplinarse en la tercera etapa.

> **La mayor necesidad de los niños entre los 7 y los 14 años es jugar y divertirse.**

Es un error presionar demasiado a los niños durante los primeros catorce años. Es la época en que tienen que aprender a ser felices. La capacidad de ser feliz es una de las técnicas prácticas más importantes. La felicidad no proviene del mundo exterior, sino de dentro. Es una técnica. Las personas felices lo son independientemente de las circunstancias externas.

Muchos padres presionan a sus hijos para que crezcan demasiado pronto porque quieren que sean felices en la vida. No se dan cuenta de que la felicidad es una técnica que se aprende durante la segunda etapa. Por mucho éxito que puedan tener los niños en la vida, si no aprenden a ser felices a su debido tiempo, no serán felices.

La felicidad se aprende con el juego. Entre los 7 y los 14 años habría que animar a los niños a jugar y pasárselo bien. Con esta base estarán preparados para trabajar mucho en la escuela a fin de prepararse para trabajar mucho en la vida. Presionarlos para que saquen buenas notas o realicen las tareas cotidianas puede impedir que desarrollen la capacidad de ser felices y disfrutar de la vida. Cuando los niños sienten que aprender y realizar las tareas cotidianas es divertido, no solo serán más felices en la vida, sino que disfrutarán de su trabajo y seguirán aprendiendo durante toda la vida.

> **Presionarlos para que saquen buenas notas o realicen las tareas cotidianas puede impedir que los niños aprendan a ser felices.**

En el tercer ciclo de siete años, de los 14 a los 21, los adolescentes necesitan obtener el apoyo de otros adolescentes. Es el momento en que la influencia de sus compañeros aumenta espectacularmente. Si los padres no han alimentado una conexión intensa a través de buenas técnicas de comunicación, sus hijos adolescentes acudirán a sus compañeros en busca de apoyo y correrán el riesgo de dejarse influir por las personas equivocadas.

Por qué se rebelan los adolescentes

En la tercera etapa, es natural que los adolescentes traten de conseguir el apoyo de otros adolescentes, pero, al hacerlo, no tienen que dejar de sentir la necesidad de recibir el apoyo de los padres y la familia. Cuando los niños se crían con las técnicas de la educación positiva, en la adolescencia no necesitan rebelarse para desarrollar una conciencia de sí mismos. En cada etapa del desarrollo son libres de ser ellos mismos. En consecuencia, no necesitan rebelarse.

> **Los adolescentes se rebelan si de pequeños no recibieron suficiente libertad y apoyo para ser ellos mismos.**

Para resistirse a la presión poco saludable de otros adolescentes, un adolescente tiene que sentirse conectado a la familia. Esto se consigue mediante la aplicación de las cinco técnicas de la educación positiva, no con un mayor control. Los adolescentes necesitan alguien a quien poder acudir en busca de comprensión, aceptación, consejo y dirección. Solo buscarán el apoyo de los padres si estos saben darles lo que necesitan.

> **Los adolescentes buscan el apoyo de los padres si estos saben darles lo que necesitan.**

Muchos adolescentes son rebeldes porque los padres han utilizado técnicas de educación basadas en el miedo. En cuanto los padres dejan de valerse del castigo y otras técnicas basadas en el miedo y aplican las técnicas de la educación positiva, desaparece la necesidad de rebelarse. Pero las técnicas de la educación positiva no funcionarán si los padres siguen controlando demasiado. Los padres de hijos adolescentes tienen que proporcionarles cada vez más libertad. Si no dan suficiente libertad, los adolescentes pueden rebelarse. Para reducir la resistencia, los padres siempre tienen que encontrar el equilibrio entre la libertad y el control.

Mejorar la comunicación con los adolescentes

Los padres deben procurar no aconsejar a los adolescentes si estos no lo han pedido. Los adolescentes acaban de estrenar su capacidad de pensar de manera abstracta y formar sus propias opiniones. Ahora pueden considerar el punto de vista de otra persona, pero primero necesitan que alguien escuche y tenga en cuenta sus opiniones. Aunque un adolescente le pregunte qué piensa, no responda sin haberle preguntado antes qué piensa él.

Dedicar tiempo a conversar con los adolescentes sobre otros temas además de lo que queremos que hagan minimizará su necesidad de resistirse a nuestro control. En esta etapa, necesitan discutir y expresar sus opiniones personales. Hable con ellos sobre lo que están estudiando en historia y sociales y escuche sus opiniones.

Los adolescentes necesitan imponer un punto de vista distinto. Aunque no estemos de acuerdo con su punto de vista, como mínimo debemos comprender su lógica. Podríamos decir: «Nunca se me habría ocurrido esto», o «No estoy de acuerdo, pero desde luego tiene mucho sentido», o «Esto es lo bueno de los países democráticos, todo el mundo tiene derecho a expresar su opinión».

Aunque no estemos de acuerdo con su punto de vista, como mínimo debemos comprender su lógica.

Dé a sus hijos adolescentes la oportunidad de que vean que tiene una actitud abierta en un contexto aparte de la cuestión de la hora de volver a casa. Se darán cuenta de que no está mal discrepar y tener opiniones diferentes si usted comprende su lógica y sus opiniones. Es una experiencia importante. Si está abierto a sus opiniones, no serán tan exigentes cuando se trate de esperar más libertad de aquella para la que están preparados. A menos que les demos la oportunidad de discrepar sobre los acontecimientos actuales, tendrán la necesidad de discrepar de nosotros personalmente.

Dé a sus hijos adolescentes la oportunidad de que vean que tiene una actitud abierta en un contexto aparte de la cuestión de la hora de volver a casa.

Los adolescentes que se resisten no quieren que les digan qué tienen que hacer. Antes de utilizar las técnicas de mando para imponer su autoridad, los padres tienen que prestar atención a la lógica de las objeciones del adolescente. Luego pueden decir: «Entiendo que pienses que deberías poder hacerte un tatuaje. Parece que todo el mundo se está haciendo tatuajes. Tendré en cuenta lo que me has dicho, pero quiero que esperes hasta los 18 años para decidir si quieres o no el tatuaje.»

Los adolescentes tienen un mayor sentido de la justicia y la igualdad que los niños. Cuando los padres se comportan como dictadores, los adolescentes se rebelarán. Escuchar y trabajar juntos para decir cuánta libertad debería tener un adolescente fortalecerá el vínculo afectivo entre padres e hijos adolescentes.

Antes de mandar algo, los padres deberían pedir cooperación, prestar atención a la resistencia del adolescente y respetar su opinión. Luego pueden expresar qué quieren con palabras como estas: «Comprendo que pienses que no es justo. Quieres estar con tus amigos y yo quiero que te quedes aquí para ver a tus primos. Sé que no quieres hacerlo, pero para mí es importante. Quiero que te quedes aquí. Quiero que seas amable y educado con ellos durante dos horas y luego podrás irte.»

RESPETAR LAS OPINIONES DE LOS ADOLESCENTES

Siempre es mejor inducir a los adolescentes a formarse y expresar sus propias opiniones respecto a por qué queremos ciertas cosas, pero no respecto a por qué sentimos lo que sentimos. No es bueno preguntar: «¿Sabes cómo me hace sentir esto?»

Expresar nuestros sentimientos hará que el hijo deje de escuchar o se sienta culpable. La mayoría de los hijos interpretará que le estamos echando la culpa y dará media vuelta. No olvide que los hijos dependen de los padres hasta los 18 años; no son responsables de los sentimientos de sus padres, aunque pueden llegar a comprender por qué queremos lo que queremos. Cuando un adolescente se resiste a sus peticiones, en lugar de darle un sermón, hágale hablar. Pregunte: «¿Por qué crees que quiero que hagas esto?»

Para mantener el control los padres no deberían esperan que sus hijos estén de acuerdo con ellos. Los adolescentes necesitan libertad para pensar de manera diferente y formarse sus propias opiniones. Es una etapa importante del desarrollo. Si no les exigimos que sean obedientes o estén de acuerdo con nosotros, no tendrán que rebelarse. Con la educación positiva, no está mal discrepar, pero no hay que olvidar que al final papá y mamá mandan.

> **Los adolescentes necesitan libertad para pensar de manera diferente y formarse sus propias opiniones.**

Los padres no deben olvidar que es más importante hacer que sus hijos hablen con ellos que alejarlos con demasiados consejos o críticas. Los padres tienen que ser sensibles para percibir cuándo sus hijos realmente piden consejo y cuándo los ponen a prueba para ver si todavía pueden hablar con ellos.

Si un adolescente llega a casa después de clase y cuenta anécdotas de compañeros que incumplen las normas, son irrespetuosos o tienen relaciones sexuales inapropiadas, los padres deben procurar guardar la compostura y no empezar a sermonearle, enseñarle, corregirlo o amenazarlo.

Observe cuál sería su primera reacción en cada uno de los siguientes ejemplos y luego reflexione sobre otro modo de responder que garantizaría que el adolescente siguiera hablando con usted:

Harry ha copiado su examen de matemáticas.

Tina ha insultado a su novio delante de todo el mundo.

Chris se ha saltado una clase y se ha pegado el lote en el laboratorio de audiovisuales.

Hoy he pegado a Roger porque me ha tirado del pelo y no quería soltarme.

Creo que el profesor Richards es tonto y aburrido. Espera demasiado de nosotros.

Susan estaba muy cansada hoy. Ayer salió hasta muy tarde y se colocó.

Cuando los adolescentes hacen esta clase de comentarios nos ponen a prueba para ver si realmente pueden hablar o si vamos a empezar a sermonearles, enseñarles, controlarlos o corregirlos (a ellos o a sus amigos). En lugar de reaccionar inmediatamente, los padres primero tienen que preguntarle qué piensa él. Luego podrían añadir: «¿Qué crees que pienso al respecto?» Recuerde que los adolescentes no dejarán de hablar con nosotros si prestamos atención a lo que piensan.

En lugar de reaccionar inmediatamente, los padres primero tienen que preguntar a los adolescentes qué piensan.

Si un padre empieza a corregir inmediatamente la manera de pensar y comportarse de un adolescente o empieza a telefonear a otros padres y profesores para tratar el problema, el hijo dejará de hablar. En lugar de intentar solucionar el problema, los padres tienen que contenerse y evitar dar consejos. Siga escuchando e intente recordar algunas de las cosas que hizo durante su adolescencia.

Es más importante mantener los canales de comunicación abiertos que hacer algo respecto a los problemas. Para mantener la influencia sobre los hijos adolescentes, estos tienen que sentirse conectados a sus padres, y esto sucede principalmente cuando sienten que estos los escuchan.

Después de escuchar los acontecimientos del día, a veces puede que haya que hacer algo. Quizá un niño tiene relaciones sexuales inapropiadas o dice palabrotas y habría que advertir a sus padres. Los padres deben procurar no limitarse a tomar medidas. Primero deberían preguntarle a su hijo qué piensa que habría que hacer al respecto. Al escuchar su opinión, este estará más abierto a lo que el padre piensa. Si hay que hacer algo, padre e hijo pueden pensar conjuntamente en la medida apropiada.

Cuando se rompen los canales de comunicación, el adolescente corre el riesgo de dejarse influir por compañeros que están fuera de control o no son una influencia saludable. Si un adolescente trata mal a su hijo adolescente, pero este no quiere que usted telefonee a sus padres, en la mayoría de los casos lo mejor es respetar los deseos del hijo. El adolescente sabe, y usted debería saber, que si viola su confianza y utiliza la información que le ha dado de un modo que considera inapropiado simplemente dejará de contarle cosas.

Enviar fuera al adolescente

A veces un adolescente malcriado necesita algo más que tiempo en su habitación. A veces pasar una temporada bajo supervisión en un país en vías de desarrollo, en casa de una tía, un tío o un abuelo, o en el bosque con un guía, lo ayudará a recuperar su verdadera personalidad y la necesidad de que mande otra persona. Pasar una temporada lejos de la familia para realizar actividades supervisadas que constituyan un desafío puede mejorar su actitud de manera espectacular.

Cuando un adolescente siente que está fuera de control y depende de otra persona, puede volver a sentir la necesidad básica de recibir orientación y apoyo. Se pulsa de nuevo el botón que le despierta la necesidad de recibir el amor de sus padres y el deseo de cooperar y complacerlos.

Tener un trabajo fuera de casa después de clase, asistir a clases particulares o formar parte de un equipo es una gran oportunidad para que un adolescente sienta la necesidad de que le enseñen, lo dirijan y supervisen. Los adolescentes necesitan la orientación de alguien ajeno a la familia. Si no reciben la orientación de un jefe en el trabajo, un profesor o un entrenador, corren mayor riesgo de seguir a un adolescente mal aconsejado. Para mantener el control en casa, asegúrese de que su hijo adolescente también recibe supervisión y dirección fuera de casa.

En lugar de «no hagas» diga «quiero que hagas»

Antes de que los niños desarrollen la capacidad de pensar con lógica, aproximadamente a los 9 años, resulta contraproducente decir «no hagas». Cuando decimos «no corras», los niños se forman una imagen interior de sí mismos corriendo. En lugar de ir más despacio, sienten más ganas de correr. Los niños aprenden a través de imágenes. Cuando se forman una imagen mental, enseguida harán algo. Es como si nunca oyeran las palabras «no hagas».

Cuando decimos «no hagas», de hecho les creamos una mayor necesidad de hacer precisamente lo que no queremos que hagan.

Ahora intente no pensar en el color azul. Al intentar no pensar en el color azul, se ve obligado a pensar en él. Cuando decimos «No pegues a tu hermano», en ese momento el niño se ve a sí mismo pegando a su hermano. Decir «no pegues» en realidad hace que al niño le resulte más difícil cooperar.

Decirle a un niño «No juegues con la comida» crea en su mente una imagen de sí mismo jugando con la comida y de hecho aumenta sus ganas de jugar con la comida. Más tarde, cuando se presenta la oportunidad, esta necesidad resurge y el niño empieza a hacer puré con su comida.

Muchas veces los niños no piensan, simplemente exteriorizan la imagen que se han formado en su mente.

Los padres que comprenden esto pueden renunciar al «no hagas». Si se les escapa un «no hagas», pueden rectificar fácilmente. Al reformular su petición o su mandato en positivo, se creará la imagen deseada. Si por casualidad dice «no corras», corrija el «no» y diga: «Quiero que aminores el paso y camines.»

PREGUNTARLES A LOS HIJOS QUÉ PIENSAN

En torno a los 9 años, los niños empiezan a desarrollar la capacidad de pensar con lógica. Es apropiado que los padres empiecen a preguntarles qué piensan. Si un niño pide un helado por la tarde, el padre puede decir: «¿Crees que es una buena idea?»

Aparte de preguntar más a los niños qué piensan que deberían hacer, los padres también pueden empezar a explicar las razones por las cuales quieren que los niños hagan ciertas cosas. Hasta los 9 años, lo mejor es decir: «Quiero que vayas a acostarte ahora mismo», y luego añadir: «Quiero que te acuestes a las nueve para que mañana estés descansado.»

He aquí unos ejemplos de peticiones para niños de 9 años y mayores:

¿Querrías callarte, por favor? Ahora quiero que escuches porque así podré explicarte qué vamos a hacer.

¿Querrías dejar de pegar a tu hermana, por favor? Quiero que habléis. Cuando le pegas le haces daño y provocas que ella no quiera jugar contigo.

¿Querrías ayudarme, por favor? Quiero que traigas tu plato al fregadero, porque fregar los platos es una tarea difícil y resulta más fácil con tu ayuda.

¿Querrías arreglar este desorden, por favor? Quiero que guardes tus juguetes, porque si los dejas en el suelo alguien podría tropezar. La habitación está mejor cuando guardas tus cosas.

¿Querrías arreglar la habitación? Quiero que guardes tus cosas. Si guardas las cosas, luego sabrás dónde encontrarlas.

Si un niño menor de 9 años pregunta por qué tiene que hacer ciertas cosas, está muy bien dar explicaciones, pero no si el niño se resiste. Los padres no deben olvidar que los niños menores de 9 años no tienen la capacidad de comprender o poner en práctica la lógica o la razón.

Los padres deberían motivar el comportamiento de los hijos menores de 9 años sin dar explicaciones. Cuando los niños se resisten a las instrucciones, el único motivo por el que un niño debe obedecer es porque es un niño y nosotros mandamos y queremos que coopere. Recuerde que la misión principal de cada niño consiste en satisfacer nuestra voluntad y nuestro deseo.

EL DESAFÍO DE LA EDUCACIÓN DE LOS HIJOS

La educación de los hijos siempre ha sido un desafío, pero la educación positiva es un desafío incluso mayor. Aunque al principio lleva más tiempo y esfuerzo, merece la pena. A la larga, la educación de los hijos no solo resulta más fácil, sino que también beneficia a nuestros hijos. A medida que sus hijos avancen a través de las distintas etapas de crecimiento, usted estará preparado en todo momento.

Cuando aplique las técnicas de la educación positiva, ocasionalmente tropezará, pero esto le pasa a todo el mundo. Enseguida se sentirá seguro de sí mismo y tranquilo, porque sabrá que va a proporcionarles a sus hijos lo que necesitan. No puede cambiar su destino interior o hacer desaparecer sus problemas específicos, pero puede darles el apoyo que necesitan para enfrentarse a la adversidad y conseguir un éxito creciente.

Como sucede con cualquier técnica nueva, existe una curva de aprendizaje. En cuanto crea que la cosa funciona, surgirá un contratiempo y no sabrá qué hacer. Cuando su método no funcione o no sepa qué hacer, será el momento de releer este libro. En poco tiempo recuperará lo que ha olvidado. Al volver a aplicar las cinco técnicas de la educación positiva, estará de nuevo al día.

Aunque lo haga todo bien, no olvide que los niños no son perfectos. Tienen que equivocarse y sufrir reveses. Necesitan problemas y desafíos para forjar su carácter y sus virtudes específicos. Aunque nuestro apoyo es muy necesario, los niños llegan a este mundo con lo necesario para aprender las lecciones y cumplir su destino.

Del mismo modo que no puede esperar que sus hijos sean perfectos, usted tampoco espere ser perfecto. Equivocarse forma parte del proceso de crecimiento y la educación satisfactoria de los hijos. Los niños no pueden crecer fuertes si todo es demasiado fácil. Los niños no pueden aceptar sus imperfecciones si no han tenido muchas oportunidades para perdonar a sus padres por sus errores e imperfecciones.

El don de la grandeza

Al darles a sus hijos libertad para descubrir y expresar su verdadera personalidad, les proporciona el don de la grandeza. Todos los grandes hombres —pensadores, artistas, científicos y líderes— pudieron decir no a las antiguas convenciones y pensar de manera creativa. Tenían sueños y consiguieron cumplir sus sueños. Cuando los otros se oponían a ellos o no creían en ellos, tenían la fuerza necesaria para creer en sí mismos. La grandeza siempre se forja a través de la oposición. Todas las historias de éxito son de personas que han tenido que enfrentarse a los demás para seguir adelante. Al decir no a los demás o resistirse a las maneras habituales de pensar y no conformarse ciegamente, puede surgir la creatividad y la grandeza.

Cada uno de los cinco mensajes de la educación positiva consolida en el niño el desarrollo de una arraigada conciencia de sí mismo y contiene un don especial de grandeza. Los cinco mensajes son:

1. El permiso para ser diferente, que les permite descubrir, valorar y desarrollar su potencial interior específico y su determinación.

2. El permiso para equivocarse, que les permite autocorregirse, aprender de sus errores y alcanzar un mayor éxito.

3. El permiso para expresar emociones negativas, que les enseña a controlar sus emociones y desarrollar una conciencia emotiva que les vuelve más seguros de sí mismos, compasivos y dispuestos a cooperar.

4. El permiso para querer más, que les ayuda a desarrollar un sentido saludable de lo que merecen y la técnica de la gratificación aplazada. Pueden querer más y aun así contentarse con lo que tienen.

5. El permiso para decir no, que les permite ejercer su voluntad y definir una conciencia verdadera y positiva de sí mismos. Esta libertad reafirma la mente, el corazón y la voluntad de los niños y consolida la conciencia de lo que quieren, sienten y piensan. El permiso para resistirse a la autoridad es la base de todas las técnicas de la educación positiva.

Espero que esta guía práctica lo ayude a convertirse en el mejor líder para sus hijos. Ser padres es difícil, pero es la tarea más gratificante que uno puede desempeñar. Para que esta tarea le resulte más fácil, busque el apoyo de otros padres que también utilicen las técnicas de la educación positiva.

Deje que esta guía lo ayude en su viaje. Que sus hijos crezcan seguros de sí mismos, dispuestos a cooperar y compasivos. Que tengan éxito en el mundo exterior y en su mundo interior. Que sus sueños se hagan realidad y que siempre experimenten un amor duradero en su familia y sus amistades.

Si le ha gustado el libro que acaba de leer y quiere saber más cosas...

Llame gratuitamente a nuestros representantes del Instituto Marte-Venus las 24 horas del día, todos los días de la semana, al teléfono 1-888-MARSVENUS (1-888-627-7836). Si vive fuera de Estados Unidos llame al teléfono 1-415-389-6857 o consulte la dirección de Internet de John Gray, para obtener información sobre las siguientes cuestiones:

OFICINA DE ORADORES DE MARTE-VENUS

Más de medio millón de individuos y parejas de todo el mundo ya se han beneficiado de los seminarios de John Gray sobre las relaciones. Los invitamos y los animamos a compartir con John esta experiencia que les ayudará a comprender las relaciones y cerrará heridas. Debido a la popularidad de sus seminarios y sus charlas, el doctor Gray ha desarrollado programas para que personas formadas por él mismo lleven a cabo presentaciones. Estos seminarios están disponibles para el público en general y reuniones sociales de empresas. Llámenos para consultar los programas actuales e informarse sobre las reservas.

TALLERES DE MARTE-VENUS

Los talleres de Marte-Venus son clases interactivas que se basan en los bestséllers de John Gray *Los hombres son de Marte, las mujeres son de Venus* y *Marte y Venus salen juntos*. Los instructores que el doctor Gray ha formado personalmente imparten estos talleres en todo el mundo. Aunque millones de personas han mejorado sus relaciones con la lectura de estos libros, participar en un taller de Marte-Venus le permitirá comprender mejor este material y modificar de manera permanente su conducta instintiva al mismo tiempo que participará en una clase divertida, interactiva, sin enfrentamientos y «propicia para los hombres».

Los talleres comprenden: mejorar la comunicación, comprender las diferencias, Marte y Venus salen juntos, Marte y Venus empiezan de nuevo, Marte y Venus en el lugar de trabajo, y ahora hemos lanzado el nuevo taller de Los niños vienen del cielo sobre la educación de los hijos.

El Instituto Marte-Venus también proporciona formación a las personas interesadas en presentar talleres de Marte-Venus en su propia comunidad. Puede llamar gratuitamente al Instituto Marte-Venus al teléfono 1-888-MARSVENUS (1-888-627-7836). Si vive fuera de Estados Unidos llame al teléfono 1-415-389-6857 o consulte nuestra dirección de Internet: www.marsvenusinstitute.com.

CENTROS DE ORIENTACIÓN PSICOPEDAGÓGICA

En respuesta a las miles de peticiones que hemos recibido de profesionales autorizados que utilizan los principios de Marte-Venus en su consulta, John Gray ha creado el programa de Centros de Orientación Psicopedagógica y Formación de Consejeros de Marte-Venus. Los participantes llevan a cabo un estudio riguroso de la obra de John y sus valiosos conceptos. Si está interesado en que le mandemos a un consejero de su zona llame al teléfono 1-800-649-4155. Si busca información sobre formación para convertirse en consejero de Marte y Venus o establecer un Centro de Orientación Psicopedagógica de Marte y Venus llame al teléfono 1-800-735-6052. Nos encontrará en nuestra dirección de Internet: www.marsvenuscounselors.com.

Este libro ha sido impreso en los talleres
de Novoprint S.A.
C/ Energía, 53 Sant Andreu de la Barca
(Barcelona)